文明大趋势

为什么说21世纪是中国世纪

周兴旺◎著

光明日报出版社

图书在版编目（CIP）数据

文明大趋势/周兴旺著.——北京：光明日报出版社，2023.5
　　ISBN 978-7-5194-7092-0

Ⅰ.①文… Ⅱ.①周… Ⅲ.①世界史–文化史–通俗读物 Ⅳ.① K103-49

中国版本图书馆CIP数据核字（2023）第033260号

文明大趋势
WENMING DAQUSHI

编　　著：	周兴旺		
责任编辑：	宋　悦	责任校对：	陈晓丹
封面设计：	尚刘阳	责任印制：	曹　净

出版发行：光明日报出版社
地　　址：北京市西城区永安路106号，100050
电　　话：010-63169890（咨询），010-63131930（邮购）
传　　真：010-63131930
网　　址：http://book.gmw.cn
E － mail：songyue@gmw.cn
法律顾问：北京市兰台律师事务所龚柳方律师
印　　刷：三河市宏图印务有限公司
装　　订：三河市宏图印务有限公司
本书如有破损、缺页、装订错误，请与本社联系调换，电话：010-63131930
开　　本：690×980
字　　数：260千字　　　　　　　　印　张：22.5
版　　次：2023年5月第1版　　　　印　次：2023年5月第1次印刷
书　　号：ISBN 978-7-5194-7092-0
定　　价：88.00元

版权所有　　翻印必究

绪 论

中华文明复兴的世界意义

一、文明力,解析文明演变的一把钥匙..................002

二、凭逻辑说事,让逻辑说话..................005

三、从文明的再定义出发,理解文明的正向性..................008

四、文明的内核:决定文明体形态的结构逻辑..................011

五、文明的未来:经得艰难考验时..................013

六、只有天下型文明,才能扛起天下的责任..................016

上 编

5000年中华文明之基本逻辑

第一章 当代人应该如何看待中华文明

一、唯一有连贯历史记录的文明为何不被认可..................024

二、对于前人的创制,今人应该如何看待..................027

第二章　高起点的农业文明，从黄帝时代到周秦时代

一、黄帝时代人们如何创制中国最早的国家形态..................033
二、一位杰出女统帅，扛住了一次文明大入侵..................040
三、周礼，天下型文明的伟大创设..................043
四、治理大规模文明体政治哲学的形成..................048

第三章　大一统的文明国家崛起，从秦到汉

一、天下体系需要一个可配套的国家体制..................052
二、大一统不是从天上掉下来的..................055
三、充实大一统，开创大格局..................059
四、向西！向西！凿出一条丝绸之路..................067

第四章　从大劫难到大繁盛，从魏晋南北朝到隋唐

一、中华文明承受了一次空前大劫难..................073
二、混乱中有一个主旋律..................080
三、佛教中国化：一场了不起的文化融合..................085
四、超级强国的模板..................099

第五章　农业文明时代持续繁荣的顶峰，从宋元到明清

一、唐宋之变，中华文明何以呈现近代化图景..................109
二、治国是个技术活..................119
三、GDP 长期占据世界第一，是一种什么样的体验..................125
四、无精细不文化，这场"文艺复兴"不简单..................133

第六章　古典天下型国家的完成

一、突破农业文明的天花板，算不算真功夫...............140

二、没有赶上工业革命列车，是否就不算是盛世...........145

三、不搞大航海，为何造就了"白银帝国"...................151

四、明清反对自由贸易吗.......................................156

第七章　无与伦比的中国工业革命

一、没有殖民就没有英国工业革命...........................158

二、应对"三千年未有之大变局"..............................165

三、最苦难的工业化道路.......................................170

四、逆袭，产生在最不可能的国度...........................172

五、中国工业化奇迹的文明密码..............................176

下　编
21 世纪的领跑者

第八章　信息文明社会开启

一、新的文明样式已经到来...................................188

二、应对百年未有之大变局...................................196

三、中国究竟做对了什么.......................................205

四、在科学这个"无尽的前沿"，中国人再也不能输.........208

第九章　人类命运的抉择

一、两种协作观缘何大相径庭..................216

二、对待他者，为何态度如此不同..................219

三、三个"日不落帝国"一脉相承..................228

四、美元所到之处，都是美国收割的"韭菜"..................235

第十章　规划未来，中国直通2049

一、中国之治 VS 西方之乱..................239

二、涓滴效应 VS 共同富裕..................244

三、破地网，决天罗，2035是关键..................254

四、目标2049，中国如何赢得战略自主权..................263

五、为了全人类，未来30年中国人还需要干一件大事..................272

第十一章　21世纪，让红星照耀世界

一、中华文明能使全世界得到幸福..................280

二、英美治下的世界秩序，让这个星球苦难不断..................288

三、新天下主义，能为21世纪的世界难题解套..................295

四、世界历史民族与人类命运的彼此成就..................300

附　录

文明大势，快问快答——眺望21世纪的中国与世界……310

后　记　中国式现代化破解21世纪人类文明的困局……339

绪 论

中华文明复兴的世界意义

解读中国,可以从多种视角。

但讲清楚何以中国这个问题,无疑从文明的视角来得更恰当些。

美国汉学家白鲁恂曾指出:中国是一个伪装成民族国家的文明体。①

中国的陆地面积已经是洲级规模,与欧洲面积几乎相等,中国的内海和边海面积亦极大。中国现有人口超过14亿,位居全球第一,约为欧洲总人口的两倍。中国与古埃及、古巴比伦和古印度并称为四大文明古国,实证可考的文明史有5000多年。中华文明作为5000多年未曾断绝的古老文明体,保留了全世界最完整的文化历史记录。

---

① 美国汉学家白鲁恂曾有这样的论断:中国不是一个民族国家体系内的国家,中国是一个伪装成民族国家的文明体。

　　历史长、规模大、未断绝、原生，再加上最完整的文字历史记录，是中华古典文明的显著特性。步入 21 世纪，中华文明时代一跃成为工业文明阶段的后起之秀，并在信息文明阶段迈入社会前端地位，成为人类文明史上在农业文明、工业文明和信息文明三大文明阶段都能保持卓越表现的唯一文明体。

　　中国，作为当今世界唯一文脉相承的文明古国，是 21 世纪人类文明中名副其实的长者。中国应当在 21 世纪发挥怎样的作用？中华民族作为最具历史感、应对历次文明挑战最有经验的尊者，在充满风险和挑战的 21 世纪，应当为人类文明赓续传承发挥怎样的作用？这些都需要从文明的底层逻辑进行解析。

　　马克思说过：我们只知道一门唯一的科学——历史学。

　　我们身处历史的大分水岭上，在国际国内形势变幻莫测的当下，要设法看清人类的出路，就必须回溯历史，回到人类先贤曾经走过的路上，从历史的智慧中找到照亮前程的曙光。

　　本书将主要围绕三大主题展开：中华文明在农业文明时代何以如此优异？工业文明时代，中国何以走出异于西方先发工业国家的新道路？信息文明时代，中国将何以引领世界？

一、文明力，解析文明演变的一把钥匙

　　迄今，人类文明史，就是一部各文明体应对危机和挑战的发展史。文明因为应对挑战成功而发展，因为应对挑战失败而衰亡。古今中外，

概莫如此。①

为了应对挑战,解决制约文明发展的问题,人类需要协作。没有协作或者协作规模过小的人类活动,将无法应对挑战,也无从延续文明。

人类为了稳定的生存或者定居,进行了成规模的协作,原始的狩猎或者采集生活方式变成了定居和种植,农业文明萌生了。人类因协作而创造出了村社、城市、文字、祭祀和宗教以及早期国家,较高水平的农业文明诞生。农业文明时代,以农耕为主要物质生产方式,有了剩余产品,更广地域的交换成为可能,人类协作的广度和深度持续提升,广大规模的国家得以形成,围绕提升人类协作水平的各种技术和制度亦应运而生,文明由此灿烂可观。

古埃及、古巴比伦、古印度文明已经中断或消散,现今的尼罗河地区、两河流域、印度河与恒河流域的文化和居民,均与古文明时期居民没有种族基因联系,文化脉络也已断裂,只有中华文明绵延至今,生生不息。著名文化学者文扬在《文明的逻辑》中指出:今天的中华文明,是唯一历经了全部人类文明历史并未曾中断的文明,既没有发生过汤因比所说的"摇篮地的转移",也没有发生过在蛮族

---

① 汤因比的文明史观略说:汤因比对文明的研究抛弃了种族决定论和环境决定论,提出"挑战与应战"理论。他认为,如果一个社会中有少数具有创造能力的人,并且这个社会所处环境恰好能够激励这少数人应对来自自然和其他社会的挑战,那么应战成功的社会就能够进入文明阶段。而一个社会如果缺少有创造能力的人,并且所处环境的挑战过小或者过大,这个社会就会陷入停滞乃至被消灭。这种挑战和应战不会一次性结束,而是会不断重复发生。汤因比的文明史观请参见阿诺德·汤因比《历史研究》(郭小凌等译,上海:上海人民出版社2010年版)。

入侵冲击之后的中断。①

汤因比在《历史研究》中统计，人类有史以来大约有 21 种较大的文明，现今仍然存在的约有 7 种，其他均已衰亡，这些文明的衰亡，全部是因为应对危机和挑战失利。

古埃及人修筑金字塔时，中国人就在；古巴比伦人修造空中花园时，中国人也在；古印度人印度河边修造城池时，中国人也在；古希腊人在雅典修造神庙时，中国人还在；古罗马人在修造斗兽场时，中国人当然在——但他们现在都不在了，他们的后裔无处寻觅了，中国人的后裔还在这里，他们与祖先依然血脉相连，文脉可考。身处 21 世纪的当代人，对这样一个已经 5000 多岁却依然健在且依然活得很年轻的老人，应该说点什么？

历经 5000 多年，为何依然年轻且具有澎湃的活力？5000 年来，中华文明在应对人类社会的历次重大危机与挑战时，积累了哪些宝贵的历史经验？中华文明和中国人，连绵 5000 年的生存智慧、发展经验、更新之道，对于 21 世纪的人类世界，将会有哪些启发？

本书的上编部分，正是以中华文明为蓝本，对比各大主要文明的兴衰表现，总结出中华文明在应对历次重大危机和挑战时采取的方式方法，从中提取历史经验，为处在历史大分水岭上的 21 世纪人类社会，提供参考和镜鉴。

---

① 文扬. 文明的逻辑：中西文明的博弈与未来[M]. 北京：商务印书馆，2021：27.

二、凭逻辑说事，让逻辑说话

谁掌握文明历史的解释权，谁就掌握了那个时代的话语权。中国这块土地上创造了世界文明历史上卓尔不群的巨大文明，迄今，却缺乏对这种卓越性的来源系统的解析和总结。即使有一些片断的解释，也依然沿袭西方学术体系，从西方"普世文明"的角度出发，将中华文明的崛起和复兴视为一种例外。比如诺贝尔经济学奖获得者科斯，将中国崛起视为世界文明的一种例外。这显然极大削弱了中华文明发展逻辑的说服力，从而将中国崛起之道贬低为一种难以言传更难以效仿的心法和秘诀。

回溯思想史可以发现，黑格尔哲学为解析世界文明历史发展提供了弥足珍贵的启示和思想资源。黑格尔明确提出，哲学的真正出现在于实现理性与现实的和解。黑格尔认为，全部世界历史表现为"自由"意识的发展阶程。黑格尔把绝对精神和"人类的热情"并称为"世界历史的经纬线"。所谓热情，就是指从私人的利益、特殊的目的或利己的企图而产生的人类活动。黑格尔在坚持绝对精神或绝对观念为"原则"的前提下，通过关注人的热情和激情在生活世界的现实开展，揭示人类历史不过是一幕幕人的热情的表演，论证绝对精神的"实行"和"实现"进程。

黑格尔的理论框架可以解释文明发展的内在逻辑，即任何文明都是人类创造的，人类出于生存繁衍发展和有目的的精神提升，驱动着文明的发展和进步。热情和激情在现实生活中表现为欲望，而绝对精神就是人类对自己精神提升和超越的内在需要。换句话说，人类天

性需要创造文明、发展文明、壮大文明，人类对于美好生活的需求，是驱动文明进步的永恒动力。在这一进程中，没有东西方之分，也没有人种之别。

但是黑格尔所处的时代（1770—1831年），正是西方文明全面追赶并开始超越东方文明的时代，绝对精神看起来在西方已经居于全面优势的时代。所以，黑格尔仓促地断言，世界历史行程就是从东方到西方的"自由"意识的进展和逐级提升的过程。黑格尔生卒年时值清朝乾隆三十五年至道光十一年，当时的中国正处于由盛转衰的时间节点，西升东降的态势日益明显。出于历史的局限性，黑格尔将西方正在兴起的文明态势列为时代精神的顶点也不足为奇，但中华文明在历经100多年的消沉和没落之后，居然在20世纪中期之后绝地重生，大放光彩，成为世界主要文明体中唯一从绝境中复苏进而迎来伟大复兴的文明，这一世界文明的伟大奇迹，打破了黑格尔的西方文明顶峰论。倘若黑格尔能看到今天的中华文明重现风华正茂之姿态，他该做何解释？

但人类文明的兴衰逻辑应当是普遍的、共通的。钱锺书先生在《谈艺录》一书的序言中曾经指出："东海西海，心理攸同，南学北学，道术未裂。"这句话的意思是说：东西南北乃至全世界的心理，都有它的一致性和共同性。中国和西方的文学艺术，它们的原理和方法并不是完全断裂的。学术本无地域之分，更不应该有文明界限。钱锺书先生的这一论述彰显了中国学者的雄心和格局，说明不管是东方文明还是西方文明，人类的基本心理结构是一致的，学术逻辑也是一致的。西方人把自己的道理讲得清楚，东方人就可以理解。同理，东方人如

绪　论　中华文明复兴的世界意义

果能够将自己文明的盛衰之理说得符合逻辑，西方人也一定能够接受。逻辑是不分东方西方的，坚持从逻辑出发，就一定会有说服力。

当代学者在面对中华文明这样一个绝无仅有的存在时，不约而同地面临着一个困境：将其与西方既有的经济学、政治学、历史学、文化人类学对照，都会发现事实与理论不符。因为几乎所有的西方社会科学都难以解释中国的崛起和中华文明的复兴。用黑格尔的话说，理性和现实始终无法实现和解。在这样的情势下，许多学者竟选择牺牲现实或者对现实进行选择性解释，如"中国迟早要崩溃""按人均GDP来算，永远无法追上西方""即使人均寿命超过西方国家平均水平，但生活还是没质量"……以此来证明西方的理论没有错，是中华文明的表现太奇特。可以想见，如果没有对中国崛起逻辑和文明复兴内在逻辑进行有说服力的解读，"读懂中国"就难以成为可能，让人信服中国，则更加艰难。

如果因为巨大的学术困难和叙事的复杂性，就此放弃自己的话语权，那就是对一个伟大文明不负责任。

倘若黄钟毁弃瓦釜雷鸣，邪说淫辞必定大行其道。中华文明，顺天应人，应人民对美好生活的追求而复兴，因诚实劳动、以苦干硬干改善境遇而崛起，以世界共同富裕共同发展共同抵御艰难风险而出列，有何不可见人的地方？对那些歪理邪说，不抵制、不批评、不申辩，行吗？这就是"岂好辩哉，予不得已也！"本书在下编部分将对中华文明的复兴机理进行探讨，梳理出这一伟大文明的独特气质和优势，希望从文明盛衰的内在逻辑进行解析，以提升人们对中华文明独特优势的解释能力，说出这一历史的长期合理性，从而争取既讲好中国故

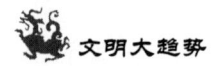

事，又讲好中国逻辑和中国道理。

三、从文明的再定义出发，理解文明的正向性

文明总是与人的创造相关，在尚未找到外星球文明形态的当下，文明可以被约定俗成为人类的文明。其他的一切自然对象，如果未曾被人类观察和认知，没有被人类纳入思考的范畴，我们亦不能将其纳入文明。

"人类的历史是文明的历史，不可能用其他任何思路来思考人类的发展。"[①]文明和文化都涉及一个民族全面的生活方式，文明是放大了的文化。汤因比认为，文明和文化都包括价值观、准则、体制和在一个既定社会中历代人赋予了头等重要性的思维方式。法国历史学家布罗代尔则注重从空间区域划分文明——文明是一个空间、一个文化领域，是文化特征和现象的一个集合。美国历史学家沃勒斯坦偏重认为文明是人类创造的精神财富的总和——文明是世界观、习俗、结构和文化（物质文化和高层文化）的特殊联结，它形成了某种历史总和，并与这一现象的其他变种共存。[②]

文明是人类创造物最大的概念，文明是区别于原始存在的标志，

---

① 塞缪尔·亨廷顿.文明的冲突与世界秩序的重建（修订版）[M].周琪等译,北京：新华出版社，2010：19.
② 塞缪尔·亨廷顿.文明的冲突与世界秩序的重建（修订版）[M].周琪等译,北京：新华出版社，2010.

绪　论　中华文明复兴的世界意义

它既包括精神文明，又包括物质文明。文明作为一个巨大概念，在其前面加上限定词，就可以成为界定不同种类、不同区域、不同层次文明的标志。比如说，以地理区域命名，可以有黄河文明、长江文明、尼罗河文明和两河文明；以国家区分，可以有中国文明、美国文明、英国文明和法国文明；以时间区分，可以有秦汉文明、宋元文明、明清文明等。诸如此类，都反映了文明作为一个总体性概念，具有很强的整体性，它是用来描述人类在不同的时空进行创造的总和。

但是，检寻既有的文明概念，都只是对文明的特征以及标志和范畴进行描述，均不能对文明作为人类创造的共同财富进行总体的价值判断，特别是西方的学者，就文明对于人类社会的总体意义和巨大价值缺乏一致的意见，《人类的演变——采集者、农夫与大工业时代》作者、美国当代著名历史学家莫里斯，他承认人类在文明演进中选择的价值观，是由人类从周遭世界获取能量的社会组织方式决定的，即人类总是选择最有利于促进自身生存与发展能力的文明价值，"每个时代的观念都是得其所需"[1]。然而，莫里斯还是未能就文明向善性的标准做出更深的阐释。

何者为文明，何者为不文明？本书尝试了一个新的定义：文明，即人类为了促进生存与发展以及降低协作成本而创造的事物总和。

这一定义厘清了多重关系：文明与非文明。文明是人类创造的，且是为了促进人类生存与发展需要的产物；非为人类创造的（比如原

---

[1] 莫里斯. 人类的演变——采集者、农夫与大工业时代[M]. 北京：中信出版社，2016.

始大自然），且从长期看阻碍和伤害人类生存与发展的东西，比传染病、三寸金莲、鸦片、海洛因等，则应被视为非文明或反文明。

这一概念还蕴含着一层关系，好的文明和不够好的文明。好的文明是有效率的，这个效率就体现在能促进人类更大范围的协作能力和降低人类协作的成本之上。根据科斯定理，在交易成本为零的情况下，从社会整体角度看，只有公平或满足一定程度公平的初始资源或产权配置，人们的自愿交易才有可能实现社会整体的资源最优配置。进而言之，如果一项文明的成果能最大限度地降低人类协作的成本，从而使人类的协作最有效率，那便是正向的文明成果。[1] 好的文明能促进人类协作，为文明发展进步提供正向的能量，降低文明的熵值。降低的熵值越大、节约的成本越多，则文明的正值就越大。反之，这种文明就还不够好，对人类协作的促进尚存在可降低的熵值。[2]

由此可见，文明演进的本质，就是文明力。文明力，就是人类不断拓展的协作能力。人类通过不断提升文明力，协作规模越来越大，协作效率越来越高，而协作成本不断下降。农业文明时代，因为人密集定居，而出现了城市和巨型国家，协作规模大大高于原始狩猎和采集社会。到了工业文明时代，随着市场规模的拓展，人类第一次有了全球化分工协作，协作规模和效率又是农业文明社会不可比拟的。到了信息文明社会，由于人类的交往沟通成本极大降低，协作之紧密、

---

[1] 本书所说的协作，包括人类生产生活中一切互动、交流、交际、合作和沟通，是最广泛意义上的人类沟通。

[2] 热力学第二定律，又称"熵增定律"，表明了在自然过程中，一个孤立系统的总混乱度即"熵"不会减小。

沟通之便捷，又在工业文明的基础上大大提升了。未来的世界，最有发展前途的文明力就是能够最大限度动员、促进人类进行大范围协作的文明。换句话说，文明发展的大趋势就是不断促进人类更大范围更深程度的协作。如果这种文明组织方式有利于促进人类团结协作，便是正向的，反之，就会增加人类协作的熵值，从而让文明发展陷入停滞。所以，根据文明发展的大趋势，未来的人类文明需要抛弃零和博弈思维，而采取合作共赢的原则，让全人类在广大范围更深层次进行心灵沟通，凝结起全人类的文明力，从而使得人类文明能够克服重大危机，破浪前行。

从文明力的定义出发，人们可以更加清晰地看到，文明的方向应当是向善的，文明进步应当是促进正向的文明发展，不断降低人类协作的成本，致力于降低文明力的熵值，增进最大多数人的协作水平。

人类文明因为协作而诞生，因为大规模高水平的协作而发展，文明的趋势就是围绕增进协作能力而演进，阻碍人类协作的文明体不可避免地要走向消亡，这就是文明演进的基本规律。本书在分析人类文明演进的几个关键阶段时，将会反复运用文明力的规律，从而衡量某种文明的发展是否达到了上进或者衰竭的临界点。

四、文明的内核：决定文明体形态的结构逻辑

任何一个较大的文明体，都有其内部发展演绎的逻辑，其中最重要的起决定性作用的就是结构性逻辑。就好比轮子的圆形结构决定

其运动时摩擦力最小，三角形的三角结构决定其受力的稳定性，文明的内部结构决定其基本形态和基本功能。

任何一个成熟的文明体结构都是由四组基本关系决定的：神与神之间的关系，人与神之间的关系，人与人之间的关系，人与物之间的关系。每一组关系都产生一种力量，四种力量的总和决定这一文明体的总能量和演绎方向。

创造文明的进程就是创造历史的进程，而历史的进程本身就是作为历史主体的人合力的结果。对此，恩格斯曾指出，无论历史的结局如何，人们总是通过每一个人追求他自己的、自觉预期的目的来创造他们的历史，而这许多按不同方向活动的愿望及其对外部世界的各种各样作用的合力，就是历史。

在这里，恩格斯肯定了人作为社会历史发展的主体性意义。那么，人又是如何推动社会历史发展的呢？恩格斯进一步指出，历史是这样创造的：最终的结果总是从许多单个的意志的相互冲突中产生出来的，而其中每一个意志，又是由于许多特殊的生活条件，才成为它成为的那样。这样就有无数互相交错的力量，有无数个力的平行四边形，由此就产生出一个合力，即历史结果，而这个结果又可以看作一个作为整体的、不自觉地和不自主地起着作用的力量的产物。①

文明体中的四组基本力量在不同的发展阶段并不总是均衡的，也不一定总是指向一致的。当这四种力量作用到社会身上时，如果指向比较一致，内耗降低到最小，即文明的熵值最低时，文明演进的力

---

① 马克思，恩格斯.马克思恩格斯选集（第四卷）[M].北京：人民出版社，2012.

量就最大，社会进步就最快，其文明的形态表现就是文明体成员能够协同一致，生产力得到快速提升，文明的规模和能量扩展速度很快，文明的活力和创造力迸发，给其他文明体的吸引力和导向力也变得很强。按照毛泽东的描述就是，这种文明"既很强大，又很可亲"[①]。只有掌握了文明的基本结构，才能说掌握了文明演化的底层逻辑，才能探寻到万变中的不变，才能动态地、持续地看清文明力的本质和演变趋势。本书将采用这种高度凝练的文明底层逻辑对各文明体的盛衰消长进行分析，通过这种结构化分析，各种文明能量的消长趋势就能很快清晰地呈现出来。

五、文明的未来：经得艰难考验时

前文说过，人类各大文明因为成功应对挑战和危机而兴盛，因为应对挑战和危机失利而衰落。

在农业文明时代，各大文明体的主要挑战是获取足够的食物、繁衍人口，以及应对外族侵略和自然灾害。获取食物的生产能力与保持人口的繁衍连续能力，决定了文明体在农业文明时代的能力。

在工业文明时代，各大文明体的主要挑战是获取更大能量、在

---

① 毛泽东曾多次论述中华文明既要强大，又要可亲。比如，在1956年4月的《论十大关系》讲话中，他就提出社会主义建设的基本方针，是要把国内外一切积极因素调动起来，为社会主义事业服务。毛泽东在这里已经说得很清楚，为了"强大"，就必须团结全体人民；为了团结全体人民，就必须正确处理人民内部矛盾；为了正确处理人民内部矛盾，就必须采取治天下之方法，让社会主义使人可亲。

全球市场竞争中取得相对优势地位，工业化的能力和保持文明根性赓续的能力，决定了各大文明体在工业文明时代的能力。

21世纪已经来临，人类文明已经步入信息文明时代，这个后工业文明时代，以信息技术和互联网为标志的生产能力和交往方式极大地降低了人类的交往成本，使得生产力的提高与能源消耗的曲线变得极为陡峭，即生产力和交往能力可以获得极大提高时，能耗可以变得极低，这是人类文明从未有过的大变局，从而使得人类解决食物危机的能力普遍增强，人类协作的效率普遍提高，全球化成为现实。但同时也使先掌握信息技术的文明体或国家实体，更容易实现赢者通吃，文明的同化成本大大降低，文明的竞争也变得更为激烈。与此同时，能够毁灭全球的大规模杀伤性武器已经被一些国家掌握，不对称的军事杀戮能力更趋于不平衡，影响人类安全稳定的非传统安全因素的扩展成本也在降低，如互联网上的有害信息传播也比以前快得多，传染性病毒因为人类交往的加快，其传播速率也在加快，并使得隔断变得越来越困难。

本书将21世纪的整体文明形态称为信息文明时代。[①]信息文明时代的人类社会，与工业文明时代以来的数百年间相比，面临的主要挑战正在发生显著的变化。概而言之，驾驭最先进信息技术并且形成最强大工业能力的文明体，更加具有辐射力、影响力和扩展能力，对其他文明体的控制力也更强，在应对人类社会共同危机方面，其责

---

① 尽管学界对当今人类社会的文明形态定义尚存在一些争议，但学界普遍接受信息文明是这一时代的主导力量的诠释，在生命科学和核聚变技术尚没有出现革命性进展的时候，信息技术显然是改变当今世界最主要的力量。

绪 论　中华文明复兴的世界意义

任也更大。换句话说，如果掌握先进信息技术的文明体不善于驾驭自己的能量，就会让赢者通吃泛滥，形成虹吸效应，结果必然是一家独大、别家遭殃。而文明演化的规律却是倾向于多样化的，即文明的生态必须是多样的，这样才能实现文明总体的繁荣。一家独大势必泯灭世界文明的多样性，使文明的大生态受到破坏，文明的永续发展将变得十分困难。而且，信息文明社会使得文明之间的相互依赖和关联明显增强，一荣俱荣，也会一损俱损。在应对人类社会重大危机比如环境灾难、气候变化、大型传染病和互联网病毒时，一个节点被摧毁，全体都得受损害。[①]

中国有句古话："天塌下来时，高个子先顶着。"这句话很好地诠释了在信息文明时代"高个子"的角色和责任：在文明的进步中，长成高个子是刚需，因为高个子能量大、水平高、长势好，抗风险能力强。同时，高个子也要承担更大的责任，在天塌下来时，要先顶着，为其他人遮风挡雨。

21世纪的文明竞赛正在展开，尽管科技进步神速，但人性进步是缓慢的。一些掌握了高科技的国家或者文明体，因为其文明的根性或者固有观念的拘囿，喜欢当"高个子"，也喜欢赢者通吃，但是，却在天崩地裂之时，不愿意为人类社会承担高个子的责任，更喜欢独善其身或者把头缩下来，让"中个子"先顶着。在获得利益时，追

[①] 全球抗击新冠肺炎疫情的经验表明，某一区域内的疫情防控不取决于某个局部做得很好，而取决于没有局部出现漏洞和空当。这就是典型的"木桶效应"。在全球范围内也适用这一原理，全球疫情得到有效控制，最终不取决于某个区域取得成功，而取决于所有区域均得到有效防控，而没有漏洞和空当。

求最大化；在承担风险时，要求最小化。这样的情景符合其文明理念——自私，却不符合全球化时代人类的共同理念——合作共赢。

演进到 21 世纪的人类文明，已经具备了前所未有的获取能量、摆脱饥饿、克服绝大多数常规疾病且保持生态环境基本平衡的强大协作能力，却因为文明偏见，缺乏对文明全体的平等和关爱、缺乏对人类社会整体前途的责任感，从而丧失引导人类社会共同前进的机会，这是多么大的悲剧。本书将对即将成为 21 世纪最大经济体和科技创新强国的中国，应当扮演的角色进行分析，论证大有大的责任，大有大的痛苦。

谁能在天漏时炼石补天？谁能在十日并出时弯弓射日？谁能在海浪滔天时衔石填海？谁能在巨山阻挡时移山开路？

沧海横流方显英雄本色。在人类文明面临着像新冠肺炎疫情这样极为严峻的全球性危机之时，最能体现各大文明体的底色和能量。这场破坏力一点都不亚于世界大战的世纪大疫情，给 21 世纪的人类社会带来了极为严酷的挑战，其胜出者和贡献者，势必成为人类文明的中流砥柱。

六、只有天下型文明，才能扛起天下的责任

当今的人类文明，已经走到了一个存亡绝续的关键时刻。

一方面，当今的人类世界正面临着堆积如山的全球性问题，如国际和平困局、世界性发展失衡、全球性网络治理失控以及全球气候

异常、全球性疫病大流行等，这些巨大风险和挑战时刻威胁着人类的生存和发展。这些巨大的难题如果得不到有效解决，人类文明将面临难以想象的巨大灾难，世界末日的危险绝不是杞人忧天。另外，当今的世界体系是由先发工业国家建立的民族国家体系，一旦其感觉为全球治理付出的成本高于其国家收益时，先发国家便会放弃这种努力，回到自己的舒适区，而听任其他国家在风雨中飘摇。这种巨大困局，可以称之为"21世纪人类文明困局"。

习近平总书记将这一巨大困局总结为"三大赤字"。2017年5月14日，习近平在"一带一路"国际合作高峰论坛开幕式上发表演讲时说：和平赤字、发展赤字、治理赤字，是摆在全人类面前的严峻挑战。2019年3月27日，习近平在巴黎爱丽舍宫出席中法全球治理论坛闭幕式讲话时，又增加了"信任赤字"。习近平指出：各国应该积极做行动派、不做观望者，共同努力把人类前途命运掌握在自己手中。习近平提出要破解"四大赤字"：坚持公正合理，破解治理赤字；坚持互商互谅，破解信任赤字；坚持同舟共济，破解和平赤字；坚持互利共赢，破解发展赤字。

在这"四大赤字"当中，全球治理赤字是根源，和平赤字与发展赤字很大程度上源于全球治理的赤字，即当前全球治理体系、规则和能力不能有效应对全球性挑战，导致全球层面秩序紊乱，而信任赤字，则源于原有的全球治理规则指导思想具有狭隘性和排他性，这种陈旧的指导思想又因拒绝改变而变得不合时宜。

必须看到，当前的全球治理仍然是西方主导的，出现治理失序和巨大的全球治理赤字，与西方的治理理念和思维方式缺陷有内在逻辑联系。

　　大航海时代以来,全世界接续出现了三个"日不落帝国",即西班牙、英国和美国,它们在缔结世界秩序方面先后做出了各自的尝试,美国的孤立主义抬头和逆全球化运动兴起,就证明其已经基本放弃了建立包容全世界人民总体利益秩序的努力。

　　其实,不管这些强大的西方帝国如何标榜愿意继续领导世界,其治理世界的逻辑缺陷是无法修补的。这是由帝国主义逻辑的局限性决定的。赵汀阳等中国学者指出,帝国主义虽有统治世界的雄心,却没有一个世界利益为准的世界观而只有国家观,只以国家为最高主体而把世界看作统治对象。因此,无论帝国的支配力扩展到什么程度,其利益和价值观都仅限于国家尺度,这就是帝国主义逻辑的局限性。[1]

　　当今世界,正处在全球化运动的关键时刻。一方面,由于工业文明的深度发展以及信息文明天然具有的全球攸关属性,世界经济已经形成不可分割的整体,全世界各经济体再也不能从世界体系中分离出去,全世界的民众已经生活在一个全球紧密关联的体系当中,无人可以回归"孤岛状态"。另一方面,由于当今的世界体系是以各民族国家为单位构成的利益主体,国家利益重于国际利益,人类的整体利益仍然处于失管和无人负责状态。世界需要一个愿意为全人类前途命运担任领航责任的国家出来,组建为人类文明护航的联合舰队。

　　为了缔造永久的人类和平,康德曾主张建立"世界共和国"。康德认为,只有建立起统一的世界秩序,才能意味着"所有敌意的结束"。

　　雅斯贝尔斯和哈贝马斯继承了康德的思想,主张将"人类交往"

---

[1] 赵汀阳.天下的当代性[M].北京:中信出版社,2015.

置于哲学思维的核心，他们不遗余力地倡导统一性的全球交往理性，努力引导人类世界朝向世界政治统一。

总而言之，世界的问题需要世界人民共同参与才能解决，这就必然要求一个能够超越本位主义，愿意将自身的利益与全世界的共同利益融合发展的国家或者文明体挺身而出，为构建一个人类命运共同体而付出努力，而这一切又是西方文明无法提供的。所以，包括汤因比、罗素在内的西方哲学家很早就将目光投向了遥远的东方。

中国自古以来并不是一个西方定义的民族国家，而是一个具有广泛包容性的天下型国家。自黄帝时代开始，一直到西周时代，中国的先贤就确立了中华文明作为一种天下型文明的特质，以天下主义为指导，主张"以天下为天下""生天下者，天下德之；杀天下者，天下贼之"，并催生出能够贯彻这一主义的天下型国家形态——大一统国家，直到近代，中国作为天下型国家被迫转型成为现代民族国家。但作为现代民族国家的中国，因为拥有数千年的天下型文明传统，在新的全球化运动中，必将焕发其固有的天下情怀，催生出新天下主义，即符合人类整体利益的世界主义。这一文明演进过程，是由中华文明精神的内在逻辑决定的，即世界主义符合中华民族伟大复兴的精神运动方向。

概而言之，中国在21世纪担当起新的全球化运动的旗手角色，具有内在的逻辑规定性：

其一，中国是当今世界上人口最多的国家，目前是世界第二大经济体，且一定会成为全球第一大经济体，按照奥尔森的理论，部分占整体的比例越大，其与整体的利益相关度也越高。中国的人口规模、经济体量和国际影响力，在21世纪将占据全球最大的份额，即使从

自己的本位利益出发，中国人也应该比其他民族更关心全球事务。更何况作为一个快速崛起的巨大文明体，创造更有利的国际环境将有利于中国的持续发展，这些都决定中国必须为21世纪人类社会整体命运担负起相应的责任。

其二，中国自古以来就是一个天下型文明国家，这一国家形态与其文明天然重合。正如白鲁恂指出的那样，中国是一个伪装成民族国家的文明体。也就是说，中国原本不是一个近代意义上的民族国家，而是一个天然包含世界主义的天下型国家，其国家形态早已超越了民族、宗教和主权边界的范畴，是一个能为天下人共同利益而奋斗的文明体，这一文明体的治理体系简称"平天下"，历史已经证明其可以包容一切人和一切的利益相关方，即协和万邦，四海一家。中国作为一个悠久的文明体，以天下主义为指导："天下非一人之天下，乃天下人之天下也。同天下之利者，则得天下；擅天下之利者，则失天下。"（《六韬》）按照天下主义指导而建立的天下体系，可以做到"天下无外"，即进入天下体系的任何一个人都能受益，并且没有人会受损。这一崇高的人类理想被中国人称为"天下大同"。中华文明的演进史，实际上就是一部为实现天下主义而不懈努力的奋斗史。

其三，面向21世纪，作为有5000多年文明史的中国，为了解决人类文明的21世纪困局，已经提出了构建人类命运共同体的伟大倡议。这一伟大倡议秉承的就是中华文明古典的天下主义，又赋予了其新的时代内涵。中国既是这一伟大倡议的提出者，也是这一伟大倡议的践行者。中国智慧在未来融合世界智慧，必能创制出一个引领人类文明的"新天下主义"。"新天下主义"必将是符合全人类整体利益的，在这一新的文明建设思路引领下，加入人类命运共同体伟大倡议的国家和民族，必将深受其益。即使一时间持观望态度甚至逆反态度的，中国智慧也将一如既往地秉承"己欲立而立人，己欲达而达人"的态度，对其保持耐心和友善。中华文明的特质决定了其非霸权特性，在21世纪也必将成为世界霸权的终结者。"新天下主义"引导下的人类世界，将以增进合作、促进共赢、共同缔造人类美好生活为蓝图，让全人类共享信息文明社会的成果，将人类世界带到一个超越狭隘利益博弈、争取创造更大共同福祉的新境界。

世界有困难，中国有方案。

世界有困惑，中国有经验。

本书在下编部分，对中华民族作为承载人类轴心文明的世界历史民族，在21世纪必须进行的文明演进运动，进行了逻辑分析，论证了中华民族的伟大复兴与中国对世界的贡献与责任密不可分的关系。

在本书的最后部分，作者将以快问快答的形式，对21世纪人类文明的大趋势和天下大势的相关重大问题，做出简洁的回应。

概而言之，经过数千年的演进，中华文明作为一个天下型文明，与全球化运动已经深度融合，中华民族的命运与全人类的命运前所未有地紧密关联。21世纪的中国，必将在服务世界文明的进程中求得自己更加美好的前程，而世界也将因为中国之贡献而呈现出更加光明的新样式。犹如百川归海一样，源远流长的中华文明，虽然百转千回，但也因此汇聚了千百江河，凝聚成了浩瀚的势能，在21世纪汇入世界文明的海洋中呈现出永恒的价值。这就是文明的大趋势，也是人类精神运动的新高度。

上编

5000年中华文明之基本逻辑

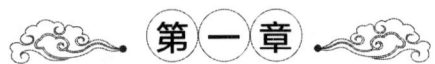

当代人应该如何看待中华文明

一、唯一有连贯历史记录的文明为何不被认可

"中国为世界上历史最完备之国家,举其特征有三。一者'悠久'。从黄帝传说以来约得四千六百余年。从古竹书纪年载夏以来,约得三千七百余年。二者'无间断'。自周共和行政以下。明白有年可稽。自鲁隐公元年以下,明白有日月可详。三者'详密'。此指史书体裁而言,一曰编年,二曰纪传,三曰纪事本末。其他不胜枚举。"这是国史大家钱穆在其1939年创作《国史大纲》时,在"引论"部分开宗明义的阐述。①

---

① 钱穆. 国史大纲(修订版) [M]. 北京:商务印书馆,1996.

上　编　　5000 年中华文明之基本逻辑

中华文明史因为有如此完备的历史记录，特别是全世界最严谨最可靠的正史记录，使得考察中华文明源流演变，建立在非常坚实的史实基础之上。后世研究者审视这一笔无比丰厚的文史遗产，参照现代学术研究方法，应该得出很靠谱的研究成果，这应是中国人的幸运，也是全世界人民的幸运。但是，近代以来，包括部分中国学者在内，对中华文明的历史可信度产生了怀疑。

所以，要想了解与考察中国 5000 年的文明史，首先需要端正与澄清一个认识：中国究竟有没有 5000 年的文明史？

中国文明以黄帝时代为文明史的正式肇始标志，在清代中期之前，在中国历史学界从来没有争议。[1]

如果采用黄帝纪年，则公元 2021 年为黄帝纪年 4718 年，公元 2022 年为黄帝纪年 4719 年。中国的文史学者对黄帝所处的时代，是十分确定的，这本来不成为问题。[2]

近代以来，因为按照西方一些学者制定的考古认定标准，中国出土的青铜器和文字实物不足以证明 5000 年的文明历史，造成中国学者对黄帝时代乃至夏朝的存在也附和西方标准而产生怀疑，而浑然不顾中国文明的认定标准与近代西方学者的标准可以有区别。

---

[1] 中国文明与中华文明高度同源，但覆盖的范围并不完全一致。本书所指的中国文明大致以清朝康雍乾时期的中国版图为界，而中华文明大致以儒家文化圈或汉字文化圈为界，本书在不同的语境下灵活使用这些名词。如果采用广义的中华文明圈时，中华文明还可以包括朝鲜、日本、东南亚等分支，有人称之为"筷子文明圈"。

[2] 人文始祖黄帝即位以及创制历法的时间为华夏纪年元年的纪年方式。因为干支纪年是从黄帝开始的。历史典籍记载黄帝时代的大臣大挠"深五行之情，占年纲所建，于是作甲乙以名日，谓之干；作子丑以名月，谓之支，干支相配以成六旬"。公元前 2697 年是干支纪年的开始。

025

关于中华文明的起源时间，西方学者根据他们的标准一直认为是3000年前，中国学者虽然存有异议，但一直无法证明这一观点的错误。红山文物的最新研究结果和关于文明标准的定义，可以证明中华文明起源于8000年前。因为这一研究成果，复旦大学人类学国家重点实验室青年教授李辉还应邀在联合国总部发表了演讲。经过一个世纪以来的考古发掘和研究，特别是良渚古城申遗成功和仰韶遗址、二里头遗址等挖掘研究，越来越丰富的考古成果已经可以证明，中华文明5000多年来连绵不绝，疑古学派越来越站不住脚，以《史记》为代表的权威史书记载越来越被证明其真实可靠。也就是说，中国人已经可以非常有把握地宣布：中华文明不仅货真价实地有5000多年的实证历史，而且很可能有可以往前推到8000至10000年的文明历史。质疑中华文明5000年历史的说法可以休矣。

以良渚文化的挖掘为例，在距今5300年前后，良渚文明在长江流域崛起。这里拥有发达的稻作农业，出土了大量精美玉器和陶器，发现了宫城等结构。尤其是城外多条水坝组成的大型水利工程，说明良渚已经具备了强大的社会动员能力，或者已经进入文明社会。2019年，良渚古城遗址纳入《世界遗产名录》。世界遗产委员会对良渚古城遗址做出了这样的评价：代表中国5000多年前伟大史前稻作文明的成就；是杰出的城市文明代表；填补了世界遗产名录东亚地区新石器时代城市考古遗址的空缺。

良渚古城遗址被联合国教科文组织和国际考古学界一致认可，标志着中华5000年文明史的实证已经被国际主流学术界广泛采纳。

仰韶文化，距今7000至5000年。2020年，河南省文物考古研究院宣布在河南巩义河洛镇发现一处距今5300年前后的仰韶文化中晚期巨型聚落遗址——双槐树遗址。这处遗址发现了三重环壕、瓮城结构的双重围墙、大型中心居址以及北斗九星遗迹等，北京大学教授、夏商周断代工程首席科学家李伯谦等专家将其命名为"河洛古国"，并认为这里可能是黄帝时期的都邑。

中共中央政治局于2022年5月27日，就深化中华文明探源工程进行第三十九次集体学习。习近平在主持学习时发表了重要讲话。他强调，经过几代学者接续努力，中华文明探源工程等重大工程的研究成果，实证了我国百万年的人类史、一万年的文化史、五千多年的文明史。

中华文明5000年前的文明图景，随着越来越多的考古和深度研究，已越来越清晰，越来越确定，也证明了中国历史文化记录的高度可靠性。

二、 对于前人的创制，今人应该如何看待

人类文明已经是一个既成的存在，如何看待，全凭后来人的眼光。当代人在观察和分析前人的文明创制时，一般都会遇到几个难题。

第一个难题，中国社会如何分期？

近代以来，中国学者参照西方的标准，将中国传统社会划分为原始社会、奴隶社会、封建社会等几个阶段。其实，这不应当是唯一的社会阶段划分标准。从世界文明史的发展过程来看，用原始狩猎采集社会、农业文明时代、工业文明时代和信息文明时代（或后工业文明

时代）来划分中国社会阶段，也是可以参照的一个标准。为了叙述方便，本书拟参照这样的标准来描述中国文明的分期，这样既方便区分文明的发展阶段，又利于与其他文明体相互对照比较。

莫里斯在《人类的演变——采集者、农夫与大工业时代》一书中，将人类社会划分为狩猎—采集社会、农业社会和工业社会。莫里斯认为，人类必须获得物质能量才能生存下去，而且获得的能量较多才能繁荣，才能发展起精致甚至奢华的文化。他以人类历史上获取物质能量的三种方式来划分社会阶段，即采集者、农夫、化石燃料使用者，以此对应三种社会形态。推而广之，当前人类正在大规模使用信息技术和新能源，化石燃料的作用正在下降，可以据此认为人类已经迈入信息文明的门槛，人类在后工业社会中，新的能量获取方式正在不断被创造出来，信息技术正在革新人类交往的方式，使得文化的扩展成本大幅降低。本书作者认为，文明力的本质就是人类协作能力的不断提升。以人类协作能力和规模来对文明进行分期，也可以将人类文明分为原始采集狩猎文明、以农耕文明和游牧文明集合而成的农业文明、工业文明和信息文明几个阶段。

据此，我们可以认为，中国文明从黄帝时代开始，就已经进入农业文明时代，从清末开始，工业文明在中国逐渐兴起。中华人民共和国成立后，中国从农业国向工业国转型显著加快，并于21世纪初期成为世界上第一大工业国（从工业总产值来衡量）。同时，信息文明正在席卷全球，中国赶上了信息文明的快车，在第四次工业革命中，与世界先进水平并驾齐驱，21世纪的第二个10年之后，中国正在进入信息文明社会，当然，这一新的文明形态正在急速演变中，尚未完全定型。

第二个难题，当代人该如何看待前人的成败得失？

意大利史学家贝内德托·克罗齐说："一切真历史都是当代史。"这大概是历史学中最容易被后人误解的一句话了。克罗齐说出这个观点，正是因为当时欧洲史学家流传一个观点——历史学是客观的，唯一的，与自然科学一样的，没有其他答案。克罗齐生活的时代，正值19世纪末至20世纪初，实证主义史学、客观主义史学先后在欧洲崛起，尤其是以孔德为首的实证主义史学不但把史学当作科学来研究，而且明确地宣称史学是一门科学，使得历史学开始出现了一种背离人性的倾向。正是在这一思潮下，克罗齐提出了"一切真历史都是当代史"的著名论断，并有力地反驳了以上的倾向。虽然在当时的时代背景下，其理论的基本原则是偏颇不全面的，但不容否认，他着力维护后人解释历史的自主权，这值得后人批判地借鉴与吸收。

我们首先应当承认历史的过程具有客观性，过去的历史是后人无法改变的，对其进程的描述也应当尽量客观求实。但后人在看待前人创造的历史时，很容易变成"事后诸葛亮"。用现代人的眼光和标准来评价前人，浑然不顾前人本身就有其历史局限性和时代局限性。就像后人未来会评价当代人——为什么不顾死活非要破坏环境荼毒生灵？为什么就爱护地球家园迟迟无法达成一致？为什么要进行毫无意义又耗费巨大的核军备竞赛？为什么粮食生产明明有余却让数亿人陷入饥馑？我们应当做出这样的假定：前人在他们当时的时空中，与今人一样，也是要生存要发展的，也是要让文明繁衍生息的，也是追求物质能量最大化的，也希望过得和平安宁和健康，也同样希望降低交往成本、实现精神提升。概而言之，人类的遗传禀赋、体力水平、智力水平和理性认知能力，在这5000年内，并无太大变化。换而言之，即使是现代人穿越回古代社会，也不一定能改变当时人的困境。①

所以，既要承认前人与今人一样，都有历史局限性，都受历史客观条件的约束，所作所为均是"历史不自由的产物"，又要承认由于今人主观认识的局限性，解读前人很难设身处地地替前人思考，因而在理解前人时，今人需要多一些谦逊、多一些宽容，也多一份同情。钱穆先生要求阅读《国史大纲》的读者必须具备一些基本信念，比如：① 所谓对其本国已往历史有一种温情与敬意者，至少不会对其本国历史抱一种偏激的虚无主义，亦至少不会感到现在我们是站在已往历史最高之顶点，而将我们自身种种罪恶与弱点，一切诿卸于古人。② ② 所谓对其本国已往历史略有所知者，尤必附随一种对其本国已往历史之温情与敬意。（否则只算知道了一些外国史，不得云对本国史有知识。）③ 当信每一国家必待其国民具备上列诸条件者比数渐多，其国家乃再有向前发展之希望。（否则其所改进，等于一个被征服国或次殖民地之改进，对其自身国家不发生关系。换言之，此种改进，无异是一种变相的文化征服，乃其文化自身之萎缩与消灭，并非其文化自身之转变与发皇。）

---

① 笔者曾经有这样一个假设，某个现代人穿越回三国时代，成为诸葛亮北伐大军中的一个参谋，他深感蜀汉运粮大军穿越蜀道秦岭太过困难，于是提议修公路，改用汽车运输，那他的建议实现的可能性有多大呢？

② 钱穆先生在《国史大纲》开篇申言：凡读本书请先具以下诸信念：当信任何一国之国民，尤其是自称知识在水平线以上之国民，对其本国已往历史，应该略有所知。否则最多只算一有知识的人，不能算一有知识的国民。

检视前人的文明成果，应该躬身入局，将前人理解成理性人，其重大失误更可能是无可奈何或无力为之，其重大成果则是在继承先人的基础上的传承开创，是在历史允许条件下的主动作为。质疑前人，一定要非常小心才是。

第三个难题，文明有无优劣之分？

本书在绪论部分就已申明，文明本身具有善性，是为增进人类福祉而产生的。所谓的将文明分为三六九等，自视为高级文明而鄙视其他文明，本身就是不文明的表现，也是文明观中个别人为了给别人洗脑而灌输的观念，与中国传统文明观并不相容，也不是正在构建命运共同体的人类社会应当持有的观念。正是珍视文明的价值，为了人类文明有一个可预期、更美好的未来，以史为鉴开创未来，世界需要系统总结文明的经验，文明的发展经验是人类的共同财富。文明是人类创造的共同成果，是人类繁衍生息的共同基础。在不同的历史时期，不同区域、不同种族、不同宗教背景的人群，都创造出了璀璨的文明成果，积累了宝贵的文明经验。在中国，以华夏民族为主干，融合区域内各民族和各种群，共同创造出了一个体量巨大、绵延悠久、屡仆屡起且特色鲜明、特质稳定的文明共同体，这是世界文明史上的奇迹，是人类文明史的奇观。因为其规模大、辐射广、历时长，且在各个时期均有非凡的建树，所以，其积累的文明经验之总量，是其他文明体难以比拟的。此种文明生存、繁衍、发展和应对重大危机经验之丰富，亦是其他文明难以比拟的。对这一极为古老又极为青春的巨大规模文明体，将其兴盛的经验、复兴之路数以及对世界文明之贡献，全面总结归纳，正是21世纪当下人类社会之刚需。当然，对其他文明体进行同样认真的总结归纳，也是极为必要的。鉴于研究对象的复杂性，本书只能提纲挈领对中华文明5000年来为了文明繁荣、应对各种风险挑战而积累下的一些基本经验进行归纳，不全面或者不客观之处，在所难免，但立足全球视野，以大纵深长周期进行归纳，相信这样的尝试总是有益的。此外，除了文明的概念本书给予了一定程度的区分之外，对于民族、宗教、现代国家和主权、法权等概念，鉴于行文的复杂性，本书没有严格加以限定区分，基本遵从约定俗成的概念。①

---

① 以民族学为例，中国原本没有西方学术界定义的民族学，也没有与西方文化上定义一致的"民族"概念。有中国学者指出，民族学是从西方传来的学科，但我们不能一直做学生，民族学也有责任为坚定中国人的文化自信，为中国智慧、中国方案贡献我们的力量。我们只有走民族学中国学派的道路，才能走到世界民族学研究舞台的中央，走到国际民族学界的前列。五四运动以后，中国的传统文化与现代文化之间曾长期处于断裂的状态，如何前行？历史的经验告诉我们，要走一条既借鉴西方又继承传统的道路。民族学的发展也应如此。我们既要不断借鉴学习国际民族学界的思想成果，也要努力挖掘中国传统文化中的精华与优秀思想，在为国家、社会服务的研究实践中创建具有中国特色的民族学派。参见《服务国家和社会 建设民族学中国学派》（中国民族报，2019-5-17）。

第二章

高起点的农业文明，从黄帝时代到周秦时代

一、黄帝时代人们如何创制中国最早的国家形态

现代考古学已经证明，在距今1万年的时候，地球出现了一个温暖时期，在亚欧大陆上，各大原生农业文明均在此时出现。在黄帝出场之前，中国北方的农业文明已处于新石器时代，诸多对农业文明具有重大意义的发明创造已经诞生。如燧人氏发明了人工取火的方式，有巢氏发明了定居用的房屋建造术，伏羲氏（庖牺氏）始作八卦，又教民结网，从事渔猎畜牧。神农氏既是农业开创者，也

是医药发明家。①

在黄帝之前，中华文明犹如"满天星斗"，众多方国已经蔚为大观。②此时的中华文明，已经形成相当的规模，黄帝不应被视为部落联盟的首领，而是一个文明国家的奠基者。所以，司马迁在《史记》的开篇《五帝本纪》中，将黄帝作为五帝之首，看成帝王的杰出代表，这是非常正确而恰当的。

按照汤因比的分类，从原始社会中脱颖而出的第一代文明社会，全世界只有6个：古代埃及、苏美尔、米诺斯、玛雅、安第斯和古代中国。后来延续下来的第一代文明只有古代中国文明。

第二代文明社会中产生了叙利亚文明、古希腊和地中海文明、古印度文明，还有中国文明等。连续发展并绵延至今的，只有中国文明与古印度文明。

当今世界仍然存在的几大文明板块，包括西方基督教文明、东正教文明、印度文明与伊斯兰文明等，主要是第三代文明的产物。这

---

① 大地湾遗址，这是传说中伏羲氏的祖居地，位于甘肃省天水市秦安县东北45千米处的五营乡邵店村东侧，总面积270万平方米。大地湾遗址是一处距今8000至4800年的史前遗址，是中国发现的较早的新石器时代遗址。2006年发掘研究显示，大地湾遗址的人类活动历史由8000年前推前至6万年前。该遗址出土陶、石、玉、骨、角、蚌器等文物近万件，发掘房址241座。该遗址对探索中华文明的线索和原生面貌，揭示陇右与天水古代文化的考古编年和文化序列，都具有极为重要的价值，也部分证明了传说中的三皇时代并非虚言。

② 中国著名考古学家苏秉琦先生著有《满天星斗：苏秉琦论远古中国》一书，系统探寻中国文明的起源，提出新石器时期中国大地呈现古文明"满天星斗"的分布格局。作者在大量扎实的考古实践工作基础上提出区系类型学说，认为中原地区只是独立发生发展但又互相影响的六大区系之一，从而对历史考古学界根深蒂固的古中原中心、汉族中心、王朝中心的传统观念提出了挑战，并将新石器时期的中国文明状态传神地描述为"满天星斗"。

上 编　5000年中华文明之基本逻辑

其中，中国文明长期占据了最大的分量。

实际上，早期中国从"古国时代"向"王国时代"转型，早在黄帝之前就已经完成。文扬在《天下中华——广土巨族与定居文明》一书中，描述那个时代的中国文明景象时，恰当地指出：

5000多年前，一个多元一体的巨大"丛体"在"黄河、长江和西辽河流域"这一广阔的土地范围内同时发生，并启动了"中华文明的总进程"。[①]

换句话说，黄帝建立的政权，应当被看作一个国家级政权，而不是部落联盟。黄帝对国家政权建设的贡献是多方面的，作为后世百代帝王的终极偶像，黄帝在政权的开创建设方面，至少有四个方面的重大贡献：

（1）黄帝顺应文明壮大统一的需要，通过军事手段，平息了部落纷争，初步统一了政权。这里边，黄帝分两步走，先征服了炎帝部落，使得诸侯均集合到黄帝的旗下。接着，黄帝率领诸侯讨伐蚩尤，擒杀蚩尤，"而诸侯咸尊轩辕为天子，代神农氏"[②]。自此，天下有不顺者，黄帝从而征之，基本上统合了华夏内的各方国和部落势力，建立了一个稳固的政权系统。黄帝的巡视范围非常大，"东至于海，登丸山，及岱宗。西至于空桐，登鸡头。南至于江，登熊、湘。北逐荤粥，合符釜山，而邑于涿鹿之阿"。基本上北至内蒙古，南至湘南，西至甘肃，东至大海，黄帝都视为治理的范围，这已经为华夏农业文

[①] 文扬.天下中华——广土巨族与定居文明[M].北京：中华书局，2020.
[②] 司马迁.史记·五帝本纪[M].北京：中华书局，2013.

035

明核心圈画出了轮廓。

（2）黄帝建立了官僚体制，以正规的官职治理国家，不再实行部落社会的长老制。"官名皆以云命，为云师。置左右大监，监于万国。万国和，而鬼神山川封禅与为多焉。……举风后、力牧、常先、大鸿以治民。"这些官职摆脱了部落长老制，并且有清晰的分工，且采取举荐的办法产生，避免了世袭制。这为后来中国社会的政治治理开启了一个良好的先河。

（3）黄帝创造国家武装力量，精练武备，保卫家国安宁。"轩辕之时，神农氏世衰。诸侯相侵伐，暴虐百姓，而神农氏弗能征。于是轩辕乃习用干戈，以征不享，诸侯咸来宾从。"想要制止诸侯混战，就得自己掌握一支强大的武装力量，黄帝很早就明白了这个道理，所以，他经武整军，创建了一支强大的武装，后来又经过残酷战斗，击败了蚩尤。在治理国家的过程中，黄帝仍然重视常备武装的重要性。"迁徙往来无常处，以师兵为营卫。"这支常备军保证了政权的安全。所以，称黄帝为华夏民族第一位杰出军事统帅，也是名副其实的。

（4）黄帝对社会民生改善有诸多重大创造发明。轩辕的原意是车驾，从词面上推演，黄帝所在的轩辕部落大约是擅长车驾技术的。后世将车驾术的发明归功于黄帝，也是可以的。黄帝的夫人嫘祖是传说中中国蚕丝的发明人，中国后来称为丝国，也可归功到黄帝这儿。黄帝还"治五气，蓺五种，抚万民，度四方""时播百谷草木，淳化鸟兽虫蛾，旁罗日月星辰，水波土石金玉，劳勤心力耳目，节用水火材物"，等等，均说明黄帝改善民生的举措是多方面的、卓有成效的。

所以，黄帝与炎帝一道，被尊为中华文明的始祖，是实至名归，

上　编　5000年中华文明之基本逻辑

为中华文明的高起点发展，确立了一个水准很高的平台。中华文明奠基于以黄帝为代表的五帝等先祖开出的高台之上，是这个伟大民族的幸运，也是这个伟大民族永远的光荣。

黄帝之后的四帝和大禹王继承了黄帝的遗德，其功业均极大，今举其要而言之：

（1）明祭祀典仪，绝地天通，创造了文明史上最早的政教分离体制。宗教伴随着人类文明而产生，原始宗教对先民有极大的控制力和影响力。黄帝及之后的帝王非常清楚宗教（包含巫术）对政权和民众的极大影响力，在制度建设上，一边创造了国家正规的祭祀仪礼，一边"绝地天通"，让宗教力量与民众世俗生活隔离开来。"皇帝哀矜庶戮之不辜，报虐以威，遏绝苗民，无世在下。乃命重、黎，绝地天通，罔有降格。群后之逮在下，明明棐常，鳏寡无盖。"（《吕刑》）此举"使人神不扰，各得其序，是谓绝地天通。言天神无有降地，地祇不至於天，明不相干"。此种隔绝人神，人神不扰、各得其所的做法，不仅让中华文明在后世的数千年间少受宗教控制之害，在世界文明历史上亦堪称明智之举。这一人类史上最早让政教分离、人神区隔的制度安排，值得大书特书。斯塔夫里阿诺斯在《全球通史：从史前史到21世纪》中指出，在中国，与文化同一性同样重要的是，各时期都存在着惊人的政治上的统一。这种统一在很大程度上起因于中国文明——唯一在任何时候都未产生过祭司阶级的文明——的独特的现世主义。[①]绝地天通的做法主要贡献者是颛顼帝，后世帝王均予

---

① 斯塔夫里阿诺斯.全球通史：从史前史到21世纪［M］.吴象婴译，北京：北京大学出版社，2012.

以遵从。从此，求神问卜的事情交由专业部门来做，其主要业务也转为收集历史，记录历史。①

（2）明正朔，易服色，以文化手段实现高效的文明拓展。明正朔就是制定优良的历法，然后推广。尧帝继承黄帝的智慧，从制定优良历法开始展开治理，可以说是抓住了农业文明兴起的"牛鼻子"。帝尧"乃命羲、和，敬顺昊天，数法日月星辰，敬授民时……岁三百六十六日，以闰月正四时。信饬百官，众功皆兴"。（《史记·五帝本纪》）中国在五帝时代已经具有了比较精确的历法，在夏朝颁布的夏历，一直沿用至今，是全世界推广时间最早、绵延时间最长的农业历法，对于农业文明产生的推动力之大，可以想象。精准的历法，当时是绝对意义上的真正高科技，输出好历法，就是在输出先进生产力，让接受者以最大受益的方式求得文化上的皈依与认同，这种文明输出方式，可以说是善莫大焉。中华文明自古以来，也可称为华夏文明，而华夏文明的缘起，可以追溯到五帝时代华夏族发达的纺织业和较高的文化水平。《左传》曰："裔不谋夏，夷不乱华。"孔颖达注曰："夏，大也。中国有礼仪之大，故称夏；有服章之美，谓之华。华、夏一也。""华夏皆谓中国，而谓之华夏者，夏，大也。言有礼仪之大，有文章之华也。"因为华夏民族所在的中原地区有当时最先进的纺织工艺，衣服之华美，是别的地方无可比拟的，再加上大国已经有一套规范的礼仪典章，共同构成了先进的文化。从

---

① 昔在颛顼，命南正重以司天，北正黎以司地。唐虞之际，绍重黎之后，使复典之，至于夏商，故重黎氏世序天地。——《史记·太史公自序》

五帝时代起，中原王朝向外拓展，无不由推广先进历法和优雅的服饰开始，只要愿意采纳中原王朝的历法和服饰的地区，均可视为文明之地。这种以推广先进文化为先导的文明拓展方式，比军事殖民和野蛮残酷掠夺，不知道高明多少倍。也可以说，这是文明者才能做出的文明之举。中国后来历朝历代讲究以文化人，推己及人，"己欲立而立人，己欲达而达人"，都源于此。这种双赢多赢又成本最低的文明拓展方式，让对方心悦诚服，受益无穷，乃是世界文明发展史上一大创举。

（3）聚力治水，开启东方治水社会模式。古气候学、地质学研究已表明，距今4000至4200年，北半球发生了一场大范围的气候趋于干冷与季风转换事件，导致河流下游降雨增多，河水泥沙增多，酿成大洪灾。①关于特大洪水，世界各大古文明都有相关记载，在古巴比伦史诗——《吉尔伽美什史诗》中，有这样的记载："洪水伴随着风暴，几乎在一夜之间淹没了大陆上所有的高山，只有居住在山上和逃到山上的人才得以生存……"《圣经》中关于诺亚方舟的传说，也与此相关。《史记·夏本纪》描述说："当帝尧之时，鸿水滔天，浩浩怀山襄陵，下民其忧。"大禹治水由此开启："禹乃遂与益、后稷奉帝命，命诸侯百姓兴人徒以傅土，行山表木，定高山大川。禹伤先人父鲧功之不成受诛，乃劳身焦思，居外十三年，过家门不敢入。薄衣食，致孝于鬼神。卑宫室，致费于沟淢。陆行乘车，水行乘船，泥行乘橇，山行乘檋。左准绳，右规矩，载四时，以开九州，通九道，

---

① 葛全胜. 中国历朝气候变化［M］. 北京：科学出版社，2010.

陂九泽，度九山。"这是中国历史上有确切记录的第一场文明大危机，对抗危机引起的大禹治水是国家工程，面对滔天洪水，他们没有采取建造诺亚方舟以逃生的办法，而是集合国家和民众力量，奋力抗洪治水，采取疏导的办法，大范围疏浚河道泄洪，最终用13年的时间初步完成，东方治水社会形态至此也初步形成。这一社会形态要求全国一盘棋，中央政府主导集结力量，完成若干巨大工程，并规划了一套全国性的动员体制。《史记》记载，大禹"令益予众庶稻，可种卑湿。命后稷予众庶难得之食。食少，调有余相给，以均诸侯。禹乃行相地宜所有以贡，及山川之便利"，为了服务治水和救灾，大禹就此制定了全国范围的食物救济调节机制，还规定了各地的贡赋比例。（详见《史记》和《禹贡》）东方治水社会形态要求建立强有力的中央权力体制，统一集结全国资源应对重大灾害，这又成为中国文明在抵御后来历次特重大危机时的宝贵经验之一。面对特大危机不逃避、不妥协、不求神、不怨天尤人，而是竭尽全力团结应对，这就是中国人的韧劲和顽强，后来也成为这个民族性格的一部分。

二、一位杰出女统帅，扛住了一次文明大入侵

司马迁将大禹作为夏朝的开创者，这也不是不可以，但大禹本人没有实行父子传位，"家天下"的开创者实际上是禹的儿子启。对夏朝的历史进行总结评论时，有必要廓清一下"家天下"的概念——家天下摧毁了禅让制，让中国古代儒生黯然神伤，但也解决了王朝领

上　编　5000年中华文明之基本逻辑

导者的继承人危机。禅让制表面上可以选贤，但是贤能的标准实际上很难确定。而家天下以血缘为客观标准，使得可继承的范围大大缩小了（后来嫡长子继位的原则被周朝确定了下来，进一步缩小了不确定性），这对维护政治稳定、减少纷争不无好处。①

随之而来的商朝不仅在管理地域上更为广阔，在武功方面更是超出夏朝一大截子。正是商朝强大的武备，使得中国文明成功地渡过了一次大劫难。

公元前2000年到公元前1100年，位于亚欧大陆草原地带的游牧民族实现了一次军事技术的大变革，随着马拉战车的出现，驾驭马匹的马鞍和马嚼子也出现了，骑兵开始活跃于战场。亚欧大陆的游牧民族借助灵活的游击战术，能轻松打败凭借城市防守的农耕民族，古巴比伦、古埃及和古印度文明全部被打得七零八落，其古文明就此基本灭绝。而中华文明当时处于商朝时期，被商人称为鬼方的北方游牧民族也大举来到商朝的地界，开始持续地进攻与袭扰。华夏农耕民族和游牧民族第一次大规模战争就此展开。②

殷墟出土的众多甲骨文记录了这次重大文明危机，尤其以商王武丁和他的妻子妇好领导的征讨鬼方之战最为惊心动魄。武丁征伐鬼方历时三年之久，动用了数万军队，最终大获全胜，使华夏文明的熊熊火炬继续燃烧。武丁二十九年（公元前1246年）二月，商之方国

---

① 罗马帝国实行的所谓选贤者为帝王义子继承的办法，造成帝位极不稳定，罗马帝国后来的帝王大都横死，就说明了这一制度实施的困难。
② 斯塔夫里阿诺斯.全球通史：从史前史到21世纪[M].吴象婴译，北京：北京大学出版社，2012：75.

下旨（地点不详）叛反，武丁遣大将望乘前往征讨，土方与鬼方乘机侵扰沚境，沚告急求援。三月武丁即"登人五千"采取集中优势兵力，分阶段重点打击的办法，先专攻土方和平定下旨，至十二月下旨之战结束，接着开始进攻鬼方。武丁于攻鬼方之际，深恐渭河流域的周人及陇西的羌方伺机行动，特遣蒙侯加以防范，此时鬼方与土方加强联盟共同对抗商军，战事非常激烈，规模日益扩大。武丁三十年（公元前1245年）七至九月，武丁曾七次下令增调援军，每次3000或5000人，在不到40天的时间内就征调了23000人；并遍祭祖先及诸神，祈求福祐，可见战事之紧张。在商军强大的攻势之下，至武丁三十二年底（公元前1243年），鬼方终于溃败，商军胜利班师。

这里特别需要指出，征伐鬼方的前线总司令是武丁的王后妇好，随着1976年河南安阳小屯村妇好墓的考古发掘，妇好王后更是以华夏第一位女统帅之名而名扬天下。被历史尘封了数千年，她的赫赫战功和英名终于为全世界所知。当代研究表明，为了准备与鬼方这一战，商王朝用了九个月筹备粮草调兵遣将，并由战功卓著、声望极高的妇好王后亲自统率大军，力图一战定输赢。据说妇好用一年时间打败了骑术精湛的鬼方，又用了两年的时间追击鬼方残部，确定彪悍善战的鬼方实力大损再也无力对商王朝形成威胁，妇好才班师回朝。安阳妇好墓的其中一座陪葬坑出土了大量的头骨，检验显示这些战俘头骨应属印欧人种。这也间接证明鬼方来源于高加索地区的游牧民族。

这批手持青铜武器的雅利安人摧毁了古印度文明，却被武丁和妇好完败。这次发生在亚欧大陆北部的特大冲击，斯塔夫里阿诺斯在《全球通史：从史前史到 21 世纪》中认为，其破坏力比成吉思汗率领的蒙古骑兵有过之而无不及，其所到之处，古文明被扫荡而空。而中国文明因为自黄帝以来，已经建立起了初步的有中央权威的国家形态，再加上武丁的贤明和妇好的英武，这才没有造成文明的断裂，反而增强了华夏民族的战斗能力。

三、 周礼，天下型文明的伟大创设

商朝的灭亡不仅仅是因为商纣王的荒淫无道、宠信妲己，更大的可能是商朝对东面和南面的夷族战事频繁，使得西面的周人乘虚而入，在突袭中一举灭商。

周灭商之后，面临着两个治理难题：一是在灭商的合法性上，怎样为自己辩护？二是如何以一个西部小邦的规模治理商留下的庞大国土？

以周公为代表的周朝统治者在商周之变之际，认真总结了夏商两代的文明治理经验，突出以文化为先导，总结出了一种以礼仪宗法制度为基础的低成本治理方案，对此后的中华文明影响极为深远，可以说，中华文明的机理通过周公的总结、孔子的阐发，以儒家学说的面貌基本形成。这里主要概述一下以周公为代表的西周对文明的突出贡献。

第一，塑造新的天命观,将政权的合法性从天神处移置至民生处。夏商两代的巫术氛围还是很浓重的，其统治者将治理的合法性归结到

天命上。①所以,周必须论证自己伐商是天命所归。周人崛起源于后稷,这个部族以农业见长,十分重视农事和民生安定,所以其德行就自然落实到农事兴旺、百姓安定上。周公等由此将很难验证的天命落实到民生上,以民心为鉴以窥天命。"天听自我民听,天视自我民视"(《尚书·泰誓》),这一转折进一步让中国文明脱离了宗教和神学的轨道,将统治者统治的合法性落实到了民生和民心之上,以文明的创造成效来决定治理的合法性,这是世界文明史上又一次大的跃进,民本思想从此成为中国政治文明的核心思想之一。畏天命就是畏民心,敬天命就是重民生。这是一次巨大的思想解放。

第二,施行封建制度,极大地推动了文明的拓展速度。周朝的"封建"一词,不是当代人理解的保守固化,其原意是"封建亲戚,以蕃屏周"(《左传》)。这种分封制以与周王的亲疏关系为标准,将周王的亲戚分封到各地进行治理。过去的夏商也有分封制,但范围很小,到了西周,分封制基本覆盖了中原文化区。而且分封制唤起了地方诸侯拓展文明的积极性,他们无不竭尽全力追求自己封地内的财富和人口增长,这就极大点燃了地方政权的积极主动性,华夏文明开始在全国范围内多点勃发,诸侯竞争由此激发开来。周朝的分封制将先进的治理经验和文化科技以迅疾的速度在全国各地推广,一个封国或者一个城邑,都成了地区政治、经济、文化中心和科技中心,中国文明的大范围整体崛起由此开始。

---

① 商汤伐夏桀时,申明其罪行就是"今夏多罪,天命殛之"。西周击商,商纣说:"不有天命乎?是何能为!"——《史记·殷本纪》《史记·周本纪》

第三，确立社会伦理制度，为家国同构的文明社会奠定基本关系。周公创建的宗法伦理制度总称为周礼。周代礼制完整地讲应称之为礼乐制度，分礼和乐两个部分。礼的部分主要包括人的身份划分和社会规范，最终形成伦理等级制度。乐的部分主要是基于礼的等级制度，运用音乐区别身份。前者是所有制度的基础和前提，后者是制度运行的形式和保障。周礼将人类社会的基本关系确立为"五伦"——父子、兄弟、夫妇、君臣、朋友，包括父子有亲、长幼有序、夫妇有别、君臣有义、朋友有信；将人的伦理道德归为八德——孝、悌、忠、信、礼、义、廉、耻。周礼以血缘为基础划分人与人的关系，可以将每个人都很直接地划归为某种人类社会的基本关系，这种区分标准具有普适性，从而使文明社会的构建很直观，很容易学习。通过家庭关系延展，就可以实现家国同构，个人与国家以这种最直观的方式实现了伦理认同。中国社会以家庭伦理关系作为人与人之间的基本关系，既保留了家庭在文明细胞中的基本价值，又让每个人很容易融入文明关系当中，为文明的推广复制提供了基本指导。只要家庭的重要性存在，来自西周的中国文明就永远有重大的价值。

王国维对周公为代表的西周政治与文明制度建设给予了极高的评价：周人制度之大异于商者，一曰立子立嫡之制，由是而生宗法及丧服之制，并由是而有封建子弟之制、君天子臣诸侯之制；二曰庙数之制；三曰同姓不婚之制。此数者，皆周之所以纲纪天下。是故有立子之制；而君位定，有封建子弟之制而异姓之势弱、天子之位尊。有嫡庶之制，于是有宗法、有服术，而自国以至天下合为一家。

这些"自其表言之，不过一姓一家之兴亡与都邑之移动；自其里言之，则旧制度废而新制度兴"。

而周朝新建的这一套制度体系，最大的创制莫过于打造出了一个"天下体系"。对此，赵汀阳有过这样的阐述：

周朝天下体系的核心创意是把家化成世界同时把世界化成家的双向原则。这两个方向都设定了家与天下的同构性，但不同方向含有不同的意义：以天下为出发点，就意味着"天下—国—家"的政治秩序；以家为出发点，则意味着"家—国—天下"的伦理秩序。①

以周礼为代表的这一天下体系，一方面以家庭概念去定义世界是四海一家的性质，人类本来就应该亲如一家，彼此依赖，彼此扶植，这就确定了天下的内部性，狭隘的部族、种族以及民族和国家的利益，与天下的整体利益相比，都具有局部性，在局部利益与整体利益相冲突时，局部应当服从于整体。另一方面，这一体系又以公正无私的概念去定义天下的共享性质和共有性质，确定了天下的普遍性，即天无偏私，想要代表天下利益就必须做到无偏无党，正直无私，不能偏私于某一局部或者某一喜好人群。周礼包含的"天下体系"由此达到了"天下无外"，"使天下概念与家庭概念达到重合，使内部性与普遍性达到一致"。②

周朝创建的天下体系在人类文明历史上具有极大的独特性。文扬等学者认为，包括古印度文明在内的非中国文明，其政治体系均起源于城邦政治与游居文明，这种游居文明和城邦政治产生的只能

---

① 赵汀阳. 天下的当代性 [M]. 北京：中信出版社，2015：63.
② 赵汀阳. 天下的当代性 [M]. 北京：中信出版社，2015：64.

是本位主义的政治体系，即本部利益优先，而不可能产生像周朝这样的包容天下所有部族和地方利益的普遍性政治体系。学者文扬在《天下中华》《文明的逻辑》等著作中，多次指出，"无论是生物基因还是文化基因，中华文明中这种处处可见的大规模、持续的定居农耕文明标记，在其他文明中是没有的。而一旦通过同样重构方式描绘出欧亚早期文明的总图景，人们还会惊讶地发现，其与中华文明相比较甚至完全相反"。

由于中国文明在文明运动的起点上，就是一个大规模的定居型农耕文明，适应这一社会形态的文明样式也必须是一个具有广泛包容性、能够保障广大区域内海量人口稳定持续进行农耕生产的组织方式，这样的组织方式必须是确保相互依存、彼此协作、反对侵略并且能够协同进行建设的新的社会动员体系。

幸运的是，周朝的开创者们为了适应以中原为代表的广大农耕区需要，创制出了一套治理成本低、治理效率高且最大限度能够维护和平的制度体系，这就是"天下体系"。从此，天下体系就成为中华文明的内在特质。天下体系需要强有力的国家体系为载体进行运转，这就是周朝之后，中国的国家形态从封建制向中央集权的大一统国家体制转型的逻辑起点。

换言之，从西周开始，中国就变成了中华文明得以生息繁衍的地理概念，中国就意味着一个不断拓宽视野的"天下"。因为天下大于国家，中国后来的国家形态可以改朝换代，但从来没有换过"中国"，因为中国自从变成了一个天下体系，就不可能被更换了。这也是中华文明作为一个天下型文明的内在属性，世界主义从此深植于中国人的内心，再也无法忘却。①

此外，为了实现天下体系，周朝统治者非常重视伦理，文教优先，政教分隔，民生为重。这些都是周朝文明建设带给后世的最重要的宝贵经验，而且历经近 3000 年之演变，这些重要经验仍然不过时，仍然在中华文明复兴的机理中发挥基础性支撑作用。孔子因此感叹："周监于二代，郁郁乎文哉！吾从周。"（《论语·八佾》）

四、治理大规模文明体政治哲学的形成

西周重视文教礼法，但武备始终劣弱，终于酿成犬戎之祸，被迫迁都洛阳，是为东周。东周为后来的史学家分成春秋时代和战国时代，但从文明发展史的角度来说，不做这种人为的隔断也是可以的。东周是一个中国文明生产力大发展的时代，铁器大量使用，农业拓垦范围大幅增加，商贸空前繁荣，大城市星罗棋布，甚至出现了相当于后来的大学的学术中心，如稷下学宫，私学的兴起与士大夫阶层的崛起相互促成，"思想市场"初步形成，造成学术思想空前活跃。诸子百家的兴起是这一被称为"轴心时代"最鲜明的标志，但东周对中华文明发展的承转作用应该更为重要。至此，中华文明的奠基期宣告完成，一个统一的巨大文明体呼之欲出。文明的基本机理和民族基

---

① 关于"中国"一名在 3000 年间的演变，请参见冯天瑜《你有没有想过，中国为何一直叫"中国"》，原载微信公众号"瞭望智库"，2022 年 2 月 1 日。

因演化在此基本完成。概而言之，东周对中华文明的价值甚为巨大，其主要价值体现在民族思维方式的奠定上，这些极具民族性的哲学思维，至今仍在深刻影响着中国人。

其一，重伦理重民生突出入世特色的儒家思想形成。孔子全面总结继承了周公的思想，试图恢复重民生守礼制的天下秩序，孟子以拯救天下为己任，以施行仁政为政治目标，反对君主暴虐独裁，主张君子"穷则独善其身，达则兼济天下"，为君子人格奠定了心理基础。儒家以其强烈的入世责任与民本思想，在思想市场的竞争中最终胜出，契合了中华文明在前3000年间积累的基本经验，其思想主干适合中国文明的土壤和民情。由孔子到子思再到孟子，其学说思想也从人性善扩展到行仁政、节用爱民，治民必先养民，在一切生产经济制度中要重视民生。特别是"民为贵，社稷次之，君为轻"思想的提出，为民主思想开启了先河。儒家思想以基本伦理为出发点，以人道为中心，以现实社会的改善为目标，主张有教无类，人皆可以为尧舜，反对人分贵贱优劣，儒家还反对以种族论文化优劣。孔子提出："夷狄入中国，则中国之；中国入夷狄，则夷狄之。"反映了中国文明博大的胸怀和对人的文明价值的高度尊重。因此，儒家文化最终成为中国古典文明时代的主流，不是偶然的。

其二，力主遵从自然、循道而行、辩证思维，且主张人格独立、思想自由的道家思想成为文明的救弊良药。司马谈在《六家指要》中盛赞：道家使人精神专一，动合无形，赡足万物。其为术也，因阴阳之大顺，采儒墨之善，撮名法之要，与时迁移，应物变化，立俗施事，无所不宜，指约而易操，事少而功多。

恩格斯有一句家喻户晓的名言："一个民族想要站在科学的最高峰，就一刻也不能没有理论思维。"以老子和庄子为代表的道家为中国古典文明提供了非常精妙的理论思维，让中国古代有了一批真正比肩于世界的哲学家。道家让人研究世界运行的规律，从大道上规划文明的演进方向，正确处理人与自然，人与社会、过去和未来的关系，其思想的滋养，是中华文明生生不息的动力。

其三，确立正确的战略思维、运用成本最低的战术战胜敌人、让军事从属于政治，为文明生存繁衍提供安全保障的兵家思想形成，成为百代以来中华文明岿然不动的安全屏障。文明以生存为第一需求，以发展繁荣为基本目标。倘若无法生存延续，文明繁衍繁荣从何谈起？自古以来，威胁文明生存和发展的有两大原因，一是重大自然灾害和疫病，二是大规模战争导致失败者销声匿迹。所以，军事思想和安全保障能力是文明的屏障。以孙武、孙膑、吴起等为代表的兵家，全面总结了自上古以来中国的主要战争经验，摸索出了残酷军事斗争的战胜之道。《孙子兵法》提出"百战百胜，非善之善者也；不战而屈人之兵，善之善者也"，"兵者，国之大事，死生之地，存亡之道，不可不察也"，为中国文明最大限度保全自己、最小成本战胜敌人提供了战略思维指导，也成为中华文明的生存智慧，为维护世界和平、匡扶人类正义提供了东方智慧，具有不可估量的重大意义，兵家的"慎战"思想，闪耀着人性的光辉。

东周后期，井田制由于其只适合在平原地区、城邑近郊的极大局限性，自然而然被农业人口不断增加的社会现实抛弃，土地私有制盛行开来，并使得后面的1000年企图恢复井田制的复古政治家的改革全部归于失败，这是经济发展的必然。与此同时，分封制早已被崛起的各大国（主要是新兴国，前有齐楚晋，后有魏赵秦等）撕得粉碎，层层分封的制度只能解体，一种新的由国君授权治理的郡县制逐渐兴起，封建体制至此难以继续，等到东周终结，秦国统一六国，这一文明的进程告一段落，一个规模更大、政治治理更趋统一、文明能量更加强劲的新的文明历史阶段即将生发。

第三章

大一统的文明国家崛起，从秦到汉

一、天下体系需要一个可配套的国家体制

周朝创立者在五帝时代以及夏商的基础上，在大规模的文明体基础上，创建了一个天下体系，采取封建制的方式来运行这一庞大的体系，历经近八个世纪，这种运行体制无法克服诸侯国扩张纷争的外部性问题，一种能够制约诸侯国纷争、防止天下体系内部协调代价过高的新制度，必须被创建出来。即一个能够长期运行天下体系的统一国家形态成为文明运动的内在需求。这就是周秦之间中华文明运动的内在逻辑。中国历史，也在这个节点上，围绕这一历史逻辑展开。

毛泽东曾高度评价秦始皇统一中国后采取的治理方式——百代都

上 编　5000年中华文明之基本逻辑

行秦政法。[①]

秦始皇和李斯合作，为大一统做出了巨大的努力，其主要措施有：政治上，建立皇帝制度，形成君主专制的中央集权制度；经济上，在全国统一使用圆形方孔铜钱，同时还统一了度量衡；文化上，把小篆作为全国统一的文字，后来使用更为简单的隶书；思想上，焚书坑儒，确立法家为统治指导思想；军事上，北筑长城、南修灵渠。

这些政策除了焚书坑儒被后世诟病之外，其他基本都得到了后世政治家的继承。

秦始皇创立的以皇帝为核心的中央集权制度，在中国延续了2000多年，其基本架构没有大的变化，这是世界政治制度上的一大奇迹。这一制度连同其他施政制度，称为大一统制度，构成了中国文明的又一个鲜明特征。文明体和政治体高度一致，国家、民族与文明几乎成为同一体，这也是深受分裂之苦的西方文明体感到不可思议的地方。

美国汉学家白鲁恂的经典论断——"中国是一个伪装成民族国家的文明体"，是对中国文明特殊结构的最简洁的描述，说明了这一巨大文明体具有极不寻常的凝聚力。正是因为中华文明与中华民族以及与近代民族国家意义上的中国国家政权高度一致，使得中华文明在清末变身为民族国家——中国时，没有出现断裂和分裂。即无论现代中国还是古代中国，中华民族就是中华文明的共同创造者，中国大地上的人

[①] 中共中央文献研究室.建国以来毛泽东文稿（第13册）[M].北京：中央文献出版社，1998：361.

民直接转变为中国公民。相比自18世纪以来亚欧大陆上与清帝国并存的几大帝国如奥斯曼帝国、莫卧儿帝国、俄罗斯帝国等，都在这一民族国家的转型运动中趋于瓦解，再也恢复不了原先的疆域和模样。自许为近代民族国家的大英帝国，曾经辉煌极盛，也抵御不住这一轮民族国家浪潮，从维多利亚时期的日不落帝国，沦落为盘踞于小岛上的大不列颠及北爱尔兰联合王国，今后还有可能继续分裂变小。这样看来，大一统文明体的重大价值就更加凸显了。[①]

国家、民族和文明，三者高度重合，这是中国文明创制和演变中一个必然的逻辑，但在人类文明历史上，又是一个独特的存在。大一统重在创制中央集权的政府，这一政治过程创始于秦汉，基本完成于隋唐。唐宋之后，中国文明的重点在于文明的融合，即文明内部均质化的发展。只有国家治域内的各民族完成文明的认同并实现平等的发展，均质化才能展开。中央政府对于治域内的所有地方，必须实现无差别的待遇，才能完成均质化，这就是唐宋之后中国历代中央政府的主要创制内容。因为国家治域内的文明规模极其庞大，所以，这一均质化的过程也极为漫长。理解中国文明的演变逻辑，也应当从这一过程中去解析。

秦始皇创制的大一统，经历后来历朝历代的不断完善扩充，终于铸造出了一个雄踞世界东方2000多年的巨型文明体，保证了这一文明体没有出现断裂，也没有出现西方政治中反复肆虐的民族大分裂，反

[①] 维多利亚时代的大英帝国步入了全盛时期，大英帝国控制的领地达3300多万平方千米，覆盖全球24个时区，是有史以来控制范围最大的帝国。

而是不断融合，不断壮大，不断吸收新鲜血液，不断巩固与加强。秦代和汉代作为最初创建和巩固大一统文明的重要时期（从公元前3世纪到公元3世纪），其制度创造经验，成为本章需要重点解析的课题。

二、大一统不是从天上掉下来的

秦始皇和李斯合力建造大一统政制，不是因为这两位头脑特别好使，坐在朝堂上凭空设计出来的。这一套指向于全国统一的政制，更多的是总结前朝政制得失而不得不做出的理性选择。我们之所以要反复强调稳定的制度不是天才的创造物，而是符合当时人最大利益的必然选择，就是要在总结历史的经验时，客观分析其历史条件，可以看到先人做出选择主要是不得不然，或者说这样选择看起来是符合利益最大化的。

当秦始皇统一六国之后，摆在帝国君臣面前的客观形势是：与前朝的周天子相比，需要治理的范围大大增加，需要养育的人口更是增加了几倍，原有的六国反抗势力依然强大，政令难以统一，经济和文化严重割裂……换句话说，当周武王取代商朝时，面对的主要困难是论证合法性，而秦始皇取代东周、统一列国后，面对的是史上最为棘手的已经连绵了近800年的诸侯割据局面，近八个世纪养成的诸侯割据思想，足以统治所有人的头脑。

秦始皇与李斯等一道，下决心不走回头路，下了三步"关键棋"，初步破解了"东周困局"。

第一，树立皇帝权威，建造中央权力结构。比如，帝号采用上古的三皇五帝尊号，兼并为"皇帝"，这就将中央最高统治者放到了最尊贵的位置，有利于树立皇帝的绝对权威。①秦始皇还和李斯等一道，建立了"皇帝制度"，让皇帝的权力、承继、仪轨初步形成规矩，特别是将皇帝的私权和公权分开，将行政权力合理授予丞相，建立了主要担负行政权力的"丞相制度"。②帝王和大臣分权制度，构成了王朝治理的合理架构。帝王世袭制，保证了最高权力的稳定连续性；大臣任命制，其执政与否取决于治理绩效，有利于激励与考核。当然，君权与相权后来还是出现了矛盾，但丞相制度始终无法彻底取消，说明这一制度具有高超的政治智慧。只要"授权治理"的必要性存在，丞相制就有其生命力。

第二，以郡县制为核心，处置中央与地方关系。在城邦政治和大国政治之间，始终存在一个巨大的分野，那就是城邦政治有可能实现直接治理，不需要层层分权。而大国政治因为治理半径过大，使得直接治理成为不可能完成的任务。周朝采取分封制，也是授权治理，只是授权范围过大，造成地方尾大不掉。秦始皇和他的执政集团采取授权范围分割、授权层级增加的办法，称为郡县制，有效解决了地方权力过大的问题，保证了中央权力的畅通。周代的分封制有利于诸侯，不利于中央，而秦代的郡县制削减了诸侯权力，有利于中央集权，所以造成企图再现诸侯权力的贵族阶层不满，也是不奇怪的。王夫之在《读通鉴论》"秦始皇"一节中，对郡县制给予了极高的

---

① 周代君王称号为王，而没有称帝，在权威性上稍逊一筹。
② 秦始皇统一六国后在中央确立了三公九卿制，丞相、太尉、御史大夫被称为"三公"，但是实际操作中，丞相仍然是百官之首。

评价:"郡县之制,垂二千年而弗能改矣,合古今上下皆安之,势之所趋,岂非理而能然哉?"①郡县制实现了中央对地方的直接管辖,郡县长官采取任命制,取消了分封制和长官世袭,这是统一文明体实现有效治理的重大制度创新。当然,如何平衡中央和地方的关系,实现治理绩效的最大化,不同的时代还会有不同程度的调整,但郡县制到现今依然沿用,就证明这是一个适应文明发展规律的制度安排,是中华文明中国家治理智慧的一大亮点。

第三,由国家为民众提供公共服务,国家成为文明大发展的坚强保障。统一并推广文字,统一货币,统一度量衡,提供国防军事安全保障,兴修国家交通网和水利工程……这些中国人看来是国家必须要干的正差事儿,对于现代许多发展中国家,还是可望而不可即的事儿。即使是大型发达国家,这些事儿也没办得让民众满意。②秦帝国在提供公共服务和公共产品方面,对中华文明的绵延繁荣与统一,贡献之大,是难以估量的。仅以统一文字为例,中华文明圈之所以可以称为汉字文明圈,就是因为自秦朝开始,中国就有了全国统一的文字,后来的字体虽然经过演化,由小篆和隶书又衍生出楷书、行书、草书等,但汉字标准一脉相承。今天的中学生能读懂《尚书》与《论语》,依赖的正是这个汉字标准。而且汉字书写还独立形成了一种艺术形式——书法,使得汉字的传承性、传播力和表现力更强了。中华

---

① 王夫之.读通鉴论[M].北京:中华书局,2004.
② 美国总统拜登曾强调,中国在科技领域和基础设施建设上的投资巨大。美国的基础设施建设仅在世界排名第13位,而中国在基础设施建设上的投资是美国的3倍。重建基础设施将是他的主要任务之一。目前,中国在这一领域排名第3位,前两名是新加坡和荷兰。参见光明网2021年3月26日。

文化的主核以文字典籍的形式得以代代相传，亦有赖于此。

这里还需要指出的是，秦始皇以"大一统"为目标，搞出来的这些重大创制，是不是完全出于"公天下"的目的？是不是出于文明的自觉，为的是中华文明的千秋绵延？历史的真相可能与此恰恰相反——秦始皇主观目的是保证其"家天下"的千秋继承——《史记·秦始皇本纪》将这位千古一帝的心机记载如下："自今以来，除谥法。朕为始皇帝。后世以计数，二世三世至于万世，传之无穷。"秦始皇以其自私的强烈动机，办了一系列宏大事业，客观上推动了中华文明的进程。王夫之对此评论说："呜呼！秦以私天下之心而罢侯置守，而天假其私以行其大公，存乎神者之不测，有如是夫！"[1]

黑格尔也注意到文明历史上这种以恶的本意推动历史进步的力量形式，他在《历史哲学》中说："我现在所表示的'热情'这个名词，意思是指从私人的利益、特殊的目的，或者简直可以说是利己的企图而产生的人类活动——人类全神贯注，以求这类目的的实现，人类为了这个目的，居然肯牺牲其他本身也可以成为目的的东西，或者简直可以说其他一切的东西。"

恩格斯本人对此观点十分赞赏，他指出：在黑格尔那里，恶是历史发展的动力借以表现出来的形式。这里有双重的意思，一方面，每一种新的进步必然表现为对某一神圣事物的亵渎，表现为陈旧的、日渐衰亡的，但为习惯所崇奉的秩序的叛逆。另一方面，自从阶级对立产生以来，正是人的恶劣的情欲——贪欲和权欲成了历史发展的杠杆。恩格斯在这

---

[1] 王夫之. 读通鉴论 [M]. 北京：中华书局，2004.

里实际也肯定了"私欲""恶"在特定历史条件下对历史发展的推动作用。

恩格斯的这一观点论述，非常有助于当代人理解文明史上绝大部分人的作为的意义，即使是出于自私的目的，为了个人欲望的最大化实现，但这种力量集合起来，就是推动文明力量的巨大的具有决定意义的动力。在人类社会未能摆脱私有财产权之前，为了文明的生存发展和延续，最有活力的文明应当是能够恰当满足绝大多数人的欲望的。其中，最主要的当然还是满足人们对于财富的渴望。

从这个意义上说，大一统从客观上满足了国域内最大多数人的共同利益，为其满足个体欲望提供了最多的保障，这样才使得大一统在中国逐渐成为不可抗逆的历史潮流。换句话说，大一统不一定完全符合某个地方、某个家族或者某个野心家的意愿，但符合域内绝大多数人的基本利益，所以，大一统的力量在中国总是能胜过自私的割据力量。后世的统治者通过不断增加统一力量以克服割据力量，通过减少治理的成本来降低民众的负担，在大一统的道路上不断迈进。

三、充实大一统，开创大格局

秦始皇开创了大一统政制，但秦帝国却没有能够享受到这一政制的红利。秦帝国到第二世就亡国了，一共统治了15年。这就让后来的统治者不免质疑这一政制的好处。

项羽灭秦后，就恢复了分封制，结果才坚持了5年，就被刘邦击败。汉兴后，刘邦搞了一个半分封制，只立刘姓亲族为王，最终也证明这种分封制迟早会酿成地方割据的祸患。到汉武帝时,通过"推恩令",最终基本消除了诸侯分封制。

大一统,启于秦,而成于汉。如果没有汉朝的成功,大一统在中国能否成功,还真得打一个大大的问号。

中国的文字被称为汉字,中国人在古代自称汉人,后来成为汉族,汉朝的政制成为后世王朝的样板,都与延续了400年的汉朝直接相关(这里将两汉合称为汉朝,因为西汉与东汉的政制没有大的变化)。

斯塔夫里阿诺斯在《全球通史》中曾经这样阐述:假如一个生于公元1世纪的汉朝人,穿越到了公元8世纪的唐朝,他会很快适应唐朝的生活。因为,使用的语言文字是一样的,用的货币差不多,官制几乎也一样。与此相对照的是,一个生于公元1世纪的罗马人,穿越到公元8世纪的罗马,那他几乎就寸步难行了。

汉帝国存在的时候,西方也有一个可与之比肩的罗马帝国。汉帝国在领土面积上,与罗马帝国不相上下。但在人口数量上,汉帝国却遥遥领先于罗马帝国。公元1世纪的人口调查表明,汉帝国有1220万户人家,总人口为5960万。而奥古斯都时期罗马帝国的总人数却远远低于这个数。奥古斯都大帝两次统计的帝国人口,都是在500万左右。虽然这是一个很不精确的数据,估计是没有把奴隶算在里边,而且隐匿的人口巨大,但还是能说明汉帝国的国家治理水平远远高于罗马帝国。[①] 这两大帝国分别代表了东西方在2000年前世界

---

① 有史家做了估计,罗马帝国在欧洲有3000万至5000万人,在亚洲要稍微少一些,在非洲有不到2000万人。参见斯塔夫里阿诺斯《全球通史》(北京:北京大学出版社,2006:163),而这个数据又显然过高地估计了罗马帝国的人口。

文明的最高水平，但此后的命运却大相径庭。

公元395年1月，罗马皇帝狄奥多西（347—395年）逝世。他在临终前，将帝国分与两个儿子继承。罗马帝国由此分裂为东、西罗马帝国。410年，日耳曼的西哥特人在首领亚拉里克率领下，进入意大利，围攻罗马城。在城内奴隶的配合下打开城门，掠夺而去。此后在西罗马帝国境内建立许多卫国。476年，罗马雇佣兵首领日耳曼人奥多亚克废黜西罗马最后一个皇帝罗慕路斯，西罗马帝国遂告灭亡。在东面，东罗马帝国地盘不断缩小，1453年奥斯曼土耳其苏丹向君士坦丁堡发起猛攻。5月29日君士坦丁堡陷落，东罗马帝国灭亡了。罗马帝国分裂后，再也无法统一，且之后复兴罗马的意愿在欧洲政治家心目中恒久挥之不去，但无一成功。罗马消亡，成为欧洲历史上永久的痛。

汉帝国在公元3世纪亦宣告解体，此后，中国陷入了魏晋南北朝的大动荡大分裂时期，历经400年的分裂和混战，中国又奇迹般地统一了，而且后继的隋唐更加统一，也更加繁盛，中华文明步入了长达1000年的繁荣期，汉文化也更加兴盛了。汉帝国到底做对了什么？

汉承秦制，这是史家的共识。汉朝首任丞相萧何，本是秦吏，熟悉秦代法令，所以汉朝一切政治法律，几乎全面抄袭秦朝。萧何的继承者曹参、陈平等，亦是"萧规曹随"，不做更改。事实上，秦代的政治和军事架构，特别是丞相制和郡县制以及军制，整个汉代都改动很少，形成了政制的稳定性。钱穆先生在《中国历代政治得失》中，对汉治的评价是非常高的："汉代大体是秦代之延续。""政治制度是现实的，每一制度，必须针对现实，时时刻刻求其能变动适应。任何制度，断无二三十年而不变的，更无二三百年而不变的。但无论如何变，一项制度背后的本原精神所在，即此制度之用意的主要处则仍可不变。于是每一项制度，便可循其正常轨道而发展。此即是此一项制度之自然生长。制度须不断生长，又定须在现实环境现实要求下生长，制度绝非凭空从某一种理论而产生，而系从现实中产生。唯此种现实中所产生之此项制度，则亦必然有其一套理论与精神。理论是此制度之精神生命，现实是此制度之血液营养，二者缺一不可。"①

钱穆先生敏锐地注意到了汉制与秦制相比，有极大的继承性，但是又不可避免地有具体层面上的充实和完善。然而，其内核没有改，这个内核就是"大一统"。为什么没有改？原因就在于"大一统"适应于中国这样一个规模巨大、人口众多、地区差别极大的巨型文明体。钱穆先生对此也有恰当的分析：中国的立国体制和西方历史上的希腊、罗马不同。他们国土小，人口寡。如希腊，在一个小小半岛上，已包有一百几十个国。他们所谓的国，仅是一个城市。每一个城市的人口，也不过几万。他们的执政者，自可由市民选举。只要城市居民集合到一广场上，那里便可表现所谓人民的公意。罗马开始，也只是一座城市。后来向外征服，形成帝国。但其中央核心，还是希腊城邦型的。中国到秦、汉时代，国家疆土，早就和现在差不多。户口亦至少在几千万以上。而且中国的立国规模，并不是向外征服，而是向心凝结。汉代的国家体制，显然与罗马帝国不同。②

后世的政治分析家总是不太理解，为什么中国政制不与西方政制

---

① 钱穆.中国历代政治得失[M].北京：生活·读书·新知三联书店，2005.
② 钱穆.中国历代政治得失[M].北京：生活·读书·新知三联书店，2005.

接轨？其中很大程度上不是不愿意，而是不能。向心凝结的"大一统"趋向于统一，这是维持巨大规模文明体存续发展的关键。一旦背离了这一内核，就会不可避免地走向分裂，而这绝不是苍生之福。东方为什么成不了西方？其根源就在于大一统有利于降低文明的协作成本，并能广泛提供社会公共产品服务。而分裂的文明可能有利于局部取得竞争优势，却不利于整体利益。大一统国家形态其本质是在运行一个天下体系，即所有的文明攸关方都被纳入一个整体给予观照，可以协调内部纷争，防止出现持续的战乱和对抗。①

东西方的政制走向大分野，也正是从汉代开始的，这其中的枢纽性人物，自然就是汉武帝了。

汉武帝作为中国古代历史上与秦始皇并肩而立的大政治家，其功业之大、影响之深，也只有秦始皇可以比拟。如果从文明史的贡献角度上来分析，可以用一句很简洁的语言来概括：汉武帝"让我们成为我们""也让我们从此永远成为不了你们"。②

汉武帝在完善"大一统"上，主要有三个方面贡献：

（1）建立了儒家主导的社会主流意识形态。秦始皇建立的大一统政制，沿袭的是法家思想，以严刑峻法强制推行，并没有让"大一统"

---

① 古代社会巨大文明体的内部如果出现战争，其规模和烈度都大大高于分散的文明体。以秦赵之长平之战为例，公元前260年，秦国率军与赵国在长平（今山西省晋城高平市西北）一带发生大战争，赵军最终战败，秦国获胜进占长平，此战共斩首坑杀赵军约45万人，而秦军死伤也不下30万人。这场战争双方动员参战人员共计百万，耗时三年，损耗物资不计其数，造成巨大人员伤亡。据不完全统计，仅仅秦国在战国时代杀戮的其他诸国的人数就超过200万。这种分裂割据的战争代价之大，会给社会带来巨大的破坏。

② 亨廷顿在《文明的冲突与世界秩序的重建》中指出，文明是最大的"我们"，在其中我们在文化上感到安适，因为它使我们区别于所有在它之外的"各种他们"。

成为国家的信仰。[1]儒家的天命观能很好地承担起这个职责。当董仲舒向汉武帝呈献《天人三策》时,汉武帝敏捷地抓住了这个"天命观"——"臣闻天之所大奉使之王者,必有非人力所能致而自至者,此受命之符也。天下之人同心归之,若归父母,故天瑞应诚而至。"(董仲舒:《天人三策》)董仲舒贡献了一个治理逻辑:王者受命于天,天通过降瑞或者降灾的方式显示自己的意志,而天意又与民意相通。当然,王者要效法天道,实行仁政:"王者承天意以从事,故任德教而不任刑。"(董仲舒语)这种看起来比较自洽的意识形态,今天的人们或许不以为然,但在两千多年前的古代政治思想中,却是比较先进的。因为这种非人格化的天命观,可以让君王合理地摆脱宗教的桎梏,从而使政教合理分离。所以,斯塔夫里阿诺斯在《全球通史》中高度评价:固然,皇帝也是祭司,他为了所有臣民的利益而向苍天献祭。但是,他履行的宗教职责比起他的统治职责,始终居于次要地位。因而,存在于亚欧大陆其他文明中的教士与俗人之间、教会与国家之间的巨大分裂,在中国是不存在的。[2]中国能发展成一个世俗国家,数千年来未曾严重遭受宗教斗争的危害,与这一意识形态有莫大的关系。中国社会之所以始终对各种文明是包容的,就是因为没有一种宗教力量能够凌驾于政治之上,这也就为后来的宗教宽容政策开辟了道路。同时,对国家的认同,也结合这种"天命观"被建立起来,符合天命者,被视为正统,僭越者被视为非正统。拥护大

---

[1] 近代之前,国家或政权实体的最终合法性,都诉诸超越人类本身的一个更高的他者。尽管这种更高他者各不相同,但是,就这种更高他者都能以某种方式向人类表达其意志或旨意,我们可以把它称为"信仰"。

[2] 斯塔夫里阿诺斯.全球通史[M].吴象婴译,北京:北京大学出版社,2012:128.

一统，当然就是正统者了。当"大一统"与天命观联系起来之后，"大一统"的原则就具有了精神上的普遍性，从此成为中华文明的一种信仰，再也没有力量能够动摇这一信仰。

（2）培养职业官僚，完善国家治理。汉代实行郡县制，诸侯公卿子弟不能世袭担任官员。这就需要朝廷建立一套专业的官员培养体系，培育职业官僚。这种职业官僚体系已经具备了现代文官制度的雏形，它让治理国家成为一门技术工作，未经考察培养考核，不能上岗。秦朝开创的这一制度在汉武帝手里初步完成。弗朗西斯·福山对这种制度非常赞赏，认为是富有现代性的制度设计。其在《政治秩序的起源》一书中有这样的表述："当政治制度基于土地和人民、政府官员通过才能选拔而不是血缘和亲缘关系所决定时，这种制度就被认为是告别了古代、进入了现代的。"福山在《政治秩序的起源》一书中进一步指出，人们现在理解的现代国家元素，在公元前3世纪的秦朝业已出现，比欧洲早了整整1800年。汉武帝设立五经博士，除儒术之外的博士一律取消，还任命一批儒生担任丞相，并封侯。汉武帝在中央设立太学，儒生在此毕业后可步入官场。儒家思想是太学里的专修课，而太学毕业，则成为步入仕途的主要途径。汉代的中央治理范围已经相当庞大，管理好地方实在是一个大难题。不给地方主官充分的授权，则当时的交通和通信技术做不到及时处置；如果给地方过大的授权，很容易滋生地方专权，产生割据。汉武帝的办法是，在不损坏地方治理效率的前提下，扩大中央监察制度，置十三州刺史。[1] 刺史作为监察使，俸禄虽少而权力很大，乘坐专车巡行所属地

---

[1] 汉武帝元封五年，武帝明令天下分为十三州，一个州就是一个监察区。

方，地方行政长官有违法渎职的，立即弹劾。汉武帝还增设司隶校尉，专察京畿一带和重点复杂地区的官吏。司隶权力极大，他们诛锄奸宄、除灭豪强，对地方官吏很大的约束，对抑制地方豪强和奸民，起到很强的震慑作用。这种强化监察的治理方式，对于抑制地方本位主义，打击地方豪强，诛灭分裂势力，起到了很大作用，也由后来各个中央集权政府所继承。

（3）开疆拓土，奋威武德。汉武帝的谥号是"武"，具体解释是"威强睿德曰武"，威严坚强而睿智。他在位时大举用兵击败匈奴，颇有建树，因此谥号"武"。中国历史上谥号为武帝的帝王还真不少，但含金量较高的只有汉武帝、光武帝和魏武帝。而后边的这两位的对外武功，也没法与汉武帝比拟。汉武帝对外的经略，可以说是四个方向都开拓进击——北伐匈奴、南定南越和西南夷、东征朝鲜、西通西域。在这四个战略方向都取得了空前的发展，使中国的版图比文景时代又扩张了一倍。中国在农业文明时代的版图基础至此初步确立。在这个帝国文明版图大拓展的过程中，又以北击匈奴历时最长、后世影响最为深远。汉武帝在位54年，几乎有一多半的时间在与匈奴交战。他倾全国之力，和匈奴展开了数次极为激烈的大战，终于击败匈奴，取得了胜利，切断了匈奴的右翼，打通了西域的道路。历史学大家陈致平先生在《中华通史》一书中称赞汉武帝的武功："为东方两大民族，匈奴和汉族消长之大关键，死生之决斗。"[①] 汉匈大战是中国有详细历史记录以来一次空前规模的大战，此战不仅让中原农耕文明有

---

① 陈致平.中华通史（第2册）[M].贵州：贵州教育出版社，2013：106，107.

了宽阔的安全纵深,并将农耕区拓展到河套平原和内蒙古草原边缘,还取得了农耕民族和游牧民族交往的第一手经验,为后世中华文明的大融合提供了非常宝贵的经验。司马迁在《史记·匈奴列传》中写道:"匈奴,其先祖夏后氏之苗裔也,曰淳维。"司马迁将匈奴纳入炎黄一脉的血统,将其民族根源纳入中华一统的体系当中,为两种文明样式融合提供了理论基础,也为汉民族与各少数民族紧密融合提供了文化基础。[①]可以说,汉武帝征伐匈奴、去除边患的做法可圈可点,而其融合匈奴部族,非常宽容地将其纳入文明一统的大格局中来共同发展,则是更为高超的文明力表现,展示了汉帝国时期,中华文明已经完全具备了世界历史民族的宏大格局。

四、向西!向西!凿出一条丝绸之路

自汉武帝后期开始,汉匈双方都不再大规模出兵。经汉昭帝十三年的柔和政策,双方战争很少,大的战役基本没有。由于汉武帝采取不歧视匈奴人,以招抚重用为主的包容政策,武帝、宣帝时期还有大量匈奴人自动降汉,投奔汉地。据《汉书·卫青传》记载:武帝元朔三年,军臣单于死后,其弟左谷蠡王伊稚斜自立为单于,与军臣单

[①] 司马迁在官方意识形态中,认可汉匈血统一脉,这就意味着后来的民族和文化融合没有根本性的障碍。中原文明对游牧文明的这种高明的认知方式,不仅继承了源于五帝时代最古老的追溯祖源的知识传统,更是继承了西周以来系统化书写祖源谱系这一稍微晚近的文化传统。而汉朝的"大一统"的帝国政治环境和文明理想又空前强化了这一传统。

于长子于单发生内战，于单战败，"亡降汉，汉封于单为涉安侯"。除了这些，投降的既有单于、单于太子、名王，也有将、相、当户、都尉等。他们率领成千上万的部众越过长城，进入中原内地。除了贵族之外，还有为匈奴所奴役的部落也纷纷投奔汉朝。据《汉书·匈奴传》记载：宣帝地节二年秋，匈奴前所得西嗕居左地者，其君长以下数千人皆驱畜产行，与瓯脱战，所战杀伤甚众，遂南降汉。据不完全的统计，此时匈奴人附汉的，共有十余万人。西汉王朝对于这些降服的匈奴人采取优待措施，除了将匈奴上层封侯安置于今河北、河南、山西、山东等地外，还将部分内附的匈奴人编入驻在三辅的长水胡骑和宣曲胡骑。而大部分匈奴人则安置于属国，"因其故俗"而治，保持基本的生产、生活条件不变。因此，终西汉之世，内附汉朝的匈奴人并没有发生大规模的叛逃和作乱。

公元前52年，匈奴呼韩邪单于宣布降汉，双方此后维持了很长时间的和平。这种和平模式是草原上的政权获得汉朝的封爵，但保持自主性，不接受汉人的直接控制。而汉朝支持这个政权对草原的统领，并给予他们一定的物资补充，维持政权的正常运转。匈奴通过纳质与朝觐来表达对汉朝皇帝权威的承认，获得汉朝丰厚的赏赐，进入了汉朝的朝贡体系。汉朝赐予单于的印章称为"玺"，也就是承认匈奴是一个独立政权。事实上，此后历朝历代的农耕民族和游牧民族的很多问题和争端，都是靠这种对话方式去解决的。双方有对抗，也有合作，最终选择了以羁縻制度和朝贡体系代替对抗的双边关系的基本模式，这一模式在随后的上千年中，成为后来的中原王朝处理与少数民族政权关系的基本指导。文明的交往和融合成为主流，冲突和战争成为非主流，文明交往的代价大大降低，这与西方世界对异族文明的屠戮和消灭，也形成了鲜明的对比。

汉武帝的另一个大功业——拓展西域，即丝绸之路的正式开辟是世界文明发展史上一件划时代的大事。[①]

丝绸之路的开通，应从汉武帝建元三年（公元前138年）算起，开通这条道路的主要人物是张骞。在汉武帝的经营下，西域开通，丝绸之路成为人类世界最为重大的文明交流事件之一。丝绸之路是人类在那个千年间东西方的经济文化交流的主要渠道，其意义一点儿也不亚于哥伦布发现新大陆以及之后的地理大发现。对于其沟通文明、促进人类交往的重大意义，当代人依旧拘囿于旧说，缺乏恰当的评价。

在张骞通西域以前，中国的一些商品和技术已经传至外部世界。比如，张骞第一次到西域时，在大夏见到我国巴蜀地区产的邛竹杖和蜀布。[②]他询问大夏人，大夏人答曰："吾国人往市之身毒（今印度、巴基斯坦），身毒在大夏东南可数千里。"张骞推测，自巴蜀经南夷到身毒，有一条民间的商道，而这一地区山高林密，河流湍急，交通极为不便，民族成分又复杂，因此邛竹杖、蜀布等商品，可能是由这一地区的各民族辗转相传而去的。

张骞奉汉武帝之命第一次出使西域，是以政治使节的身份，去

[①] 在中国历史上，汉唐时期的丝绸之路是我国古代自中原地区经今新疆，西通中亚、西亚、南亚，乃至南欧、北非的大道。汉唐时期，海运不甚发达，陆上丝绸之路曾是沟通东西方经济文化关系的大动脉。唐宋以后，海上交通日益发展，我国与东南亚以及印度洋沿岸诸国之间，已经有巨型船只频繁往来，东西方的联系渐以海道为主，史家称之为"海上丝绸之路"。

[②] 大夏，可能是希腊人的一支建立的国家，其最强盛时，疆域北起阿姆河上游，南达印度河，东至葱岭，与中国为邻。

联合大月氏（今阿姆河上游地区），希图其与汉两面夹击匈奴。大月氏原居敦煌、祁连之间，西汉前期，为匈奴所逐，西迁中亚。张骞至大月氏，大月氏"地肥饶，少寇，志安乐；又自以远汉，殊无报胡之心"，张骞居岁余而返。但张骞在此行中遍游了大宛、大月氏、大夏、康居等国，还了解到了更远的一些国家如安息（今伊朗）、条支（今伊拉克）、身毒、奄蔡（今哈萨克斯坦西部）和乌孙（今哈萨克斯坦东部）的情况。他回国后，把上述国家的方位、交通、政治、军事、物产、文化、地理等状况一一报告了汉武帝。这个报告改变了当时中国人的天下观念，扩大了中国人的世界视野，为开通丝绸之路，发展中国与西域国家之间的关系提供了重要根据。

汉武帝派遣张骞出使西域，并以国家力量开辟丝绸之路，为中西方物质文化交流发展建立了不世之功。丝路开通后，各国多设机构，保障交通的安全与商旅的食宿。如西汉，"自敦煌西至盐泽（今罗布淖尔），往往起亭，而轮台、渠犁（今轮台以东）皆有田卒数百人，置使者校尉领护，以给使外国者"。在西亚，"从安息陆路绕海北行，出海西，至大秦（罗马），人庶连属，十里一亭，三十里一置，终无盗贼寇警"。亭、置和邮、驿的性质基本相同，是汉廷设立的官府机构，兼管军政邮递，接待官使，安顿行旅，维护治安。

丝路的开通，促进了中国与西方文明的交往与互助互鉴。汉每年遣往西域的使团，多时十余起，少时五六起。每个使团人数，多则数百，少则百余人。远者八九年才返回，近者二三年返回。去时，携带大量的丝织品和金银财宝，归来时，带回一些贵重或中国缺少的物产。西方使团来我国的也很多。《史记》记载："西北外国使，更来更去。"

这些使者还带来大量的礼物。如公元87年，安息王佛罗格斯二世遣使者送来的礼物中，有狮子、符拔（形似麟而无角）。公元101年，安息王满屈又遣使送来狮子和安息雀（可能是鸵鸟）。①

陆上丝绸之路起源于西汉，以长安（今西安）为起点，经甘肃、新疆，到中亚、西亚，并连接地中海各国的陆上通道。东汉时期丝绸之路的起点在洛阳。它的最初作用是运输中国古代出产的丝绸。1877年，德国地质地理学家李希霍芬在其著作《中国》一书中，把"从公元前114年至公元127年间，中国与中亚、中国与印度间以丝绸贸易为媒介的这条西域交通道路"命名为"丝绸之路"，这一名词很快被学术界和大众所接受，并正式运用。"丝绸之路"成为东西方经济文化交流的桥梁，沿着这条丝绸之路，中国的丝织品以及冶铁、凿井、造纸等技术相继西传。西方的毛皮、汗血马、石榴、葡萄等瓜果以及佛教、魔术、音乐、舞蹈、雕塑等也纷纷东来。陆上丝绸之路的开通，带来的是持久的繁荣，给东西方文明都带来了实实在在的好处，这一点又与15世纪新航路开辟以后殖民地所遭受的文明大劫难形成非常鲜明的对比。中国凿空的是一条和平之路、繁盛之路，直到今天，随着"一带一路"倡议的发展，丝绸之路还将为世界文明大融合大发展发挥更大作用。

汉武帝以后的历任统治者，始终奉行融合与交流政策，让国家的治理范围在秦朝的基础上，几乎扩展了一倍以上，汉王朝与域外的

---

① 《张骞凿空西域开辟丝绸之路，为中西方物质文化发展建立了不世之功》，《历史沉淀的理性》，2019-5-7。

文明交流也加快了频次。中华文明第一个具有世界意义的黄金时代也在这种开阔的天下体系视野中到来。

第四章

从大劫难到大繁盛，从魏晋南北朝到隋唐

一、中华文明承受了一次空前大劫难

文明的发展史并不总是凯歌行进、风调雨顺的，更多的是凄风苦雨，风雨飘摇。

中华文明在经过了两汉时期的第一次大繁荣后，来到了一个长达400年的大分裂和大劫难时期。这场人类文明史上的大劫难，最大的罪魁祸首其实是气候变化。而对于以农耕文明为主体的农业文明来说，气候突变，就等于灭顶之灾。

中国杰出的气候学家竺可桢在科学论文《中国近五千年来气候

变迁的初步研究》①(《考古学报》1972 年第 1 期)中，勾勒出了近 3000 年中国的气候变化曲线（见图上编 -1）：

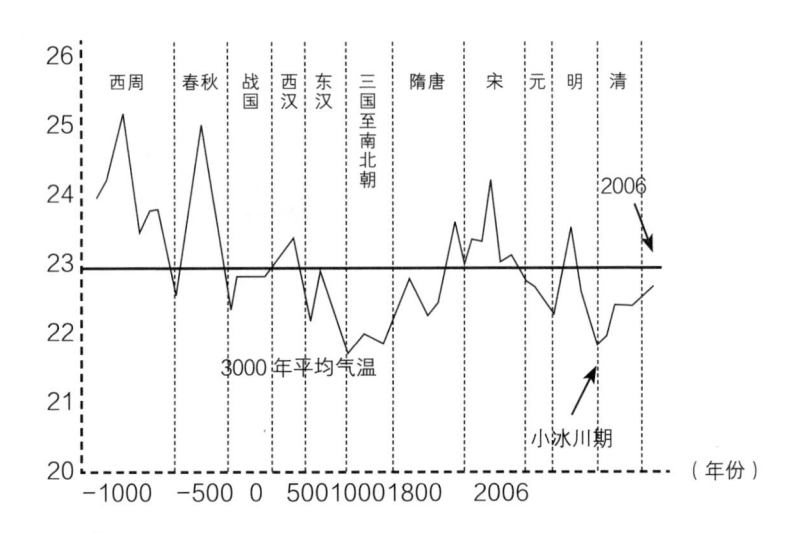

图上编 -1　中国近 3000 年来气温变迁图

从这条曲线中，我们可以很直观地看到：西汉末期，中国区域平均气温急剧下降，社会陷入动荡，王莽代汉于是发生。光武帝刘秀平复社会秩序后，东汉王朝的气温有所上升，社会生产再次进入恢复期，东汉出现了较短时期的繁荣（但东汉的经济和人口仍然不如西汉）。东汉后期，气温再次陡降，社会生产再次陷入大崩溃，于是黄巾起义发生，割据林立，不可挽回。西晋统一时，中国气温有比较小的回升，

---

① 竺可桢.中国近五千年来气候变迁的初步研究[J].考古学报，1972（01）.

但仍然远远低于在此之前的3000年来的平均气温，致使社会生产难以维持长期稳定，分裂再次不可避免。三国和南北朝时期，是中国3000年来平均气温最低的时期，这种长时间的极端低温气候，对农业生产的影响极大，对农业文明造成了不可抗拒的大灾难，进而酿成文明的空前大劫难。

中国的地理条件颇为独特，在农业文明时代，中国的中原地区以农业立国。农耕文明的北部大致以长城为界，即400毫米等降水分界线。400毫米等降水线，是我国一条重要的地理分界线，它大致经过大兴安岭—张家口—兰州—拉萨—喜马拉雅山脉东南段一线，它是我国的半湿润和半干旱区的分界线，同时也是森林植被与草原植被的分界线，更是农耕区与畜牧业区的分界线，也就是农耕文明与游牧文明的分界线。在年降水量在400毫米以上的分界线以南就可以种植庄稼，在年降水量不足400毫米的分界线以北，则不适合庄稼的生长，只能种植牧草以游牧为生。

如果平均气温下降1℃，则等降水线会往南移动约300千米，而魏晋南北朝时期，平均气温比西汉时期下降了2℃到3℃，则农耕区相当于沿着长城向东南方向移动了600～900千米，这就极大地压缩了中原农耕区的农作范围，原来立足于长城以北的游牧区，也随之产生大规模南移。

竺可桢形象地描绘了魏晋南北朝时期中国气候的极端变化情形。到东汉时代，即公元之初，我国天气有趋于寒冷的趋势，有几次冬天严寒，国都洛阳晚春还降霜雪，但冷的时间不长。当时，河南南部的橘和柑还十分普遍。直到三国时代，曹操（155—220年）在铜雀台（今河南临漳西南）种橘，已经不能结果实了，气候已比司马迁时寒冷。曹操的儿子曹丕在225年，到淮河广陵（今淮阴）视察十多万士兵演习。由于严寒，淮河忽然结冰，演习不得不停止。这是我们所知道的第一次有记载的淮河结冰。那时，气候已比现在寒冷。这种寒冷继续下来，直到第3世纪后半叶，特别是280—289年这十年间达到顶点。当时每年阴历四月份降霜，估计那时的年平均温度比现在低1℃~2℃。南北朝时（420—579年），南京覆舟山筑有冰房，是用以保存食物新鲜的。那时南京的冬天应比现在要冷2℃，才能提供储藏需用的冰块。约在533—544年出版的《齐民要术》，总结了六朝以前中国农业最全面的知识。根据这本书，当时黄河以北阳历四月中旬杏花盛开，五月初旬桑树生叶，与现在相比约迟了两周到四周。此外，书中还讲到当时黄河流域石榴树过冬要"以蒲藁裹而缠之"，也表明6世纪上半叶比现在冷。

中国古代史上出兵中原的少数民族，主要是来自北方草原与大漠的游牧民族。因为古代中国是一个大陆国家，东、南两面有海洋，基本上是人类探索世界的阻碍。西面有高大的青藏高原和广阔的沙漠，外族受地形和气候影响不可能对东部的汉族政权造成千里突袭。所以汉族政权在古代一直承受着来自北方的压力，例如古代的匈奴、突厥、契丹、女真、蒙古等。

北方少数民族地区因为是游牧经济，主要靠草原来养活自己，当气候变冷时，草生长很差，人们得不到充分的食物供给，就会向南方的汉族政权发起进攻，以获得食物。而南方此时也变冷，粮食等物资也大幅减产，综合国力有所下降。所以北方外族南下频繁，实际上是在一个气候变冷的大背景下，迫于生存压力的行为。所以，在气候寒冷时期，中原王朝面临内忧外患的窘境。

来自中国科学院地球环境研究所的一项最新研究成果显示，过去2000多年的气候冷暖变迁，与我国历史上一些朝代的兴衰更迭存在对应关系，大多数朝代的垮塌都是发生在气候变冷的低温区间。

例如，历史文献研究表明，公元1—6世纪（贯穿我国东汉、三国时期和晋朝），我国气候相对较冷。在竺可桢绘制的气候变化曲线图中，这一时期的温度大部分都处于过去2485年来的平均温度值（2.07℃）以下。由于气候寒冷，晋朝时期的草场、牧地已延伸到黄河以南区域，农业用地也在往南退缩，整个中国西北部处于干冷气候中。其中公元348年至366年达到了过去2485年间寒冷的顶点，年平均温度仅为1.62℃。在这条温度曲线上，虽然汉朝和东晋的灭亡相对于其之前的低温区域有一些滞后，但在朝代灭亡之前战乱早已经开始。例如，东晋灭亡于公元420年，但战争带来的社会大动荡在公元386年就已经开始，而这一年正接近于温度曲线中的最低点。

魏晋南北朝369年内，除公元280年西晋灭吴至290年晋武帝去世，"八王之乱"爆发前10年统一与相对和平外，其余时间基本上可用战火弥漫、生灵涂炭来概括。频繁的战乱，使社会生产遭受严重破坏，人民生命、财产蒙受巨大损失。

恰如古谚所说："福无双至，祸不单行。"这一时期天灾频发，次数堪称中国历史之最。据统计，这一时期，共发生各类灾害619次。其中，魏晋200年间遭灾304次，平均每年1.25次。南北朝169年遭灾315次，平均每年1.86次。比秦汉440年遇灾375次（平均一年0.85

次)、唐朝289年遇灾493次（平均一年1.7次）都高得多。除了气候异常引发的水旱灾害之外，蝗灾和疫病也在这300年间显得异常频繁。其中，尤以汉献帝建安二十二年（公元217年）肆虐于中原地区的大疫最为典型。这场瘟疫造成"家家有强尸之痛，室室有号泣之哀。……或阖门而殪，或举族而丧"的惨烈场景。肆虐的病毒不辨贤愚，不分贵贱，实施无差别攻击，不仅大量平民百姓罹难死亡，即便王公贵族、名士达人也难以幸免，在建安文学史上熠熠生辉的"建安七子"中的陈琳、王粲、徐幹、应玚、刘桢五人，竟陆续殁于此次大疫。①

雪上加霜的是，此期的地质灾害也非常频繁。魏晋南北朝时期，地质灾害给民众生命、财产造成巨大损失。据《三国志》《晋书》等记载，三国时，地震主要集中爆发于曹魏京城洛阳（2次）、南安郡（3次）、江东地区（3次）。西晋时，震区几乎遍及全国。从京城洛阳和黄河中下游地区（大致包括今河南、陕西、山西、河北等省区），到当时较为偏远的江南、四川、云南、福建、甘肃等地，都有地震发生的记录。北魏宣武帝延昌元年（公元512年），今河南、河北、山西等地区发生强震，"地震陷裂，山崩泉涌"，造成5310人死亡，2722人受伤。其中，今山西忻州市西北的地震余震不断，竟断断续续持续到延昌三年（514年）。这也是史书有载的魏晋南北朝时期最

---

① 关于中国魏晋时期的灾害情况，参见浩然文史《魏晋南北朝不仅战乱多，天灾也最多，一场瘟疫建安七子死了5个》（今日头条，2021-8-7）；邓拓《中国救荒史》（上海：上海书店1984年版）；陈高墉等《中国历代天灾人祸表》（上海：上海书店，1986年版）；中国社科院历史研究所资料编纂组编.《中国历代自然灾害及历代盛世农业政策资料》（北京：农业出版社1988年版）。

严重的一次震灾。①

魏晋南北朝时期，战乱频繁，生灵涂炭，而水、旱、虫、风、雹、雪、震、疫等自然灾害此起彼伏，几无宁日。作为中华民族文明主要发祥地的黄河流域，曾人畜兴旺、生机勃勃，但在天灾人祸交相频袭下，一度几乎变成烟火断绝、荒凉无人的鬼域。从公元190年到220年的30年间，"万姓流散，死亡略尽"。以代表中原核心区的河南郡为例，西晋时共有户口47万余户，到了250年后的北魏，只剩下3万余户，只有以前的1/15了。②

可以说，魏晋南北朝的近400年间，是中国历史上最纷扰混乱的时代，也是中国农业文明兴起以来一次巨大的劫难，有人将之比拟为欧洲的黑暗时代。

但中华文明应对这场大危机，采取的是更加有为的融合方式，让域内各民族实现了一次大范围的文化融合，由此催生了比两汉规模更加宏大的隋唐时代。而欧洲在罗马帝国崩溃之后，陷入长达千年的黑暗时代，此后，不仅没有走向融合，反而更加分裂和碎片化，为持续的纷争和动乱埋下了祸根。换句话说，大劫难让中国走上了更加统一和繁盛的黄金时代，而欧洲则堕入长达十几个世纪的黑暗，并再也难以实现罗马的光荣。

---

① 关于中国魏晋时期的灾害情况，参见浩然文史《魏晋南北朝不仅战乱多，天灾也最多，一场瘟疫建安七子死了5个》（今日头条，2021-8-7；邓拓.中国救荒史》）（上海：上海书店1984年版）；陈高墉等《中国历代天灾人祸表》（上海：上海书店1986年版）；中国社科院历史研究所资料编纂组编《中国历代自然灾害及历代盛世农业政策资料》（北京：农业出版社1988年版）。

② 陈致平.中华通史（第3册）[M].贵州：贵州教育出版社，2013.

二、混乱中有一个主旋律

自西晋短暂的统一之后，由于灾害频繁，加上八王之乱，西晋很快灭亡。西晋的宗室在南京建立了东晋，守护着中国的南方，后来变更为宋齐梁陈四个朝代，合称为南朝。在中国北方，先后有五个少数民族占据中原，匈奴、羯、鲜卑、氐、羌等五个胡族，在中国北方混战。

百余年间，这些内徙的草原各族及汉族在汉地华北地区建立数十个强弱不等、大小各异的政权，其中存在时间较长和具有重大影响力的有五胡十六国。这些政权破坏了中原的政权和经济架构，但也使漠北游牧民族与汉地汉族产生了直接的深度文化经济交往。这种看似非常混乱的局面，其中却有一个主旋律，那就是主张胡汉一家，"混六合以一家，同有形于赤子"，主张取消胡汉分治，整合天下，对各民族不分高低贵贱，一律平等对待，各民族人才一概加以重用，这一主张始终占据着主流地位，使得混战的北方慢慢进入统一状态，以融合为国策的执政者也成了最后的胜利者。

威尔·杜兰特在《历史的教训》中有一个形象的论断：地理是历史的子宫。任何历史事件，都是在地理的舞台上上演的。要分析魏晋南北朝的文明格局，就得从中国特殊的地理环境说起。

以文明的发展样式为分类标准，则位于东亚的中国的文化地理板块大约可分为六个：以黄河中下游流域和长江中下游流域为主的农耕文明板块，位于长城之北的草原游牧文明板块，位于河西走廊之西北的西域文明板块，位于之江流域、珠江流域和闽江流域含台湾地区、海南省及其辐射的海洋文明板块,位于青藏高原的雪域文明板块,位于中国西南及其辐射的东南亚地区的西南文明板块。①

在魏晋南北朝时期,中原农耕文明和草原游牧文明的冲撞构成了矛盾的主轴,任何一个入主中原的游牧民族都面临着一个共同的问题——如何对待中原农耕文明?

相比于长城之北的游牧文明,中原农耕文明此时已经经历了3000年的持续发展,形成了定居型的"广土巨族",拥有比游牧文明高得多的生产力,还有规模庞大的人口和强有力的文化凝聚力。在遭遇王朝政权毁灭和天灾的沉重打击的时候,中原农耕文明在军事上抵挡不住游牧民族的进攻,游牧民族马上得天下却不能实现马上治天下,这是由经济规律决定的,也是由文明力的规律决定的。②

第一个胜出者是鲜卑拓跋氏建立的北魏政权。北魏的第一位雄主魏太武帝拓跋焘不仅武功了得,还效法汉制。"魏太武帝为人明赏罚,能用人,颇得士心。又提倡文学,在始光二年时特制新字千余,始光三年建置太学,祀孔子,已开始有向慕汉人文化的趋势。"③继承拓

---

① 当代中国学者施展指出:今天的中国所覆盖的疆域,是由包括中原、草原、西域、高原、海洋等在内的多重亚区域构成的。它们基于地理—气候—生态差异而形成,每个亚区域因此都面临着特殊的约束条件。施展在《枢纽——3000年的中国》一书中,将中国历史的空间结构分为中原、草原、过渡地带、西域、雪域、西南和海洋7个板块。本书基本采纳了这种地理空间结构分类。参见施展《枢纽——3000年的中国》(广西:广西师范大学出版社2018年版)。
② 农耕文明比游牧文明拥有更高的生产效率,交往成本更低。在农耕文明区沿袭游牧文明的统治方式,将损害生产效率,增加统治成本,且降低统治红利,这就使得游牧民族在中原不得不探索适应农耕文明样式的统治方式。
③ 陈致平.中华通史(第3册)[M].贵州:贵州教育出版社,2013:172,173.

跋焘之后的执政者冯太后和北魏孝文帝采纳汉代古法,在中原实行"均田制",并设里长制,兴文教,设郡县,并在迁都洛阳后全面实行汉化政策,史称"北魏孝文帝改制",其中禁胡服、断北语、改姓氏、婚名族、禁归葬、改制度、倡文学等举措,更是使北魏开始全面接受汉人文化,胡汉的大融合大大加速。拓跋氏改姓元之后,再经百余年,到隋唐时代,元姓名人辈出,许多汉语文学家和诗人如唐朝诗人元稹、元结等,都出自这一支。

  第二个胜出者是北周。北魏尽管实行了以汉化为方向的民族融合政策,但在经济制度和军事制度上,还很难摆脱草原民族原有的积习,又影响了草原军事贵族的利益,导致其反叛和颠覆,北魏于是分裂成东魏(后来高欢父子借此建立北齐)和西魏(后来宇文泰父子借此建立北周)。西魏相比于东魏,则势力微弱,北周地盘也不到北齐的一半,如果要图得生存,就必须尽可能动员其境内汉人的力量,同时又不能削弱鲜卑军事贵族的战斗力,于是宇文泰不得不另辟蹊径,采取了更加具有想象力的民族融合政策——宇文泰"唯有于随顺此鲜卑反动潮流大势之下,别采取一系统之汉族文化,以笼络其部下之汉族,而是种汉化又须有以异于高氏治下洛阳邺都及萧氏治下建康江陵承袭之汉魏晋之二系统"(陈寅恪语)。也就是说,宇文泰需要找到一种更加能够融合汉族和鲜卑族利益并区别于南梁的佛教治国的新方略,这就是后世说的复周礼运动。如何弥合民族矛盾?东西方文明给出的是两种不同的解决方案。西方的解决方案是按照民族认同分别建立民族国家;东方的解决方案是不以种族为界限,而以是否振兴文教、执行伦理规则为界限,周朝的"周礼"即是解决民族矛盾和邦国统一的最早实施方案。①换而言之，周礼蕴含的天下主义，被宇文泰重新激活了，他要通过实行仁政成为天下的"共主"。具体而言，宇文泰采纳苏绰的六条建议——治心身、敦教化、尽地利、擢贤良、恤狱讼、均赋役，令百官朝夕背诵，遵照执行。宇文泰还继续推行均田制，鼓励百姓安于农耕，并改革府兵制，照顾鲜卑军事贵族的利益，以复周礼为旗帜的意识形态还极大提升了北周的文化荣誉感，在与北齐和南朝的竞争中，处于更加正统的位置。北周在短短的20年间击败北齐，灭掉西梁，具备了混一天下的能力。以宇文泰为代表的北周君臣，敏锐地把握到了天下主义这一更有效率的统一体系，以复兴周礼为指向，成功地解决了民族矛盾，让国内各族都以复兴古老的伟大文明为荣，不再在各自民族的小圈子里打转转，化博弈为协作，将汉人的先进农业生产力和胡人彪悍的军事征服能力结合了起来。得位于北周的杨坚借此建立隋朝，并一举统一南北。继承自隋朝的唐朝，则继续在北周混一胡汉的基座上更加恢宏地擘画天下图景，建立了辉煌的"天可汗帝国"。

唐太宗混一胡汉、统合宇内的民族政策，大大提高了唐朝中央政权的威望。东突厥灭亡以后，东北地区的奚、室韦等十几个部和西域的各小国都纷纷要求内属；逃到高昌的突厥人，听说唐朝对归降的突厥人待遇优厚，重又回来归唐。公元630年3月，四夷君长来到长安，请尊奉唐太宗为各族共同的首领"天可汗"。唐太宗说："我

---

① 早期儒家为了解决中原民族和周边少数民族的矛盾，提供了一种融合凝聚的设计思路，即所谓"夷夏之辨"。这里的华夏，并非依据种族，而是根据普适性的文化标志，即不论血缘与种族，只要认同中原的伦理规则，就是文明人，就是华夏。因此，如《春秋公羊传》所说，儒家的国际秩序是"内其国而外诸夏，内诸夏而外夷狄"。

为大唐天子，还要处理可汗的事吗？"群臣和各族君长都高呼万岁。从此，唐太宗不仅是唐朝的皇帝，还是各民族的"天可汗"。他晚年曾得意地说："自古帝王虽平定中夏，不能服戎狄，朕才不逮古人而成功过之。"唐太宗于是成为当时天下的共主。除唐太宗外，唐高宗、唐中宗、唐睿宗、唐玄宗也都曾被称为"天可汗"。

自此，中国解决民族矛盾的经验也变得更加丰富了。其中最重要的一条，就是不强调族群的差别，而是讲求族群的共同发展。中央政权在兼顾各族群利益的基础上，弥合民族界限，降低域内交往成本，将大一统事业继续推进。

复旦大学的白彤东教授据此认为，继承儒家天下体系思想，如果得以拓展而成一种新天下体系，就会成为超越西方民族国家体系的另外一种可能。

事实上，从中国两晋南北朝的民族融合历史进程来看，儒家的这一思想资源不是空想，而是具有实实在在的实现的可能。北魏和北周进行了第一阶段的成功实践，隋唐则在这一基础上创造了更加宏大的东亚治理体系。

白彤东教授评价指出：儒家与传统中国的以文化、文明为基础的认同，具有包容性。这是华夏王朝虽屡经挫败，但是华夏文明能不间断的原因。当政治、文化落后的游牧民族靠先进的军事装备，尤其是好马——在冷兵器时代，马的有无和好坏，对国家军事力量有巨大影响——征服华夏王朝之后，最后发现，如果要长时间占领下去，就必须采取华夏的文教、政治体系。今天所谓汉人，其实混杂了不知道多少"异族"的血脉。当华夏文明占据政治与军事优势的时候，在儒家的影响下，除了出于人本能的强权政治，传统中国往往能采取"远人不服，则修文德以来之"的政策，而不是民族国家赤裸裸的、没有任何修饰的征服。而理想的儒家国际关系原则，更是要以仁为中心，反对弱肉强食，这给世界提供了一种和平，但同时又有了竞争和进步的可能。[1]

三、佛教中国化：一场了不起的文化融合

说到文明，就不可能不涉及宗教。宗教源于人类的需要，当人类处于孤立或无助的状态时，宗教就产生了。

费尔巴哈在他的著作《宗教的本质》中开篇就提出："人的依赖感，是宗教的基础。"[2]

中国有自己的原始宗教，但是由于很久以前，中国奉行政教分离的传统，原始宗教被压抑住了。到了东汉中后期，由于气候骤然变冷，灾害频发，中原农耕文明遭遇一场空前的大劫难，中原汉人的无助感大大增强了，对宗教的需求大幅上升。源于本土的道教在此时突然兴起，也就不足为奇了。

在中国本土的思想资源中，对于彼岸世界的关注一直严重不足。司马谈《六家指要》指出："尝窃观阴阳之术，大祥而众忌讳，使人

---

[1] 白彤东.儒策：超越民族国家——儒家的新天下体系[N/OL].澎湃新闻，2014-12-9.
[2] [德]费尔巴哈.宗教的本质[M].王太庆译，北京：商务印书馆，2010.

拘而多所畏。"

以儒家为代表的本土思想家致力于关注此岸世界的现实问题，以阴阳家为代表的思想家提供的学说多是粗线条的，对个体灵魂、生命本质的剖析严重不足，在这个最需要生命关怀和精神慰藉的时候，佛教终于大举进入中原。

古印度地区是世界文明的重要发祥地之一，其思想学说致力于研究转世轮回、灵魂不灭和彼岸世界演绎规律。早在公元前1500年左右，伴随着《梨俱吠陀》经典的出现，婆罗门教就已经在古印度成熟，其教义规定了严格的种姓制度，要求人们按照等级制顺从今生的安排。[1] 公元前6世纪，反抗婆罗门种姓制度及其思想控制的宗教思潮兴起，其中比较有代表性的是佛教和耆那教。

佛教的创始人乔达摩·悉达多（约公元前565—前486年），与孔子、柏拉图属于同一时代的人物。[2] 佛教徒后来尊称其为释迦牟尼，意为"释迦族的圣贤"，其学说坚决反对婆罗门教的种姓制度和祭司万能的做法。释迦牟尼提出了一个新的学说，即"缘起"说，这种学说否定了婆罗门教的神造万物的观点，包含着唯物论因素。他认为，世间的一切事物都是由"因缘"而决定的，万事万物互为条件、互为因果。释迦牟尼还否定了一切通过祭祀取悦神灵，进而获得解脱的方法，他主张人生充满苦难的根源是人的无明和欲望，只要人们能够认清这个道理，通过自己的修行来消除无明和欲望，就能从痛苦中解脱

---

[1] 婆罗门教将人分成4大等级，婆罗门、刹帝利、吠舍、首陀罗，另外还有不纳入等级的不可接触的贱民。

[2] 孔子，公元前551—公元前479年。柏拉图，公元前427—公元前347年。

出来。①

佛教还主张精神是轮回的主体，精神始终是同一不变的，仅身体可以生成和坏灭。"神以形为庐，形坏神不亡。精神居形躯，犹雀藏器中，器破雀飞去，身坏神逝生。"（《法句经·生死品》）这种以精神为主体，灵魂在轮回中浮沉的观点，比婆罗门教的绝对不灭论更容易让常人理解。

佛陀寂灭之后，佛教也不可避免地产生了教义的分歧和流派分裂，大乘佛教和小乘佛教分野开始了。小乘佛教一般把证得阿罗汉果，求得个人解脱作为最高目的。大乘佛教则把修炼成佛、普度众生作为最高目的。

公元前3世纪，古印度出现了一位英武的国王阿育王，大约在公元前259年（中国的战国时代末期），阿育王开始弘扬佛教，孔雀王朝实现了短暂的统一，佛教开始从印度向周边地区传播，公元前185年，孔雀王朝灭亡，佛教的大规模弘法期亦告结束。

中原王朝与古印度相隔遥远，文化交流甚为困难。好在孔雀王朝弘法末期，佛教已经传播至西域和中亚地区，汉武帝在位期间，汉朝凿通了西域，开辟了丝绸之路，为佛教东传提供了交通条件。佛教随着丝绸之路传入中国，是非常可能的，但是并没有引起汉文化的注意。有历史记载的最早的汉廷接触佛教是西汉末年，汉哀帝时期，博士弟子景卢在汉哀帝元寿元年（公元前2年）见过大月氏的使者伊存，

---

① 关于佛教起源和基本教义，请参阅刘建等《印度文明》（北京：中国社会科学出版社2004年版）。

伊存给景卢口述过佛经《浮屠经》，这是有历史记载的佛教传入中原的最早记录。

　　当然，最明确的记载是汉明帝求佛法的历程——东汉永平八年（公元65年），汉明帝刘庄派遣郎中蔡愔、博士弟子秦景等一行十八人西行，寻求关于西方大圣人的真相。历经千辛万苦，跋山涉水，蔡愔他们终于到达了北天竺大月氏国，在那里遇见正在传教的高僧竺法兰和迦叶摩腾。后来，蔡愔等人带着佛画像和佛经以及两位天竺高僧迦叶摩腾和竺法兰，一同返归洛阳。公元68年，汉明帝为迦叶摩腾和竺法兰在洛阳建造了中国第一座佛教寺院，以驮载经书佛像的白马命名，称为白马寺。迦叶摩腾在寺中曾译《四十二章经》，藏于14石函中，于是建起塔寺。明帝的异母弟楚王英皈依佛门，成为中国最早的佛教徒。楚王英经常与沙门（佛教僧侣）、佛徒们在一起祭祀佛陀，并使佛教传到了中国南方。但佛教此时仍然没有形成规模传播。

　　中国进入两晋南北朝时期，社会纷乱，灾害频发，民不聊生，人们朝不保夕，生活的不确定性大大增强了，对宗教的依赖度也相应大大提升。于是，已经进入中原的佛教应和了人们的精神需求，成为当时人们最为依赖的精神支柱。佛教在南北朝时，已经蔚为壮观，几乎凌驾于儒家和道教之上，成为最受追捧的意识形态派别，同时，佛教作为外来文化，与本土的儒学和道教的冲突和竞争也日趋激烈。这是中华文化第一次遭遇到了一个逻辑严谨、体系完整、应和时代需求的外来文化的竞争，与同一时代罗马应对基督教文化的扩张非常相似，而结局却又截然不同，非常值得剖析。

　　罗马帝国早期对基督教极为敌视，耶稣就被罗马刽子手钉死在十字架上。基督教在传入罗马帝国之初，号召人民起来报仇申冤，推翻罗马与犹太上层的黑暗统治，建立平等公有的人间天堂，称之为新天新地、新耶路撒冷，也就是基督教信仰中末世审判之后的人间天堂、千年王国。这种政治主张立刻遭到了罗马统治者的持续不断迫害和残酷镇压。但是在基督教传播过程中，教徒的社会身份也悄然发生了变化。从公元2世纪后半叶开始，一些富人加入基督教，并且凭借经济和文化优势，逐渐成为基督教团的领导者。他们逐渐散去了基督教的战斗气息和锐气，代之以忍耐一切和顺从现实的说教方式。原本建立人间天堂的主张也渐渐变成了等待救世主降临，进行末日审判的希冀向往。公元3世纪时，罗马爆发了大量的奴隶起义运动。受到罗马奴隶制危机冲击的一些奴隶主、大商人、大官僚甚至皇室成员也陆续加入基督教会，这极大地改变了基督教团的人员构成和性质，也渐渐改变了基督教的社会地位。公元313年，罗马皇帝君士坦丁颁布"米兰敕令"，宣布基督教为合法宗教，这在西方文化历史上具有非常重要的意义。公元325年，君士坦丁又在尼西亚召开会议，亲临致辞，制定尼西亚信经和教会法规，树立基督教为正统宗教，确立了罗马皇帝对基督教的领导权和对主教的任命权。公元392年，罗马皇帝狄奥多西一世颁布敕令，禁止一切原始宗教活动，定基督教为罗马国教。至此，罗马帝国被基督教彻底征服，罗马原有文化传统逐渐趋于消亡。

基督教历经400年的抗争，完全征服了罗马，而罗马本土宗教和文化从此被打入历史的故纸堆里，在此后的一千年间几乎失传，直到欧洲文艺复兴年代，才被人从历史的尘埃中重新淘了出来。与此相对照的是，佛教正式传入中国后，历经近7个世纪的演变，成为完全融入中国本土的宗教文化，以禅宗兴起为标志，佛教中国化宣告完成，成为中华文明不可或缺的重要组成部分。[①]更加让人回味的是，佛教作为世界三大宗教之一，起源于古印度，却成就于中国，在它的原生地，佛教却于公元12世纪时彻底衰亡，几乎销声匿迹。

佛教在古印度地区繁荣了数个世纪后，在公元6世纪，印度西北部受到了被称为"白匈奴"人的入侵，当地的佛教受到沉重打击。公元7世纪上半叶，玄奘西行印度时，就曾记载印度西北部的许多寺庙被"匈奴"夷为平地，致佛教在印度西北部地区显著衰落。而在公元650年笈多王朝灭亡之后，佛教在印度各地的割据王朝与改良后的印度教的竞争中逐渐落了下风。在公元12世纪之后，佛教在伊斯兰教的强势打击下，在印度就基本消失了。

佛教虽然彻底败走古印度，但无疑也是幸运的，因为佛教虽然不能适应印度文明，在向外传播的过程中，却在东亚及东南亚得到弘扬，尤其是到了中国，在中国深厚的文化内功熏陶下，反而重新焕发生机，并始终郁郁葱葱。更可贵的是，佛教中国化变成了一种影响深远的历史文化现象，构成了世界文明交流史的奇观。

中国佛教协会副会长心澄法师认为，佛教传入中国后，经过长期演化，同中国传统文化深度融合。"可以说，佛教在中国两千年的发展史，就是一部佛教与中国传统文化深度融合的历史。"这部发展着的融合史，在心澄法师看来就是佛教不断中国化的过程，他曾举例

---

① 本书以禅宗六祖慧能生卒年（638—713年）为标志，禅宗于慧能时期完全确立在中国佛教中的领导地位。

阐述："首先是中国传统纲常伦理思想与佛教爱国爱教思想的形成。比如摒弃不敬拜国君的行为，比如中国佛教认同儒家的孝悌思想，翻译提倡《佛说父母恩重难报经》，认为'出家即是大孝'。"心澄法师说："中国佛教逐渐将本土传统文化思想融进宗教文化中，标志着印度佛教已经中国化，并为佛教在新的社会环境中传播和发展，奠定了必要的基础。佛教倡导爱国爱教，要上报四重恩，即报父母恩、老师恩、国土恩、众生恩，这是对中国传统纲常伦理的一大诠释。"

"印度佛教是托钵乞食和日中一食，而传统中国是一个农业国家，佛教适应社会需要，进行劳作，强调'一日不作，一日不食'，并发展出了农禅并重的思想。"心澄法师认为中国传统建筑、饮食、服装等都对中国佛教发展产生了深远影响。中国佛教寺院的修建，从一开始便融合了佛教思想和中国传统建筑特色，服饰也不断适应中国的气候和温度，同时结合了传统衣饰特点，保留至今。[①]

著名宗教学家方立天教授则认为，佛教作为一种外来宗教，能够为中国人所理解和接受，实现中国化，成为中国文化传统的一部分，主要得益于以下三个条件。

第一，与中国世俗政治的协调。佛教传入之时，中国已经是一个中央集权专制的国家，皇权至上，绝不容许神权高于皇权。中国佛教徒由此形成了独具特色的自处之道，其最典型的表述就是慧远的"政教离即"论：既强调僧侣独立于政治，维护佛教的独立立场，又说明佛教的道德教化有助于世俗的政治统治，两者有一致的地方。

---

① 心澄法师. 佛教中国化没有完成时［N/OL］. 中国西藏网，2019-5-30.

这是帝制时代佛教僧侣对政教关系所做的最出色的总结，为佛教在中国的立足和发展奠定了社会政治基础。

第二，佛教与中国固有文化的磨合。佛教与中国固有的儒、道文化，虽然有摩擦和冲突，但从历史上看，相互融合是主要方面。佛教在中国的发展过程中，吸取了儒家和道家的思想资源，并在伦理道德等方面做出了相应的调整；同时佛教提升了中国固有文化的理论思维水平，直接催生了新儒家，也推动了道教全真道的形成。佛教的禅宗、儒家的理学和道教的全真道，就是佛教与中国固有文化互动产生的三大硕果。在这一过程中，佛教最终成为中国传统文化的有机组成部分。

第三，中国佛教的文化创新。佛教中国化的完成是以独具特色的中国佛教宗派的形成为标志的，以天台宗、华严宗、净土宗和禅宗最为典型。这些宗派大不同于印度佛教，是中国佛教徒创造性地整合佛教与中国固有文化的结果。这些创造性的成果，是佛教中国化历程的核心内容。

方立天教授还具体描述了中国佛教形成的历史进程，这就是格义式佛教、玄学式佛教、学派化佛教、宗派化佛教和心性化佛教。[①]

佛教中国化进程的最后阶段心性化佛教，就是禅宗。禅宗的兴起，标志着这一进程的完成。

禅宗本来也是佛教西来的几个宗派之一，在禅宗初祖菩提达摩东来之前，已经至少有包含涅槃宗、净土宗、三论宗、成实宗等诸多宗派流行于中土。作为一个后来者，禅宗是如何实现后来居上的呢？

中国禅宗的初祖是达摩祖师，达摩祖师即菩提达摩，南天竺人，

---

① 方立天. 佛教实现中国化，主要得益于三个条件 [J]. 华人佛教, 2021-3-22.

据《释氏稽古略》引《传法正宗记》记载，菩提达摩原为刹帝利种姓，南天竺国香至王的第三子，出家后倾心大乘佛法，师从般若多罗大师。达摩从印度渡海来到中国，于梁武帝普通元年（520年）到达广州。当时梁武帝正崇仰佛法，优礼西域高僧，闻讯特遣使者迎接至建康。两人进行了对谈，但话不投机，达摩祖师遂渡过长江北走，最后栖止在嵩山少林寺，面壁九年而不言。释道宣所著《续僧传》之《达摩传》称赞：达摩"冥心虚寂，通微彻数，定学最高"。

传说禅宗一脉源于佛祖的亲传弟子摩诃迦叶：

大梵王以妙法莲金光明大婆罗华供养如来，如来受此莲华，无说无言，但拈莲华入大会中。大众皆默然，于时长老摩诃迦叶见佛拈华，破颜微笑。佛即告言："我有正法眼藏，涅槃妙心，实相无相，微妙法门，不立文字，教外别传，总持任持，凡夫成佛第一义谛，今方付属摩诃迦叶。"

释迦牟尼佛这一段话，就是禅宗起源。佛的几句话，可以说是禅宗的玄妙所在，摩诃迦叶因为心领神会，而成为西天禅宗初祖。

禅宗所谓"不立文字"，并不是说不用文字，不用语言，而是不能拘泥局限于文字，不能咬文嚼字。所以，不立文字，实指不拘文字，不执文字，特别是避免掉入语言的陷阱。①

---

① 维特根斯坦曾指出：哲学就是对语言的误用。复杂的事物一经语言表达，就会产生信息扭曲。中国古语曰：只可意会，不可言传。

所谓"教外别传",也就是说,在佛教的言说经教之外,另外开辟一条途径来传播这个禅,这就是佛以拈花不语示现摩诃迦叶的本意。也就是说,释迦牟尼拈花不语,意在使众人领悟:禅宗不同于以往的修持方法,不以言说经传,而是以心传心,我不用说什么,你也不用想什么,去体会去感受这美好的境界就行了。

其他一切宗教宗派都依据经典,要求教众诵读经典经书,唯独禅宗不立文字,不著语言,指心见性,直指人心。

禅宗的这一独特性使得其在十分讲究语言含义、注重咬文嚼字的印度地区很难传播,故至般若多罗大师时,他做出了让达摩去东土中华传法的重大决定。般若多罗对达摩说:东土震旦(即中国),有大乘气象,可与传法。这个"大乘气象",是般若多罗对中华文化一个高度凝练的评价。这其中至少包含着三层含义:一是指东土震旦胸怀宽广,格局宏大,能够包容多种文化和哲学;二是指中国人有天下情怀,有兼济天下的意识,正符合普度众生的大乘教义;三是指中国文化不尚空谈,重行不重言,不纠结于文字功夫,而是在实践中见真章,非常符合禅宗不立文字、不重言语、力求参悟的特点。

达摩东来的这一重大决定由此成为改变佛教在东土走向的一件划时代的大事。

相传达摩祖师最后向其弟子慧可传法,并说偈曰:"吾本来兹土,传法救迷情;一花开五叶,结果自然成。"[1]"一花"指世尊在灵山

---

[1]《景德传灯录》卷三。

会上所拈之花，喻如来禅。"五叶"喻指禅宗后来会分为五家。①

佛教历经南北朝的传播，到隋唐时，禅宗已经异军突起，成为影响力最大的宗派。②

禅宗最后取得独盛的结果，恰恰是因为其中国化做得最彻底。这里以初唐时期很兴盛的法相宗为例，与禅宗做一个简单比较。法相宗的创始者就是大名鼎鼎的玄奘法师，玄奘远赴西天取经，受业于印度那烂陀寺的戒贤大师，归国后，玄奘将657部佛经带回中土。玄奘亲自主持共译出佛教经论74部，1335卷，每卷万字左右，合计在1500万字以上。法相宗以《唯识论》为基础，"心外无境，万法唯识"，注重对佛教经典从逻辑上进行严密地推演，是名副其实的学院派。法相宗里的高僧，除了像玄奘和他的弟子窥基之外，就没有渊博的学术传人了。钻研如此艰涩难懂的佛经，需要极深的功底，一个人终其一生，未必能通一经。因此，后世基本上无人看得懂玄奘的佛经，更没有人能够传承法相宗。最后不到百年，法相宗就慢慢消失了。③

---

① 这五家是指：六祖慧能建立南宗一脉以后，经神会等人的宣传提倡，禅宗在中唐以后影响不断扩大，逐渐进入异彩纷呈的发展阶段。其中，南岳怀让、青原行思两系尤为突出。怀让传马祖道一，道一又传百丈怀海。怀海又分出两支，一支由黄檗希运传临济义玄，形成临济宗；一支由沩山灵祐传仰山慧寂，成立沩仰宗。青原行思传石头希迁，希迁下分出两支，一支由药山惟俨传云岩昙晟，昙晟传洞山良价，良价传曹山本寂，建立曹洞宗；一支由天皇道悟四传至雪峰义存。义存下又分出两支，一支为云门文偃，创云门宗，另一支由玄沙师备三传至清凉文益，创法眼宗。

② 到中唐时，中国尚有禅宗、天台、华严和法相四个比较大的宗派，中唐之后，则是禅宗独盛，其他诸宗大都式微。

③ 以玄奘法师最为信服的《瑜伽师地论》为例，此书有100卷，为弥勒讲，无著记，略称《瑜伽论》。《瑜伽师地论》有多深奥？据《大慈恩寺三藏法师传》记载，聪明绝顶的玄奘在戒贤那儿学这部经，光听讲就花了一年半的时间，这还不包括后来又重新听了两遍的时间。《瑜伽师地论》如果要精讲，讲个十年八年都可以。

法相宗可以说是最接近古印度原版佛教的派别，其印度特色太明显，虽然学识精神、逻辑严密，而且得到了唐太宗、唐高宗等帝王的鼎力推举，但也因此在中土水土不服，最终衰落。相反，禅宗来源于古印度，但在中国化的道路上做出了最为大胆又最符合中国民族习惯的改进，成为独步天下的中国佛教。其中要点有三：

其一，不重本本。从达摩祖师开始，禅宗在中国传教就"不立文字，教外别传"。六祖慧能本人并不识字，是个樵夫出身，在寺庙里打杂，他的成名偈语"菩提本无树，明镜亦非台。本来无一物，何处惹尘埃？"据说也是让别的僧人代写的。禅宗没有指定经书和教材，即使是六祖的《坛经》，也是后人根据慧能的言语记录整理的，而且禅宗也只把《坛经》作为参考书，并非佛经对待。"菩提自性，本来清净，但用此心，直了成佛。"禅宗讲求直截了当，只要把握住了本心，直接顿悟，不需要再从学理上进行烦琐的论证推演。慧可（神光）拜师前，与达摩祖师有一段经典对话，可以看出禅宗直接的、毫不拖沓的顿悟方法：

神光（慧可）曰："我心未宁，乞师与安。"

祖师（达摩）曰："将心来，与汝安！"

神光曰："觅心了不可得。"

祖师："我与汝安心竟。"

——《景德传灯录》卷三

这是一则大家耳熟能详的禅宗公案，其中包含着禅宗直指本心的特点：慧可本名神光，是禅宗二祖。他在拜见达摩之前，身心备受煎熬。

拜师前一天，大雪纷飞。神光站在达摩祖师面壁的洞外，一动不动地站了一夜。到黎明时，积雪已没过了膝盖，但他却没有半点退意。然后，经典的对话发生了："弟子这颗心啊，怎么都无法获得安宁，乞求师父授我安心之法。""那你先把心拿来，我好给你安呀。"达摩祖师轻描淡写地回答。可神光说自己找了半天，怎么也找不到啊。这时，达摩祖师却说："此心已安。"因为心只能自己内求，哪里能往外面去找呢。一旦找到了自己的内心，不就找到了自我吗？"无上菩提，须得言下识自本心，见自本性，不生不灭。"言下即当下，见到自己的本性不生不灭。"于一切时中，念念自见。"不是别人给你找见，也不是佛给你引见，是念念自见，自己找见自己。这样一来，不仅不需要熟读经卷，连参禅打坐都可以免了。

其二，不设门户。禅宗主张众生平等，人人皆有佛性，人人皆可开悟成觉。即使是从事屠宰之人，"放下屠刀，立地成佛"，这种广泛的包容性与中土的有教无类一模一样。禅宗从儒家和道家思想中吸收了许多资源，比如对于士大夫，禅宗开放了居士制度，白天服务朝廷，晚上在家修行，入世和出世一体兼顾，两不耽误。为了护卫朝廷，少林寺还允许僧人勤练武功，并组织了战斗力强悍的僧兵。禅宗主张"即心即道"，心就是道，道就是心，心外无物，这些都与道家思想几乎没有二样，参禅就是悟道，参法自然，以起悟禅心，更是与道家的道法自然完全一体了。著名的禅诗："终日寻春不见春，芒鞋踏破岭头云。归来笑拈梅花嗅，春在枝头已十分。"很典型地反映了禅宗主张法自然悟大道的觉悟法，要说这是道家思想，也是完全可以的。禅宗讲究无分别，门户之见当然就不在话下了。在融合其他文化资源，特别是儒家、道家乃至中医和音乐、武术方面，禅宗是做得最好的。

"重道德、修清静、法自然、灵归圆"，后来禅宗的这些新颖主张，高度凝练了中国本土的儒家和道家文化，使之具有最广泛的适应性。

其三，不拘形式。自古印度创立佛教以来，修行成佛就形成了一整套严密的规矩和形式，这套规矩和形式之复杂烦琐，比中国的礼教仪轨有过之而无不及。再加上梁武帝又给僧团设立了更多的清规戒律，让修佛成为一个让人望而生畏的漫漫之途，也就让修佛的成本变得极为昂贵了。禅宗敏锐地看到了这一点，为了度化更多的人，禅宗不但革新了读经、考证、死抠经书等环节，连参禅的方式都给予了大简化。史载：马祖道一12岁出家，26岁时在衡山传法院结庵而住，常习坐禅。当时南岳怀让禅师住持般若寺，得知道一每天坐禅，准备前往传法院问道一。一天，怀让看道一整天呆呆地在那里坐禅，于是便见机施教，问道："你整天在这里坐禅，图个什么？"道一答道："我想成佛。"于是，怀让拿起一块砖，在附近的石头上磨了起来。道一见此十分惊异，立刻上前问怀让："师父，您磨砖做什么呀？"怀让答："我磨砖做镜啊！"道一困惑不解问："磨砖怎能成镜？"怀让说："既然磨砖不能成镜，那么坐禅又怎能成佛？"道一闻听，如醍醐灌顶，豁然开悟。所以，禅宗认为，那些烦琐的修炼形式，其实于事无补，而且南辕北辙。既然有心修佛，那就处处可以是道场。在红尘中修炼，职场就是道场，做事就是修道，大千世界，干哪样事都是修行，并不必要在寺院里吃斋念佛。"佛法在人间，不离世间觉。离世觅菩提，恰如求兔角。"（六祖慧能语）禅宗将自己视为人间佛法，这是符合中华文明传统的，因为以儒家为代表的中国文化，就是入世哲学。在中国，纯抽象的形而上学，从来就不符合民族心理。哲学必须是可以付诸行动的实践哲学，也必须是管用的可以体验和见证的实用哲学，而禅宗几乎完美地做到了这种变身。儒家讲修身，禅宗讲修心，都要求把自身先做好，担当起人生的责任。如果在家就不是一个孝子，那你又如何去西天成佛呢？如果连生计的事儿都处理不好，又如何能去普度众生呢？

禅宗在中国的兴盛，标志着佛教中国化的最终完成。这一进程是世界文明交往历史上的一个奇观——在其源发地古印度已经灭绝的佛教，却在另一个文明中大放异彩，这一方面说明人类精神的交流需要自觉自发，而不能依赖强迫或者武力，前者可以修成正果，而后者往往只会适得其反。另一方面，也说明任何外来文化如果要与本土文化融合，就必须走本土化道路，必须主动适应本地的实际需要，教条主义只会自绝于民众需求。文明本身就可以实现友好的交往，但起点应该是平等地看待一切文明成果，由各地的人民自主选择自己的文明发展道路。

四、超级强国的模板

大唐帝国是一个世界性强国，也是人类世界5000年来屈指可数的几个超级强国之一。唐帝国的强盛地位，中外史学家都是公认的。

何谓超级强国，法国前外长于贝尔·韦德里纳有一个很经典的定义，那就是这样的强国不仅要在经济、军事和科技方面取得领先地位，还要有能主宰那个时代的态度、理念、语言和生活方式。从这个标准上来说，人类文明史上称得上超级强国的就更少了。

十六国时期，胡人南下中原大地的同时，实际上也极大地动摇了汉代以来华夏基本确立的农耕文明。在这个苦难的过程中，新的民族融合办法被北魏、北周和隋朝的治世雄才发展了出来，南北融合又进一步扩展了文明的版图，隋朝的杨坚父子通过发明科举制和开凿大运河，让新的更加恢宏的大一统帝国结构得以达成，李渊和李世民父子站在隋朝和北魏、北周的肩膀上，得以从容施展治国才华，大唐被托举起来了。

而且偏偏在这个时候，中国气候快速转暖，降水量也开始大幅提升。北方农耕可以大规模恢复了，南方的农耕经过近500年的开拓，更是上了一个大台阶，农耕文明在唐朝恢复了勃勃生机。前朝的均田制，让自耕农有了稳定的土地，再加上气候回暖、降雨量增加，农业恢复得异常迅速。李唐王朝的统治者抓住了振兴农业文明的主脉：均田地，薄税赋，不扰民。中原地区的农业文明来到了一个比文景之治更加繁盛的大唐盛世。唐代农业生产工具比前代有了很大进步，开元年间曲辕犁被发明了出来，还出现了新的灌溉工具水车和筒车。唐高祖武德七年（624年）统一全国，在之后稳定的130年之中，仅见于记载的重要水利工程总计160多项，其中著名的如玉梁渠、绛岩湖、安徽镜湖、山东窦公渠、山西文水、河北三河、四川彭山、湖南武陵等。开元二十八年（740年），总耕地面积达到14003862顷（折合今市制为12.197亿市亩）。农业工具的进步以及水利工程的发展促使粮食产量逐年提高。天宝八载（749年），官仓存粮达9600万石。长安洛阳米价最低的唐玄宗开元十四年（726年）时，每斗仅十三文，青州、齐州每斗仅五文。五谷的丰盛直接体现在唐朝前期各地户口与垦田数量的增长。

有"诗圣"之称的大诗人杜甫用诗歌形象地描绘了大唐盛世农业恢复的盛景：

忆昔开元全盛日，小邑犹藏万家室。
稻米流脂粟米白，公私仓廪俱丰实。
九州道路无豺虎，远行不劳吉日出。
齐纨鲁缟车班班，男耕女桑不相失。

大唐的超级强国时代延续的时间也是相当长的，我们在这里以唐太宗的贞观元年（627年）算起，一直到安史之乱发生的那年（755年），唐帝国在这近130年间，国势蒸蒸日上，国泰民安。

如果仅仅是农业的恢复，大唐顶多可以称为大国或者富国，而不能称为超级大国，更不能称为超级强国。大唐帝国之所以有世界性强国的美誉，跻身极少数几个公认的世界性超级强国的行列，无疑是因为其对世界文明的巨大贡献，以及具有世界性的投射力和影响力。这里，不再赘述大唐帝国在经济、军事和科技上领先于当时世界的超强优势，重点从其领先并主导那个时代的观念、国际秩序和生活态度方面做一简述：

其一，极大的文化包容观念。"李唐一族之所以崛兴，盖取塞外野蛮精悍之血，注入中原文化颓废之躯。旧染既除，新机重启，扩大恢张，遂能别创空前之世局。"这是杰出史学家陈寅恪在《李唐氏族推测之后记》中得出的结论。这条结论也精辟地说明了唐朝的包容与开放、自信与乐观究竟从何而来。与秦汉帝国不同，唐朝在经历三国、十六国、南北朝等社会大动荡后，有别于秦汉时代儒法结合的旧思想，胡人的反向输入，老庄思想对于旧儒学的瓦解，使得隋唐时期产生了崭新的价值观，这种全新的价值观体现在唐朝的各个方面。以对待胡人的态度为例，武德九年（626年）九月，即位伊始的唐太宗说："王者视四海如一家，封域之内，皆朕赤子。"贞观元年（627年），又说："朕以天下为家。"贞观十八年，又说："夷狄亦人耳，其情与中夏不殊。人主患德泽不加，不必猜忌异类。盖德泽洽，则四夷可使如一家；猜忌多，则骨肉不免为仇敌。"贞观二十一年，又说："自古皆贵中华，贱夷狄，朕独爱之如一，故其种落皆依朕如父母。"将外族人视同家人，鼓励夷夏一家，这是自周礼确定的天下主义精神的真实表现，中华文明的天下秩序在大唐得到了很好的实践，为世界文明在区域内的大融合积累了经验。大唐的这种文化包容集中体现在对各种世界宗教的包容接纳上，佛教和道教在中土已经进入鼎盛期，而很多外来宗教也在此时传入中国，其中影响力比较大的有"三夷教"，这指的是琐罗亚斯德教（祆教、拜火教，现已消失），基督教东方教会（景教），摩尼教①，此外伊斯兰教也是此时传入中国的。基督教在长安可以有自建的教堂，伊斯兰教信徒在中国可以自由建设清真寺和做礼拜。以景教在华传播的历程为例，1623年在西安出土了一块

---

① 即明教，现已消失，在金庸小说中被塑造成武侠门派。

石碑，其正面写着"大秦景教流行中国碑并颂"，碑文由1780个汉字以及另附数十字叙利亚文组成。此碑由景教传教士伊斯出资、景净撰述、吕秀岩书刻，于唐建中二年（781年）在长安大秦寺落成。大秦景教流行中国碑是世界考古发现史上最负盛名的"四大石碑"之一，2002年1月被国家文物局列入《首批禁止出国（境）展览文物目录》。中国古称东罗马帝国为"大秦"，称最初传入中国的基督教（聂斯托利派）为"景教"。公元7世纪唐代初期，景教入中国，并长期在长安传教，此碑记录了景教在大唐的传播历史，证明了大唐巨大的包容性。

其二，积极主导新国际秩序。唐太宗除了是唐朝领土内的皇帝外，还是周边民族、国家的天可汗。唐朝在对北方游牧民族的对抗中，彻底解除了突厥的威胁。公元630年唐灭东突厥，公元658年唐灭西突厥，唐朝将中亚大部分领域收入版图中，并以羁縻州的形式进行管理，唐朝最西的羁縻州，即波斯都护府，与波斯帝国东界的版图相邻。在羁縻州中的各个国家，王统不受影响，依旧由当地的国王统治，但同时他们又是唐朝羁縻州的官员，每个国王都是唐朝的一个都督，或是州刺史。对于唐太宗天可汗而言，除了向周边王国内倡导唐朝的核心价值观和道德观之外，一般不会干涉各个王国的统治。在各王国的继承问题上，唐朝以"册封体制"延续各个王国的合法统治，这种价值体系既体现了唐王朝的向心力，也有效安定了各王国内部经常因为权力斗争而出现的动荡。通过唐朝的一系列制度和举措，长安以西一直至西域，沿途都极为富庶。现在的我们无法想象西北那样贫瘠的土地在唐朝就像后代的江南一样富足安康。当时唐朝在西域的路上设置馆驿，每三十里立一个驿站，不好走的地方就立馆。这套馆驿系统，不光承接了唐王朝与西域的通信功能，也为运输往来、文化交流提供了便利，更为唐朝的西域之路提供了安全保证。在吐鲁番发现的唐朝文书里就经常能看到一两个商人带着商队来往于长安与西域之间，而在一些不受唐朝控制的地区，商人则要等待结成一个大团队才能走。[1]值得一提的是，为了维护东北亚地区的国际秩序稳定，唐帝国发动了著名的白江口之战。公元663年8月，唐朝、新罗联军与倭国、百济联军于白江口（今韩国锦江入海口）发生的一次水战。倭军（约3.2万人，战船170余艘），唐军（2万余人）在百济白江口展开了激烈海战。唐将刘仁轨指挥船队变换阵形，分为左右两队，将倭军围住，其舰只相互碰撞无法回旋，士兵大乱。最终，倭军战船全部被焚毁，上百至上千倭军被杀或溺死。在此次战役中，唐朝水军充分发挥自身优势，将兵力、船舰皆数倍于己的倭国水军打得大败，堪称一次以少胜多的经典水战。此次战役是中日两国作为国家实体进行的第一次大交战，也是东北亚地区已知较早的一次具有国际性的战役，其以唐朝、新罗联军的胜利的最终结果，基本上奠定了此后一千余年间东北亚地区的政治、经济与文化格局，保障了东北亚地区长达一千多年的基本和平稳定。[2]

---

[1] 洪宇.为何只有唐被称"盛"[N].北京晚报，2021-4-16.
[2] 白江口大战让日本人认清了自己的实力，后来不断地派遣使节来唐朝学习，这就是历史上著名的"遣唐使"，而大唐对日本人也是倾囊相授。日本人对大唐的效法是全面的，其文字、政治观念、生活方式等，几乎是照搬了盛唐时期的一切，也使日本文化慢慢地兴盛起来。此后的一千多年里，埋头学习中华文明的日本人，再也没有试图占领朝鲜半岛和侵扰中国，可以说是一战定千年。这一局面直到明朝万历年间，丰臣秀吉侵略朝鲜，才得以改变。

其三，创造空前程度的开放自由。正如伟大的金字塔不可能由奴隶建造成功一样，伟大的文明也必然是由自由的心灵共同酿造的。大唐帝国在保持政权统一的前提下，为域内各部族和域外人群创造了空前程度的自由空间，民众生活的自由度比秦汉时期又大大提升了。唐朝珍惜人才，不分国籍，一律平等，在太学里也培养外国留学生，他们可以和唐朝人享受同等待遇，外邦人既可以经商、进学堂读书、考进士、当官员，如考取进士的朝鲜人崔智远、阿拉伯人李彦升，还可以当兵、当大将军。据统计，唐朝时担任高级别官员的外国人多达3000人。①唐朝的言论自由尺度很大，文人墨客议论帝王私生活也被默许。包括李隆基和杨贵妃的感情纠葛和伦理问题，被唐代诗人反复议论，也没有谁被治罪。整个唐朝，没有文字狱，最极端的是文人骆宾王代徐敬业起草了讨伐武则天的檄文，武则天看到后，居然没有宣布治骆宾王的罪，还埋怨宰相为什么没有把这样高水平的文人收罗过来。唐朝的妇女地位很高，婚姻方面也有一定的自主权。就算是离婚，也不会被他人所耻笑，还能自由地再婚。

---

① 宋朝人孙光宪《北梦琐言》云："唐自大中至咸通，白中令入拜相，次毕相諴，曹相确，罗相劭，权使相也，继升岩廊。崔相慎曰：'近日中书，尽是蕃人。'蕃人，盖以毕白曹罗为蕃姓也。"说明唐代外籍人士在朝为官者不少。举例如下：阿史那思摩，突厥人，太宗时授右武卫将军，逝世后，赠兵部尚书、夏州都督。阿史那社尔，突厥人，太宗时官拜左骑卫大将军，尚衡阳长公主，授驸马都尉。哥舒翰，突厥人，玄宗时授右武卫员外将军，充陇西节度副使、都知关西兵马使、河源军使。契苾何力，铁勒人，太宗时授镇军大将军，行左卫大将军，徙封凉国公，死后赠辅国大将军、并州都督，陪葬昭陵。仆固怀恩，铁勒人，玄宗时官拜左领军大将军。白孝德，安西人，官至安西、北庭行营节度、廊坊、邠宁节度使，封昌化郡王。阿倍仲麻吕，日本人，中国名晁衡，居留唐朝五十年，曾安南都护、镇南节度使等官。新罗人崔致远于僖宗朝一举及第，授宣州溧水县尉，后为淮南从事，又为侍读兼翰林学士，知瑞书监。高仙芝，高丽人，玄宗时官至武威太守、河西节度使。

根据统计，唐朝的公主们，再婚的人数达到了23人，更别提普通百姓了。

在敦煌发掘的唐代文物中，有一篇非常宽容也非常大气的"离婚协议"，这个同意离婚的男子对前妻表示：

解怨释结，更莫相憎；一别两宽，各生欢喜。三年衣粮，便献柔仪。伏愿娘子千秋万岁。①

比起当代闹离婚的夫妻，如水火一般不相容，唐代《放妻书》可以说是语气温柔，遣词风雅，好聚好散。先是追述姻缘，怀想恩爱，然而"结缘不合，想是前世怨家"，只能离婚啦，离婚就离婚，没有你死我活的诅咒，反倒是祝愿妻子打扮得漂漂亮亮，早日觅得富贵佳偶。离婚后男方还要再负担女方三年衣粮，而且一次付清！最后还"伏愿娘子千秋万岁"，读来令人忍俊不禁，尽管是当时的一种程式语言，也让人感受到唐人的包容和释怀，温情和幽默，在世界文化礼仪中，都可以说是一篇充满温情和宽容的奇文，反映了大唐夫妻平等的事实。

---

① 敦煌莫高窟出土一批唐代文献，里边保存着唐人的《放妻书》（离婚证书），基本内容如下：盖说夫妻之缘，伉俪情深，恩深义重。论谈共被之因，幽怀合卺之欢。凡为夫妻之因，前世三生结缘，始配今生夫妇。夫妻相对，恰似鸳鸯，双飞并膝，花颜共坐；两德之美，恩爱极重，二体一心。三载结缘，则夫妇相和；三年有怨，则来仇隙。若结缘不合，想是前世怨家。反目生怨，故来相对。妻则一言数口，夫则反目生嫌。似猫鼠相憎，如狼羊一处。既以二心不同，难归一意，快会及诸亲，以求一别，物色之，各还本道。愿妻娘子相离之后，重梳蝉鬓，美扫娥眉，巧逞窈窕之姿，选聘高官之主，弄影庭前，美效琴瑟合韵之态。解怨释结，更莫相憎；一别两宽，各生欢喜。三年衣粮，便献柔仪。伏愿娘子千秋万岁。于时某年某月某日某乡谨立此书。

106

总之，大唐帝国的风范在当时的世界范围具有主导性的地位，连《古兰经》中都有这样的格言：学问虽远在中国，亦当求之。大唐的超级强国地位除了体现在政治、经济和军事等多个方面外，还体现在大唐作为世界文明的灯塔，让东亚各国几乎都向大唐学习，这种主宰性的深远影响至今在东亚各国中仍然可以找到。同时，大唐巨大的影响力还在于开拓海上丝绸之路，促进了唐朝与太平洋和印度洋沿岸国家的交流。最后，唐朝的世界影响力还在于对中亚、西亚文化的融合上。

以大唐对印度文明的巨大贡献为例。可以说，没有大唐玄奘就无法重建印度历史。印度地区的历史不像中国的历史，都有详细的纪年与记事，古印度地区的人们，不太关注世俗生活，历史写得很抽象，常常以百年为单位。所以，玄奘所著《大唐西域记》中的详细记载，成为还原中古时期印度历史的重要资料。比如，释迦牟尼出生地蓝毗尼的考古挖掘，就是依据玄奘的记载。印度历史学家也承认，没有玄奘的著作，重建印度史是完全不可能的。1861年，英国考古学家康宁汉姆根据玄奘的记载发现了那烂陀寺遗址，使其在沉睡600多年后重见天日。[①] 至于在朝鲜半岛和日本，大唐的影响就更大了。这里也就不再赘述了。

[①] 那烂陀寺，这座鼎盛时期拥有一万多师生的古代佛教大学，在13世纪因为宗教冲突被焚毁。在2007年，时任印度总理曼莫汉·辛格就在东亚峰会上倡议亚洲各国携手重建那烂陀大学，他的提议得到中国、新加坡和泰国等国家的积极响应。2010年，中国政府还向重建项目捐款100万美元。2016年，在土耳其伊斯坦布尔举行的第40届世界遗产大会上，审议通过"印度那烂陀寺考古发掘遗址"入选《世界遗产名录》。古代印度的佛经也因为文明的衰败而基本失传，所赖的是以玄奘为代表的中国高僧取经翻译，才得以保存至今。

对于大唐文明的卓越成就，后世赞说：

唐之德大矣！际天所覆，悉臣而属之；薄海内外，无不州县，遂尊天子曰天可汗。三王以来，未有以过之……

太宗文武之才，高出前古，盖三代以还，中国之盛未之有也。

综上所述，所谓超级强国，必须是文明具有巨大辐射力和影响力的强国，除了经济、军事和科技领先之外，其政治理念、典章制度和生活风尚，也是具有强大影响力的。从大唐帝国的实践来看，中华文明并不需要花很大代价向外输出价值观和文明，而是靠自己卓越的文明表现，吸引万国来朝。就像太阳的质量足够大，八大行星就自然围绕着太阳转动了。大唐的文明表现足可以说明：强者不需要刻意输出自己的文化标准，只要表现足够优秀，自有粉丝前来跟从。"礼不往教"与"桃李不言，下自成蹊"，这是中国人发展出来的文明拓展的独特智慧，这些成功经验在新的全球交往时代，依然适用。

第五章

农业文明时代持续繁荣的顶峰，从宋元到明清

一、唐宋之变，中华文明何以呈现近代化图景

美国著名汉学家费正清在其代表作《美国与中国》的开篇就提出一个问题：中国的面积相当于整个欧洲，中国的地理环境的复杂性大大高于欧洲，为什么欧洲四分五裂，成立了数十个混战不休的国家，而中国经过短暂的分裂后，却保持了稳定的统一？

这个问题可以称为"费正清之问"。

要解答这个问题，可以用中华文明有较早的中央政权、有秦汉以来统一的文字和度量衡、有儒家文明大一统的传统等来解释，但如果细细观察，就发现仅有这些还不够，还需要进入历史的大棋局中，

去体会当时文明进程的困局和挑战。

当中华文明走到唐中期的时候，一个历史大变局出现了：

首先，从经济上说，中国的经济中心发生迁移。从秦汉以来，关西地区（指函谷关以西的大关陇地区）一直是全国的经济和政治中心，而到唐中期之后，关东地区的经济地位已经显著超过关西，长安已经养不起李唐皇室，皇室曾经数次迁徙到洛阳借食。在东西经济变局的同时，南北经济也开始出现位置调换。自夏商周以来，以黄河流域为核心的中原经济是中国的经济重心，到了唐中期之后，经济中心出现转移——江南经过自三国以来持续近7个世纪的经营开发，江南地区的财税收入逐渐成为唐帝国的支柱。"当今赋出于天下，江南居十九。"（韩愈语）自唐中叶之后，北方藩镇割据自立，对朝廷贡赋极少，唐帝国更加依赖江南的物资、粮食和财税。随着大运河的开通，江南的物资随着大运河转运到开封和洛阳，以供给中央，大运河与黄河河南段就成为帝国经济支撑的生命线，这就为开封和洛阳成为帝国新的中枢埋下了伏笔，唐之后的帝国不得不以江淮为经济命脉之所在。北宋政治家李昉指出，"今天下以江淮为国命"，就是这个经济大变局最好的注解。

其次，从政治上说，中国政治的中心发生重大变化。中国原有的政治中心，自秦汉以来，一直在长安和洛阳之间转徙，当王朝更多考虑军事安全的时候，一般选择长安（如秦、西汉），如果偏重考虑经济安全，则主要选择洛阳（如东汉、西晋）。自隋唐开始，朝廷实际上采取两京制，即在长安和洛阳之间分别配置，朝廷也在两京之间来回转徙。但自唐末之后，由于长城内外崛起的草原民族开始深度介入中原事务，草原和中原过渡的地带成为中国政治新的要害所在，位于长城附近扼控中原的要塞北京地区，突然间变得异常重要。换句话说，北京乃神州锁钥，北依天险，南压中原，谁控制了北京地区，谁就能震慑草原、虎视中原。随着草原民族对中原文化的理解力增强，其进入中原的动力也日趋增强。中国区域内的军事安全形势由秦汉时代的东西矛盾转化为南北矛盾，以北京为中心的燕云十六州[①]成为决定性的战略地区，其主导中国域内政治格局的能力显著提升。换句话说，自唐末之后，中国的政治与军事中心转移到了北方，经济中心转移到了南方。南北关系成为决定王朝走向的主要矛盾关系。

唐中期，还有一个重大变局也发生了，那就是随着科举制的广泛推行，中国的士族趋于瓦解，平民阶层登上政治舞台，并随着科举制的普及，平民阶层将取代士族阶层，成为官僚队伍的主流。隋朝开创的科举制，实际上到唐太宗手里才算正式实行，到武则天执政时，为了打击李唐皇族宗室的政治影响力，才大规模实施。唐中期之后，牛李党争旷日持久，说明士族和平民阶级在政治势力上，尚处于拉锯状态，而后者崛起已经势不可当。需要指出的是，科举制培养的职业官僚，对皇权更为尊重，而以九品中正制为代表的士

[①] 燕云十六州，即今北京、天津北部（海河以北），以及河北北部地区、山西北部地区。自古就有"丢燕云则必祸中原"之说。"燕云"一名最早见于《宋史·地理志》。五代十国期间，沙陀人石敬瑭灭后唐后，建立后晋，并在938年按约定将燕云十六州献给契丹。燕云十六州被割让给契丹（辽朝）以后，中原失去了与北方游牧民族之间的天然和人工防线，辽国也开始从单纯的游牧民族，向游牧与农耕相交杂的民族过渡。在燕云十六州，汉族也和契丹族混居。历经辽金和元朝，中原汉人不能收回燕云地区。所以，以燕云十六州为代表的过渡地带，是唐宋之后，中国文明的一个极为重要的枢纽之地。

族政治，则是对皇权的制衡。唐中期之后，安史之乱和藩镇割据造成的巨大政治危害，不得不使政治家研究强化中央集权的过硬措施，广泛推行科举制、扩大忠于皇帝的职业官僚队伍便成为最自然不过的选择。至此，士族必将淡出，平民阶层强势登上高层舞台，已经势不可当。

当中华文明走到唐宋这个转折当口的时候，重大变革便必然要发生。日本史学大家内藤湖南称之为"唐宋变革论"。①

内藤湖南等历史学家认为，自宋朝开始，中华文明已经显现出近代化的特征，中国社会似乎已经进入近代样式。

如果从文明发展的逻辑来说，大唐帝国在整合了魏晋南北朝分裂版图的基础上，将中华文明的基本板块凝结到了一起，中原板块、

---

① 内藤湖南在《概括的唐宋时代观》一文中指出："唐和宋在文化的性质上有显著差异。"内藤所列举的唐宋的显著差异是：在政治方面，（1）在唐末至五代的过渡期，贵族政治没落，让位于君主独裁制度；宋代君主成为绝对权力的主体，君权无限制地增长，到了明清时期，君主专制制度的形式臻于完备。（2）在六朝到唐代中叶贵族政治最盛时代，政治属于贵族全体专有，政权是君主与世家郡望的协议体，其后由于贵族没落，君主不再归贵族群体所共有，君主不再通过贵族而直接面对全体臣民。（3）人民的地位亦有显著变化。在贵族政治时代，人民被认为是贵族全体的奴隶；隋唐时期，人们从贵族手下解放出来，农民是国家佃人，由国家直接统治；到唐代中期，租庸调制崩坏而改为两税法，人民摆脱了束缚于土地的佃农地位；进入近世，由于朝廷不再介入土地分配，平民有了处置土地收获的自由，私有财产权得到承认。（4）科举普遍化，官吏的登用制度也发生变化，贵族政治过渡为官僚政治，高等官职由天子决定和任命，庶民也获得除官的均等机会。（5）政情不同，特别是朋党从唐代以贵族为中心的权力之争变化为宋代不同政见之争。（6）在经济方面，在宋代，货币开始大量流通，货币经济盛行。（7）最后，在狭义文化方面，唐代中期以后，学术不再墨守儒家经学的义疏，而是启动自我的思索进行新的诠释。（8）文学上六朝以来流行的四六骈文到了唐代中叶变为散文体的古文，文章由重形式变为重自由表达；唐诗之外，发展起来诗余——词，打破诗律格局，表达更加自由。（9）六朝隋唐盛行彩色壁画，五代两宋变化为屏障画；金碧山水就衰，白描水墨转盛；舞乐也是如此，原来服务于贵族，而今日益以迎合平民趣味为趋归。

草原板块、西域板块和东南海洋板块、西南板块此时都已经进入文明整合期,如何将诸多板块有效融合凝结在一起,成为中华文明在唐宋之后最为主要的课题。

在整合诸多文明板块的过程中,蕴含着三组主要关系和三个亟待解决的问题。

三组主要关系:一是东西关系。由于中国特殊的三级台阶式的地理环境,西高东低,适合农耕的地域主要位于第三级台阶,适合游牧的地域主要位于第二级台阶和第一级台阶。东西之间,面积相差不是很大,但人口密度相差极大。中国地理学家胡焕庸先生归纳出了一条代表东西差别的"胡焕庸线",这条线又称"瑷珲—腾冲一线",在地理学(特别是人口地理学与人文地理学)以及人口学上具有重大意义。这条线从黑龙江省瑷珲(1956年改称爱辉,1983年并入黑河市)到云南省腾冲,大致为倾斜45度的直线。此线的东南方占据的36%国土居住着96%人口(根据2000年第五次全国人口普查资料,利用ArcGIS进行的精确计算表明,按胡焕庸线计算而得的东南部分占全国国土面积43.8%,占总人口94.1%),以平原、水网、丘陵、喀斯特和丹霞地貌为主要地理结构,自古以农耕为经济基础;此线的西北部分,人口密度极低,是草原、沙漠和雪域高原的世界,自古为游牧民族的主要活动区域。因而,此线的两边呈现出两个迥然不同的自然和人文面貌。胡焕庸线尽管是1935年提出来的,但数千年来,中国东西关系的差别就一直存在,在大一统的帝国中,如何平衡东西关系,让经济欠发达、农耕面积稀少而地理位置居高临下的西部与北部不脱离东部与南部,便是帝国必须直面的重大问题。

在唐之前，西域和吐蕃地区与中原联系不够密切，整合问题并不紧迫，而唐宋之后，整合就成为日趋紧要的大问题。以吐蕃为例，这个由古代藏族在青藏高原建立的政权，自松赞干布至朗达玛传位九代，延续200多年。吐蕃王朝是中国西藏历史上第一个有明确史料记载的政权，松赞干布被认为是实际立国者。青藏高原各部在吐蕃王朝的统一下凝聚成强大势力，逐渐走出封闭的内陆高原，各个小邦政权和部落联盟得到整合，实现了青藏高原文化上的整合与壮大，并与中原产生日益密切的联系。吐蕃的侵扰也成为大唐200年间的梦魇，说明整合吐蕃地区势在必行。

二是南北关系。如果以长城为基准线（相当于400毫米等降水线）来划分唐朝的版图，则能发现，南北占据的疆域份额大致相等，如果将西域、吐蕃和陇西划在北方，对比中原+巴蜀+江南，则前者占三分之二。到唐末，中国南北的经济份额显著不同，长城以南地区要占五分之四以上。恰在唐宋之交，由契丹族建立的辽国占据了燕云十六州，为其直取中原提供了便捷通道，以辽为代表的北方政权在军事上占据地利，且垄断了冷兵器时代至关重要的战马产地，北方因为经济地位低而军事地位高，成为天然的喜欢进攻的一方。北宋建立后，虽然统一了南方，将巴蜀也收入囊中，在经济地位上占据了显著优势，但地理上先天处于劣势，对北方攻不动、守不住，成为天然的被掠食的一方，不得不选择强大的常备军守卫中原农耕区和大运河。南方是经济中心和文化中心，北方是军事中心，也是实际上的政治中心，这个对峙成本昂贵，是文明融合的大敌，必须在合适的制度安排下解决，否则就是典型的文明内耗，这是文明体系所不能长期承受的代价，必须协调予以解决。

　　三是正统关系。对大唐来说，国势隆盛，执政者三教并举，其强盛的国力和显赫的军威足以赢得人们的支持，所以在意识形态上强调执政合法性的需求并不强。而对于宋朝来说，情势就完全不一样了，宋朝是华夏文化中心所在，却在军事上屡弱不堪，且长期无法整合北方，为了克服唐朝藩镇割据的悲剧，宋朝不得不大力强化中央集权，削除地方尾大不掉的危害，并集中财力人力到中央建设常备军以防御北方入侵，并且要派遣数量众多的职业官僚到地方办理行政事务，确保中央权力畅通，这就让北宋不得不在意识形态上下功夫，一来论证自己是华夏正统，合法性最强；二来论证君主集权的合理性，反对其他势力分权抗衡；三来论证文治胜于武功，礼法重于军政，以此来规避自己在军事上的弱势，巩固自己在华夏的主导地位，力图成为意识形态领域的"大一统"拥有者。而辽国也不能在意识形态领域坐以待毙，辽国以大唐的继承者自居，采取振兴佛教、改善民生、礼遇汉人的办法作为抗衡手段，并不断以军功显示自己的强大实力，将燕云十六州成功地整合进了自己的版图，并获得了域内汉人的支持，在正统性上面也有自己的话语权。继承辽的金和之后的元，都从辽的经验基础上，在意识形态领域均有一定的建树。

　　除了这三组主要关系之外，还有几个很难处理的问题，兹举其要：

　　其一，经营海上丝绸之路的问题。自大唐安史之乱之后，通往西域的陆上丝绸之路的主导权就式微了，吐蕃和回鹘觊觎陆上丝绸之路的巨大利益，多次截断控制河西走廊，致使大唐对外贸易受到很大影响。直到近百年后，张议潮才将河西走廊收回，张议潮所在的归义军政权，宣布归服唐朝，延续到1036年，被西夏所灭。10—13世纪，北宋、辽、西夏和吐蕃等诸多政权并存，西北地区并非处在统一政权控制之下，其局势错综复杂，因此当时通往中亚乃至西欧的陆上丝绸之路不够通畅。但是，当时的西北边贸仍然比较活跃，这在史书上多有记载，大量考古资料也有证明。宋代官方政府在与西夏、吐蕃等政权辖区边境设置了诸多"榷场"，进行有控制的物资交换，贸易方式多样，有贡赐贸易，亦有民间贸易。另外，与前代相比，宋代经济中心和政治中心南移，加之航海技术的进一步发展，此时期的海上丝路得到很大发展。宋朝时期，中国的航海技术比唐朝有较大的发展，船体的隔舱技术和司南设备等，对航海有极大的促进作用；宋朝商业极其繁荣，宋朝朝廷都鼓励商业活动，商业在宋朝几乎达到了高峰；在南宋时期，由于统治区域内并无较大规模的贵金属矿藏，而贵金属产量较多的日本、南洋等地又必须经过海运方可到达，这又促进了海上丝绸之路的兴盛。北宋中朝以后，海外贸易的收入一直占宋朝全年财税收入的很大比重。以商立国的宋朝，重视和推进经济外交是题中应有之义。元丰三年（1080年），宋朝还制定了《广州市舶条法》，这是中国历史上第一部对外贸易法。因为海上贸易对宋朝的利益关系越来越大，两宋对海外投射的影响力也随之加大。作为当时世界上最为强大的海上贸易强国，海洋文明的分量在中华文明中开始加大，经营东南沿海，开始成为朝廷的重要议题。如何认识海洋，如何开拓海上利益，也摆上了宋朝统治者的桌面。另外，如何平衡陆权和海权，也将成为中华文明的新课题。①

其二，发展南方和经略西南问题。两宋时，水稻是全国产量最多的粮食作物，苏州和湖州成为天下闻名的"粮仓"。南方的棉纺业、丝织业、造纸业和造船业等在全国手工业中占有重要地位，南方赋税成为国家财政的主要支柱。除了开发江浙闽以外，两宋对江西、湖南、广东开始深度开发，湖广地区经济地位有了上升。两宋时期，中国开始大面积推广占城稻，这是一种早熟的高产稻，并发明了稻田里养鱼和梯田种植的生产方式，有效压制了蚊蝇对疾病的大肆传播，提高了土地的利用率，使得农业获得快速发展，几乎达到了农业时代产量的高峰。此外古人摸索出一些对付瘴气的手段，逐渐改善了南方生活环境。在江南得以深度开发的同时，与之毗邻的西南地区特别是贵州、云南和武陵山区，宋朝尚未进行有效经营。②

其三，如何处理东亚和海洋贸易秩序。自大唐高宗时期打完白江口之战后，朝鲜半岛的秩序得以重建，日本也维持了上千年的和平稳定，高丽国对中原的宋朝和北方的大辽采取双重朝贡的模式，也维

---

① 宋人赵汝适在其著作《诸蕃志》中列出的与宋代有贸易往来的国家名称超过了60个，为写这本书，他在泉州亲自"询诸贾胡，稗列其国名"。宋代进出口货物的种类超410种，数量比前代更多。

② 北宋建立后，对西南的大理国一直采取友好和羁縻的政策。宋朝对大理的正式册封直到宋徽宗政和六年（1116年），大理国主段正严派使者抵达宋都汴京后，受到宋朝廷的热烈款待，还被允许参观御书阁。次年二月，大理国派使者进贡马380匹及麝香、牛黄、细毡等物，外携乐人一队。大理使臣同样受到宋朝廷的礼遇，宋徽宗也十分喜欢其所献乐人。很快，宋朝廷正式册封大理国主段正严（即段和誉）为金紫光禄大夫、检校司空、云南节度使、上柱国、大理国王。此后，一直保持羁縻关系，1253年，大理国被忽必烈灭掉，存世300多年。经略开发西南，自唐到宋，没有明显进展，只有留待后来者拿出更大魄力，才能解决西南域的融合问题。

持了国内的稳定。北宋首都开封,比唐朝首都长安更加繁华热闹。"八荒争辏,万国咸通""万国舟车会,中天象魏雄"是当时宋朝汴京的真实写照。宋朝的商业活动、商业氛围无疑比起唐朝更高几个档次。唐朝来中国经商的都是以外国人为主,而宋朝的商人许多是主动走出去的。宋朝商人比外国商人更加活跃,《中国古代经济简史》就指出:"当时(宋代)我国的船只已经航行于印度洋各地,包括锡兰(今斯里兰卡)、印度次大陆、波斯湾和阿拉伯半岛,甚至达到非洲的索马里。"法国著名汉学家谢和耐感慨:"直至11、12世纪以前,中国人并未显示商业上的才干。但打那(宋代)以后,经商能力便成为中国人最卓越品质之一。"由于和海外接触的增多,宋人甚至对非洲也有了较多的认识。南宋周去非《岭外代答》和赵汝适《诸蕃志》两书,对于非洲几个国家都有较丰富的记载。宋朝外战频繁,外交的重要性日益增加。针对不同的外交对象,给予不同的馆待礼遇,并使之专门化。由于处理基本得当,两宋时期,中国尽管处于分裂状态,但仍然发挥着在东亚秩序中的主导作用。到了元明清时代,这一秩序更加稳定。①

总之,当中华文明走到唐宋之交时,构成中华文明拼图的主要

---

① 北方的辽金两朝都对宋朝构成巨大威胁,所以,两宋将外交事务提升至由枢密院的礼院负责,包括文书往来、使节派遣和一切接待事宜等,奉行对等外交。元丰年间,枢密院改置北面房,掌北界国信,南宋沿袭之。此外,宋朝专门设置主管往来国信所,作为负责与辽、金交往的具体事务机构。而西夏、高丽、越南(宋朝先称之为"交趾",后改称"安南"。宋时越南历经丁、前黎、李、陈等王朝统治)等国,由于宋朝视他们为藩属国,所以发出的外交文书和礼物等皆称"制诏"或"赐",对其国家的外交承认被称为"册封"。北宋在汴梁设置许多外交接待馆驿,作为国家接待各国使节的地方。辽在都亭驿,西夏在都亭西驿,高丽在梁门外安州巷同文馆,回鹘、于阗在礼宾院,三佛齐、真腊、大理、大食(喀喇汗)等国家在瞻云馆或怀远驿。

板块此时已经全部浮现，历史老人在呼唤一个高明的拼接方案，使它能够将所有的板块完整地拼接起来，并且严丝合缝，即中华文明运行到唐宋之交，配套天下体系的天下型国家体制，在此时必须进行新的调适，以适应东亚文明板块稳定发展的客观需求。这是一个需要强大的想象力，也需要高超的拼接技术的文明设计方案。

让所有的文明板块都在统一体中发挥着各自不可替代的作用，即"多元一体"，经过辽宋金元的接力探索，在明清时代得以完成。"多元一体"，这是人类文明史上极为高超又彰显文明力的设计智慧，是中华文明在1000年前为建设四海一家的世界政府理想做出的卓越贡献。所以，自两宋期间中国区域内出现分治的格局之后，元明清三代对此分治格局再一次进行了整合，使得适应巨大规模和巨大版图治理的国家体制被创制出来了，这一过程标志着以中国为中心的古典东亚文明秩序得以构建完成。

如何将诸多差异巨大的文明板块整合到一个能够有效治理的大国家体系当中？其间需要创制哪些关键性的治理技术？本章将解析其中的要点。

二、治国是个技术活

草原游牧民族称帝，入主中原，并建立了一个享祚超过200年的王朝，这是中国历史上从来没有过的，创造这一治理奇迹的是大辽。

公元907年，辽太祖耶律阿保机成为契丹部落联盟首领，建国号"契丹",916年始建年号,定都上京临潢府(今内蒙古自治区赤峰市巴林左旗林东镇南郊波罗城)。947年,辽太宗率军南下中原,攻占汴京(今河南开封),耶律德光于汴京登基称帝,改国号为"辽",改年号为"大同"。1125年,大辽才被金朝所灭。

  自秦汉到隋唐的大部分时间内,由于人口、疆域方面的优势,中原王朝在与周边少数民族政权的战争中,占据了主动位置,特别是汉唐时期,对外作战的汉唐军队还能占据较大优势。但到了宋代,中原王朝和少数民族政权的攻守形势却发生了剧变,攻守易势,形势急转直下。尤其让宋朝人不可接受的是,与刚刚逝去的大唐武威相比,宋朝对付游牧民族的战绩实在是难以启齿。宋太平兴国四年(辽保宁十一年,979年)宋军为夺取幽州(今北京,辽称南京),在高梁河(今北京西直门外)与辽军进行了一次大规模战争。宋太宗为夺回五代时后晋石敬瑭割给契丹的燕云十六州,于太平兴国四年五月平北汉后,未经休整和准备,即转兵攻辽,企图乘其不备,一举夺取幽州。辽景宗耶律贤得知幽州被困,急令精骑增援。辽军反击,宋军三面受敌,顿时大乱,全线溃退,仅死者万余人,宋太宗乘驴车逃走。辽军追至涿州(河北涿州)乃止。此次战争是辽与宋第一次在战场上的直接对话,是五代十国时期结束以后的一场重要战争,这场战争遏制了宋朝统一北方的步伐,并且在军事上总体开始处于劣势。此战,辽军发挥骑兵优势,远道增援,变被动为主动,给宋军以沉重打击;宋军轻敌冒进,首战失利,对以后与辽作战造成了严重不利的影响。

  宋太宗两次北伐均告惨败,此后北宋只好转为守势。1004年,大辽萧太后与辽圣宗亲率大军南下伐宋,次年与宋真宗签订了历史上有名的"澶渊之盟",宋朝同意每年给大辽提供岁币,两国约为兄弟之国,并承诺互不相侵。"澶渊之盟"确实产生了100多年边境安宁的和平红利,但不能否认,这对自居华夏正统的宋朝来说,还是添了一块伤疤。宋朝从此在意识形态上加上了"华夷之辩"的课题,既然武功不济,就得从意识形态上弥补。

著名宋史学家陈胜利在《弱宋——造极之世》中指出,宋之前,华夏一直居于主导和领袖地位,夷狄处于被动和服从的地位。魏晋南北朝一度出现五胡与华夏争夺中原领导权的斗争,拓跋鲜卑建立了控制北方并强盛一时的北朝政权。但在人们心目中,东晋和宋齐梁陈才是正统。隋唐重建强大王朝,华夏汉族在华夷格局中的中心地位进一步得到巩固。"澶渊之盟"则彻底打破了"华夷之辩"的格局,以及"天无二日,士无二王"观念,是华夏民族和少数民族政权签订的相互承认、地位平等的盟约,开启了少数民族和华夏民族平起平坐的时代。[①]

当然,辽国崛起的意义远远不止于此,其最大意义是创造了一个比"华夷之辩"更具包容性、更具开拓性的文明融合方案。草原游牧民族在此之前要么无法融合中原,只能在塞外称雄;要么入主中原后又丢了草原,最后被草原旧部颠覆,而大辽通过建立"二元帝国"的模式,成功解决了草原与中原的矛盾,一个将长城内外融合为一体的新帝国样式横空出世。

所谓"二元帝国",就是大辽在历史上第一次主动建构起一个采取二元治理方式的帝国,"兼制中国,官分南北,以国制治契丹,

---

① 陈胜利.弱宋——造极之世[M].北京:清华大学出版社,2016.

以汉制待汉人"。大辽制定的法律也分为两个体系，以习惯法治理域内契丹族及其他游牧民族，以大唐律治域内汉人。大辽还创造性地在域内兴办科举制，让汉人通过科举晋升为官僚，为了让汉人晋升渠道更加充分，大辽还严禁契丹和其他草原民族报考。大辽还参照大唐，设立多京制，实行"五京制"，上京临潢府、中京大定府（今内蒙古宁城西大明城）、东京辽阳府（今辽宁辽阳市）、南京幽都府（今北京市）、西京大同府（今山西大同市）。五京中上京临潢府为正式首都，其余四京为陪都。大辽皇帝一年内并不固定在某一京，还分成四季，迁徙移动，这就是典型的华夏都邑和草原游牧方式的结合体。

事实上，大辽和大宋虽然是两个分治的政权，但同属于中国这一天下体系，这一点，辽与宋都表示认同。但是，如何适应天下体系整合的实际需求，即如何创制出新的国家治理能力，以适应涵括中原农耕文明与草原游牧文明并且包括西域、雪域和闽浙粤等海洋文明板块在内的新文明互动体系，对大辽和大宋都是考验，这是一场国家治理技术创造发明的竞赛。

为了学习汉制，大辽杰出女政治家萧燕燕重用汉臣，著名的汉人宰相韩德让就是代表。

韩德让在效仿汉治、辅政图治方面贡献甚巨：辽景宗暴崩后，辽圣宗年仅12岁，所面临的是"母寡子弱，族属雄强"的不利局面。韩德让领受顾命，总管宿卫，向萧太后提议易置大臣、羁制诸王之法，确保政局平稳过渡。其后在萧太后的临朝称制下，与室昉、耶律斜轸、耶律休哥等蕃汉重臣同心辅政，使辽朝进入全盛；韩德让团结了室昉、张俭、邢抱朴、马得臣等有才干的汉官，并使大批汉官得到奖励。

统和五年（987年）到统和十五年奖励的地方官中，汉官占三分之二。他还推广在此前南京试行的科举考试，使更多汉官进入大辽中枢，大大提升了汉官的地位。韩德让提出了许多改善民生、鼓励生产的建议，并得到批准。例如，统和四年击退宋军后，韩德让提议减轻受战争和饥荒双重困境的山西四州（云、应、朔、寰）的赋税，以招徕流民；又鉴于战后百姓逃亡，庄稼无人收获，主张募人收获，并将一半收成分给收获者。在大丞相任内，他又鉴于南京（即北京地区）、平州粮食歉收，奏请免除百姓农器钱，并请求平抑各郡物价。这些都说明韩德让的功业与萧何、曹参等汉廷名相足以比肩而立。

大宋搞经济建设卓有成效，其实大辽在这方面也有不错的表现。在夺取燕云十六州富庶之地后，大辽用心经营，此地面积只占大辽的很小一部分，人口却占到了总人口的六成以上，特别是大辽南京（又称燕京，析津府，今北京）。作为辽宋国界沿边的大都市，燕京自然成为管理榷场的主要地点。辽宋两国和平商贸的稳定局面，维系了100多年时间。辽宋双方年年互派使者，使者们收购货物，直接进行贸易，燕京就成了使者交易的主要场所。作为岁币转运的重要途经站与双方使者、商人的交易市场，地处枢纽的燕京地区犹如大辽的一座"金银库"。加上大辽地域广阔，一统海东海西，漠南漠北，并深入中原，将大宋运来的岁币、丝绸又用于亚欧大陆的国际贸易，通过燕京城和临潢府等转口草原，经回鹘运送到中亚和中东以及东欧。国际经济贸易的繁荣进一步促进了城市的发展。

在大辽之前，中原王朝可以做到短时间驱逐草原游牧民族，在长城以北建立据点型的堡垒，但始终无法长期治理草原，更对来无影去无踪的游牧骑兵无能为力。治理草原和统御游牧民族，这是专长于农耕文明的中原王朝无法完成的任务。反之，出身于草原的游牧民族一旦学习到了中原王朝的统治技术（如中央集权制、郡县制、科举取士制、儒家宗法制度，等等），就可以做到二者兼顾。这个国家治理技术的创新由大辽发端，大金和大元继承发展，最终由崛起于白山黑水的清朝得以完成。

大辽以富有创意的"二元帝国"治理方式，给了后起的金朝和蒙元直接的启示，草原民族只要认真学习中原的治理经验，就完全可以囊括长城内外，统合游牧文明和农耕文明，并创造出比肩华夏的繁荣文明。就此而言，可以说大金是大辽的继承版，而大元则是整合辽金与大宋治理技术的升级版。明清继承了大元的宏大格局，在广域与巨族的治理上，又进行了迭代升级，最终在康雍乾时期，完成了对古典东亚文明秩序的整合，大陆帝国的体系最后得以完成。

这一文明的进程是在天下型国家的升级迭代中进行的，总的趋势是以中国为中心的儒家文明圈更加稳定，中国内部文明演化更加均质化，中央政权对地方的治理更加有效，各文明板块在儒家文明理想的指引下，完成了一个在农业文明时代最大可能的整合，古典中国最终得以确立，即古典天下体系和古典天下国家合二为一，这是中国近代化的基础，也是中国从天下型国家向近代民族国家转型的基础。在构建古典天下型国家的历史进程中，辽和金在融合草原文明与农耕文明的治理技术上，有非常重要的创造性贡献，这是不能埋没的。这也说明了，构成中华民族的各民族，在打造中华民族共同体方面，都曾做出卓越的贡献。后人考察从1000年以来的中华文明演进过程，一定要注意从各民族共同贡献的大视野中捕捉文明力的脉络，这样才能看清古典中国的天下体系是如何在比汉唐更加宏大的历史格局下展开的。

三、GDP长期占据世界第一，是一种什么样的体验

与大辽相对应的，当然就是宋朝了。宋朝分为两段，北宋和南宋，其治理制度相差不大，南宋在抑制武将和扩大相权方面，比北宋略有变化，但不是制度性变化，而是权宜之计，所以本书在讨论制度治理时，不再严密区分北宋和南宋。

宋朝的创立者是宋太祖赵匡胤，这个皇帝历史地位很高，甚至可以和唐太宗相提并论，但在开疆拓土和武功显赫方面，宋太祖和唐太宗差的不是一星半点儿。宋太祖在治理制度变革方面，动作是很大的，诸如裁撤藩镇、抑制武将、文官治国、人财物三权集中到中央，采取连环套的形式让官员谁也说了不算，达到了"以大系小，丝牵绳联，总合于上"的目的。这从基本上消除了唐末五代以来藩镇割据、军阀混战的弊端，有利于君主集权和打消地方割据。但从另一方面看，宋朝过分集权，也带来了严重的恶果：政权过分集中，使机构重叠，职责不清，互相掣肘推诿，无所作为。军权过分集中，使兵不知将、将不知兵，指挥不灵，战斗力下降；地方上武装力量薄弱，不堪一击。

在君主集权这一政治目标上，下的功夫最大的两个朝代，一个是秦朝，一个是宋朝。秦朝确立了皇帝的地位至高无上，宋朝确立了

君主的权力不再有挑战者。到了明朝，明太祖朱元璋对本来就已经将相权分离得七零八落的宋制来了一个斩钉截铁式的处理，取消宰相，相权由皇帝兼任。这就完成了皇帝的绝对权威演变，将这一权力游戏玩到了终章。

皇帝的绝对权力游戏，看起来不怎么美丽，但在农业文明社会走到平民社会这一阶段时，却是必然采取的游戏手段。简而言之，当科举制度全面替代了士族选拔制度后，政治权力就会自动集中到职业官僚阶层手里，皇帝通过授权给职业官僚对社会进行治理，职业官僚垄断了具体的行政权力（不管权力怎么拆分，通过科举制产生的士大夫官僚客观上结成了同盟，而对其他出身的官僚进行排挤和打压），这就必然产生结党营私、权力寻租和上下其手的行为，这就与皇权代表的公权力产生了冲突和龃龉，只有强大的皇权才能制约这种职业官僚的权力滥用，所以强大皇权反而成为平民阶层最好的保护者。宋太祖开启的这一轮君主集权行动，后来的明清基本沿袭，而且还出了加强版，如明朝对职业官僚的俸禄给予了极为苛刻的降低，这一点与宋朝官员的优厚俸禄，已经有了天壤之别。清朝的官员被称为奴才（前期汉官连自称奴才的资格都没有），与宋朝礼遇士大夫又不可同日而语。

宋朝对农业文明社会的最大贡献是，它提供了治下持续的经济繁荣和社会稳定，为农业文明创造了长达数百年的社会秩序稳定，这是宋朝经济持续繁荣和人口持续增长的基础，就好比一个稳固的大屋顶，虽然屋外风雨交加，但屋顶不漏风不漏雨，让屋宇之下的百姓得以安居乐业，繁衍生息。

世界著名经济史学家贡德·弗兰克也认为：11世纪和12世纪的宋代中国，无疑是世界上经济最先进的地区。自11世纪和12世纪的宋代以来，中国的经济在规模化、商业化、货币化和城市化方面远远超过世界其他地方。

宋代的人均GDP在当时的全世界领先，这是世界史家公认的。当代英国著名经济史学家麦迪森采用购买力平价法，以1990年1美元的购买力为基数，将上千年来，欧洲与中国的人均GDP一律折算成1990年的美元，研究出经济发展史的轨迹。虽然这种折算评估还存在较大偏差与局限性，但至少可以勾画出一个历史轮廓。

麦迪森的研究结果表明：早在10世纪时，中国人均收入就已经是世界经济中的领先国家，而且这个地位至少一直持续到15世纪。在技术水平、自然资源开发利用以及在辽阔疆域的管理能力，中国都超过了欧洲。直到19世纪和20世纪上半叶，当世界经济明显加速增长之际，中国才衰退，并逐渐落后于欧洲。[①]

中国当代学者、清华大学教授李稻葵带领团队研究测算表明，从北宋初年（980年）到明代，中国人均GDP在较高水平上波动，清代则呈下降趋势。分析表明，人均GDP下降的原因，主要是人口增长速度超过资本、土地的积累速度。在将近900年时间里，人均耕地面积持续下降，这一下降没能被粮食亩产量的上升所弥补。换言之，人均占有的土地量、劳动工具包括牲口数量是下降的，这导致劳动

[①] 根据麦迪森的测算，按1990年美元为基准，宋朝人均GDP为450美元，至宋末达到600美元。而处于中世纪的欧洲，人均GDP为422美元。1840年鸦片战争失败后，中国经济一蹶不振，1870年GDP人均330美元，仅有宋代的七成。

生产率不断降低。通过国际比较发现，北宋时期中国生活水平世界领先，但到1300年左右已落后于意大利，1400年前后被英国超过，1750年之前，虽然中国部分地区和欧洲最富裕地区生活水平相距不远，但作为整体的中国已落后于西欧。[1]

李稻葵采用的核算标准与麦迪森有很大不同，但均不否认宋朝的人均GDP领先于世界。

在农业文明时代，中国经济总量在世界总量占比的问题上，麦迪森认为中国经济存在两个峰值，分别是1600年和1820年（占比全世界的32.9%），也就是说，到1820年的时候，中国仍然是世界上最大的经济体。

李稻葵团队的测算与麦迪森略有不同，认为中国占全球经济的比重在明朝后期1600年达到峰值34.6%，而后缓慢下降。

不管怎么说，中国农业文明从北宋开始，进入了一个持续达8个世纪的持久繁荣，并且在这800年当中的绝大部分时间里领先于全世界。960年，赵匡胤建立宋朝，到1820年清朝中叶，中国无疑是这个地球上最繁荣、最富庶、人口最多、社会稳定时间最长的文明体，也是当之无愧的全球农业文明时代的领先者。

衡量农业文明的成就大小，可以用一个简单的公式来计算：人口规模 × 社会稳定的时间 × 民众的生活水平 = 文明成就。如果利用这个公式计算，中华文明在世界农业文明时代的成就将是毫无争议的第一。

在农业文明时代，要想达到社会与经济长期繁荣，就必须注重

---

[1] 李稻葵. 我们从中国古代人均GDP中发现了什么？[J]. 财经界，2017（21）.

三点：一是消除政治的不稳定性，让社会长治久安。二是藏富于民，让民众自由地追逐财富。三是降低税赋，减轻民众负担。这就需要在国家治理方面，拿出简洁有力的对策。

王夫之高度评价宋太祖具有的浓厚的风险意识，他在《宋论》中评析：权不重，故不敢以兵威劫远人；望不隆，故不敢以诛夷待勋旧；学不夙，故不敢以智慧轻儒素；恩不洽，故不敢以苛法督吏民。惧以生慎，慎以生俭，俭以生慈，慈以生和，和以生文。[①]

与隋唐不同的是，宋朝的统治者时刻面临着与北方政权的竞争，其主要竞争优势就在于发展经济，宋太祖甚至设想过通过赎买的形式，与大辽交换燕云十六州。这一计划未能实现，因此宋朝在富民安民和养民方面，必须做出明显超过于北方的业绩，才能证明自己正统的合法性。这些经济振兴政策，已经具有近代化自由市场经济的特征，逼近农业文明时代生产力的极致：

其一，相对宽松的土地政策，微观上放活市场活力。两宋时期，依然奉行重农抑商政策，但比前朝已宽松许多。一是宋朝政府采取了"不抑兼并"的土地政策，实行"田制不立""不抑兼并"。宋太祖于乾德四年（966年）下诏："所在长吏谕民，有能广植桑枣、垦辟荒田者，止输旧租；县令、佐能招徕劝课，致户口增羡、野无旷土者，议赏。"这就是公开提出"田制不立"。宋初的统治者不是很情愿地限制土地兼并，他们只是对田亩数量不实导致的赋役负担不均感到不满。不抑兼并土地政策使土地交易市场发展壮大，促进了商品经济的

[①] 王夫之. 宋论[M]. 北京：中华书局，2013.

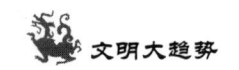

发展。加之生产力水平的提高，大量农业人口脱离农业而从事工商业，促进了商业繁荣，也带来了政府财税的大幅增长。

其二，鼓励商贸，发展商品经济。宋朝是中国历史上唯一极为鼓励经商的王朝，商人的政治地位提高，可以和官僚贵族平起平坐，民众可以自由追逐财富。在宋朝以前，商业发展、市场经营还受到严格的时间、地点限制。县以上的城市，一般都在特定位置设市，用于货物聚集和商品交易，市四周有围墙，与民居严格分开。官府设市令或市长，对市场交易进行严格管理，按时开市、闭市，闭市后不许交易。从唐代后期起，市坊严格分开的制度逐渐被打破，到宋代，政府更加放松对商品交易的限制，店铺已可随处开设，买卖时间也一改日中为市的限制，早晚都可经营。宋神宗时，开封已有户20万，城内店铺林立，各地的货物云集于此。处处都有商铺、邸店、酒楼、当铺，以及各种手工作坊。晚间有夜市至三更，到五更又再开张。"要闹去处，通晓不绝。"宋朝宽松的工商业政策，鼓励了商业的大发展，政府逐渐放松对商品交易的限制，促进了商品经济的发展。

其三，发展城市经济，放开国际贸易。与乡村相比，城市的经济效率天然高于乡村。城市是经济活跃天然的发动机。北宋熙宁年间全国有镇市近2000个，这些新兴的商业镇市已经不单单是地区政治中心，大多都具有政治和经济双重意义，许多市民为交易方便，便举家迁居城市的商业市场之中，具有现代雏形的商业城市纷纷出现。国家对商业政策的放松使得商业城市得到壮大，银行逐渐被人们接受和认可，北宋在商业城市中心率先出现全世界最早的纸币和金融交易中心，说明商业经济具备自动催生经济升级的动能。北宋都城开封是当时世界上最大的城市,鼎盛时期人口达150多万。《东京梦华录》用"市井最盛""不可驻足"等形容东京的城市景象。北宋名画《清明上河图》描绘了东京的商业繁荣盛景——城市里通宵达旦,人员往来不绝,小贩叫卖声不断,商店连绵不绝。纵贯南北的御街两侧,酒楼、茶馆店铺鳞次栉比,城里还有瓦肆、勾栏等娱乐场所,最大的可容纳千人,里面唱戏的、说书的应有尽有。宋朝的手工业和服务业已经相当发达,接纳了大量的就业人口。宋朝商业繁荣是全方位的,不仅商品的种类繁多,而且国内贸易、边境贸易和对外贸易都很繁华,和南洋、中东、印度、非洲、欧洲等50多个国家与地区都有通商贸易。随着从事工商业的人口逐步增多,产量加大,投入资本大幅扩充,国家财政收入主体也不单独只是农业了,工商业所占比重已经超过了农业。

北宋熙宁十年,国家税收总收入共7070万贯,其中农业的两税2162万贯,占30%;工商税4911万贯,占70%。这个数字说明,构成国家财政收入主体的,已经不再是农业,而是工商业了,农业社会已经在向工商业社会转进。宋朝获得庞大的财税收入并不是靠加重对农民的赋税,而是国民经济快速发展,工商业极度繁荣,生产力水平大幅提高的结果。

美国历史学家斯塔夫里阿诺斯认为,"宋朝时期发生了一场名副其实的商业革命"。而这种"商业革命"是建立在良好的社会治理秩序之上的。

宋朝重视礼制,民众的教养水平普遍提高,史家评论"彬彬有礼,宛如有三代之风"。欧洲传教士鲁不鲁乞眼中的宋代简直是君子社会:

一种出乎意料的情形是礼教、文雅和恭敬中的亲热，这是他们社交上的特征。在欧洲常见的争闹、打斗和流血的事儿，这里却不会发生，即使在酩酊大醉中也是一样。忠厚是随处可见的高贵品质。他们的车子和其他财物既不用上锁，也无须看管。他们的牲畜如果走失了，大家会帮助寻找，很快能物归原主。粮食虽然常见匮乏，但他们对于救济贫民，却十分慷慨。鲁不鲁乞认为，这是礼教的结果。

宋朝在强化礼制的同时，法治建设也朝精细化方向迈出了一大步。唐律及其疏议集是中华法系的代表，而宋朝法律制度在继承《唐律疏议》的基础上，又有所改进和完善。在死刑案件的核准与会审方面，宋朝对于疑难案件，先由翰林学士和知制诰会同审理，不能决断的，由宰相、枢密使等高级官员会同复审，称为"杂议"，最后由皇帝做出裁决。在司法鉴定技术方面，宋朝在唐朝的基础上有了进一步的发展，并将法医检验制度推向了一个新高峰。其成就突出表现在两方面：一是法律上系统的检验制度的建立；二是出现了一部法医学的专著——《洗冤集录》[①]。《洗冤集录》被译成多种文字，流传国外，对亚洲乃至世界的法医学发展都产生了重大影响。

总之，宋代在经济治理方面，在中古世界开了近代化的先河，其经济形态与亚当·斯密推崇的自由市场经济已经颇为类似。无农不稳，无工不精，无商不活，无士不兴，只有士农工商并举，文明才能通过精细分工变得更有效率。宋朝将农业文明的振兴推到了一个新高度，

[①] 《洗冤集录》是中国古代法医学著作。南宋宋慈著，刊于宋淳祐七年（1247年），同时也是世界上现存第一部系统的法医学专著。它比国外最早由意大利人菲德里写的法医著作要早350多年。

其经济政策被元明清基本继承，使得宋之后中国经济仍然保持了长期繁荣的状态。人们在钦慕近代资本主义商业经济繁荣的同时，不应该忘记从 10 世纪到 18 世纪，中国曾经有过延续近 8 个世纪的商业经济繁荣时期。自由市场经济始终是中国文明的主基调，善于经商，精于工艺，勤于农事，始终是中华文明的主色调，宋元明清相承不衰。

四、无精细不文化，这场"文艺复兴"不简单

中国近代著名学者严复先生说过："中国之所以有今日之面貌，无论是好是坏，十之八九为宋代造成。"

陈寅恪先生曾指出："华夏民族之文化，历经千载之演进，而造极于赵宋之世。后渐衰微，终必复振。"

英国史学家汤因比说："如果让我选择，我愿意活在中国的宋朝。"

日本宋史学家宫崎市定指出："宋代是中国历史上最具魅力的时代。由于宋代文明的刺激，欧洲文明后来向前发展了。宋代文明深深地影响了世界。"[①]

英国汉学家李约瑟博士在谈到宋代时也曾感慨道："谈到 11 世纪，我们犹如来到最伟大的时期。"

---

① 关于文化名人对于宋朝的评价，可参见陈胜利《弱宋》（北京：清华大学出版社 2016 年版）。

美国历史学家费正清生前撰写的最后一本书《中国新史》第四章的标题就是"中国最伟大的时代：北宋与南宋"，指出这个时代的中国是欧洲的先驱，文明远远超前于世界。

作为文明先驱的中国，显然不是王朝中国，而是文化中国。这种所谓的先驱作用，其世界影响力与欧洲文艺复兴的影响力完全可以相提并论，甚至从其给世界文明带来的正向作用来说，要远远高于欧洲由文艺复兴开启的所谓"近代化运动"。北宋始于10世纪末，南宋终于13世纪末，算起来有300多年，南宋为元所灭之时，正是意大利文艺复兴之始。从人类历史的整体格局看，宋代"近世"文艺复兴，甚至可以视为意大利文艺复兴运动的"先驱"。

如果从历史的脉络上看，由宋朝开启的东方文明持续繁荣时代，经过元朝的亚欧大陆大联通，由马可·波罗带到西方，直接点燃了欧洲的向东方运动，哥伦布当初出发寻找新航路时，目标是东方的中国，哥伦布随身行囊中只发现了两部书，一部是基督徒必携的《新旧约全书》（即《圣经》），另一部则是《马可·波罗游记》。

当代学者详细梳理了马可·波罗带回欧洲的向东方运动与文艺复兴运动的时间线：

马可·波罗1254年出生在意大利威尼斯，17岁那年随全家经陆路到中国经商。他们在汗八里（突厥语，指元大都，现北京）见到了登上帝位不久的元太祖忽必烈。元大都城市的布局和管理、宏伟的宫殿及社会道德风习，等等，都给初到中国的马可·波罗以强烈的印象，特别是城郊一座长而华美的古石桥卢沟桥，被马可·波罗誉为"世界上最好的、独一无二的桥"。这座桥因此而被西方后世称作马可·波罗桥。

在跟随父亲经商时,马可·波罗第一次看到中国市场上交易使用"大汗的纸币",即在桦树皮纸上印制的中统元宝交钞。他也看到在商户炉膛里燃烧着的黑色石块,发现"黑石头……的热度优于木柴。……而且价格十分低廉"。纸币和煤炭在中国的广泛使用,让马可·波罗止不住地惊奇。

马可·波罗在华期间还到过杭州,游览过西湖,西湖的美景让他忆及故乡威尼斯水城。2008年,考古工作者在杭州挖掘出叠压在南宋街道之上的元街道和明清街道的遗迹,确定了马可·波罗眺望大运河的视角。在那里,马可·波罗可以看到"河中的水宽而深,就像大河一样……满载货物的大船可以从瓜洲一直航行到汗八里城"。

1295年,马可·波罗回到了意大利威尼斯,后来在威尼斯与热那亚的海战中被俘入狱。他向狱友、精通法语的作家鲁思蒂谦诺讲述了自己在中国的见闻。1299年,《马可·波罗游记》(又名《马可·波罗行纪》《东方见闻录》《寰宇记》等)在意大利面世并很快风靡欧洲。

对这本书,西方研究马可·波罗的学者莫里斯·科利思认为,"它不是一部单纯的游记,而是启蒙式作品,对于闭塞的欧洲人来说,无异于振聋发聩,为欧洲人展示了全新的知识领域和视野。这本书的意义,在于它导致了欧洲人文科学的广泛复兴"。美国历史学家林恩·怀特说:"鉴于中国的科技发明把欧洲人从中世纪的桎梏中解放出来,北京启迪意大利文艺复兴可能不亚于欧洲本身。"英国学者加文·孟席斯则直截了当地表示:"中国点燃意大利文艺复兴之火。"①

从6世纪杨坚建立强大的隋朝算起,中国就已经走出了黑暗和分裂,而后进入盛唐。到10世纪,中国再度步入繁荣的黄金时代。而欧洲进入漫长的中世纪,即自476年西罗马帝国灭亡至文艺复兴、大航海时代之初的15世纪,则长达近千年。其间,教会严禁印刷、科研和文艺创作,凡被视为异端者均被捉入宗教裁判所折磨致死。东方的祥和繁荣和西方的野蛮残忍相比,文明发展程度,可谓高下立判。

两宋的农业文明黄金时代,并不是凭空而来,这与两宋发端的科技能力有直接关系。科学技术是第一生产力,也是驱动文明力进步的最直接动力。在两宋时期,民众的创造力充分发挥了出来,涌现出了许多著名的科学家。在数学方面,刘益、李冶、秦九韶和杨辉促进代数的发展,组成当时世界上最先进的数学学派;天文学方面有苏颂与沈括,他们共同推动历法与观天仪器的改进;军事方面诞生了《武经总要》,确定"火药"已作为一种武器而出现;建筑领域宋人编有《营造法式》;医学领域有《圣济总录》;植物学则以《橘录》为代表。在百科全书性质的《梦溪笔谈》中还记载了指南针与活字印刷术的应用,中国四大发明中的三大发明都是在宋朝完成的。据李约瑟统计,唐朝鼎盛时只有91项水利工程,而到了宋朝则增至496项。中国的航海技术的巨大进步也开启于宋朝,当时踏轮驱动的车船已经获得了普遍应用。在宋金大战中,宋朝的海军大败金国,挽救了南宋的国运。在南宋与元朝的对抗中,南宋的水师占据明显优势,延缓了元朝统一

---

① 董乃强.中华文明与"文艺复兴"[J].北京晚报,2019-4-19.

的进程。

李约瑟在《中国科学技术史》中说：每当人们研究中国文献中科学史或技术史的任何特定问题时，总会发现宋代是主要关键所在。不管在应用科学方面或是在纯粹科学方面都是如此。

宋朝还有若干重大发明的文明成果，比如：钻探深井技术：卓筒井，用直立粗大的竹筒以吸卤的盐井，"凿地植竹，为之卓筒井"发明于北宋庆历年间（1041—1048年），比西方早800多年，其口径仅有竹筒大小，然而能打井深达数十丈，被称为"中国古代第五大发明""世界石油钻井之父"。科技界对卓筒井有一个很形象的比喻：没有卓筒井，就没有海湾战争。纸币：交子是世界最早使用的纸币，发行于北宋1023年的成都。欧洲使用的纸币是1661年由瑞典银行发行的，不过那时发行纸币只是权宜之计，并不是作为真正的货币。水密舱壁：宋代的战船已普遍采用水密舱壁技术，提高了不沉性。可以保护船只，免得进水而沉没，至今仍是船舶设计中重要的结构形式。"南海一号"的发现，证明了中国是最早发明这项技术的国家。复闸形式的运河船闸：984年，淮南转运使乔维岳负责治理淮河，创建的二斗门，是复闸形式的运河船闸，从而提高了河运能力，后影响世界。救生圈：宋代韩忠武曾派部将王权到金山去，同时命令他不要用船渡江。于是王权就给每一个士兵发一个"浮环"，让他们渡过江去，终于完成了这一任务。当时宋人所用的这种"浮环"，就是现代救生圈的前身。

除了在科学技术方面的历史性进展之外，在意识形态建构上，宋朝发挥自己的人才优势，为大一统王朝构建出了一套具有一元性的思想体系，其集大成者，就是程朱理学。

与佛教相比，传统儒学缺乏宇宙观，其世界观、方法论和认识论，没有统一的体系。程朱理学统一了宇宙观，主张先理后气，将绝对观念当作先天性的存在，理和气以道的形式展现出来，顺道者昌，逆道者衰，个人、君王、家庭和国家，概莫能外，普天之下，皆须巡道依理而行。知先行后，知行并用，为认识论提供了章法。

程朱理学和陆王心学从原理的两端对世界进行了不同的说明，这也符合中国文化阴阳和合、相辅相成的思维方法，二者相结合形成的宋明理学，解决了农业文明时代中国人的信仰问题，从此，一元化的意识形态得以牢固确立。需要说明的是，宋明理学仍然不是宗教，而是一种近似于认知科学的哲学思想体系，其逻辑性和科学性都是严密的，具有鲜明的中国本土特色。李约瑟对此有经典性的评价：

当我们进一步考察这一精心表达的自然体系时，我们不能不承认宋代哲学家所研究的概念和近代科学上所用的某些概念并无不同。

至少理学的世界观和自然科学的观点极其一致，这一点是不可能有疑问的。

宋代理学本质上是科学性的，伴随而来的是纯粹科学和应用科学本身的各种活动的史无前例的繁盛。[1]

所以，程朱理学被宋之后的元明清都普通尊崇，不仅仅是其学

---

[1] 关于李约瑟对宋朝科技文明的评价，请参见李约瑟《中国科学技术史》(北京：科学出版社2003年版)。

术思想符合政治统治稳定性的需要，也与其切合民族文化心理和人格养成方式直接相关。自宋代之后，中国社会需要能够统合各种学派的主流意识形态，宋明理学家完成了这一艰巨的思想探索任务，这种贡献不应被抹杀。

美国学者吉尔伯特·罗兹曼曾指出，在 17 世纪以前的千余年中，中国在"高额的人均收入，或者说有争取分享这种收入的高度均等的机会；高度的国民识字率；精湛的技艺和精细的耕作；高度发达的商业；还有使得'文明'一词具备显赫而光辉内容的一切外部标识"等指标上，世界上无论哪个国家要"和中国争个高低，那是很困难的"。

总之，中华文明在唐宋之后长期领先于世界，在农业文明时代达到了人类文明的新高度，创造了持续繁荣稳定的文明奇迹。辽金元的治理技术的迭代进步，催生了明清更为完善的大一统国家形态。康熙大帝盛赞明太祖"治隆唐宋"，他称赞明成祖"远迈汉唐"，这都是中肯地评价了明朝的治理成就。而清朝统治者在前期的一个半世纪中，励精图治，开创宏业，成为中国农业文明时代复杂治理技术的集大成者，其治理智慧，在下一章里将继续申述。

第六章

古典天下型国家的完成

一、突破农业文明的天花板，算不算真功夫

中华文明从 5000 年前的满天星斗状态，到秦汉时期的中原完成第一次统一，再到唐宋之变达成诸文明板块的联结，元朝完成在东亚秩序的基本整合，清朝通过对明朝治理技术的完善升级，文明的车轮终于走到了大一统逻辑的终章——中华文明诸板块完成整合，大一统文明国家宣告达成。

为什么清朝能够完成古典天下型国家大一统这样的文明历史使命，这还得从其特殊的地位和对复杂治理技术的集成说起。

有人说，清朝能够入主中原，那是因为趁着李自成攻占北京和吴三桂开关投降的空当，乘虚而入，得了一个天大的便宜。应该说，清朝"得国甚易"（曾国藩语）不假，在李自成摧毁明王朝政权之际，插空进来，基本上没费多大劲。但入主北京者，并不意味就能坐稳江山。李自成进了北京就没能坐稳，而且清朝入关以后还维持了267年，与中原王朝维持的时间相比毫不逊色，而元朝入主中原后只维持了九十年，清朝能够长期维持统一局面，显然不是偶然的。

与明朝执政276年相比，清朝执政的时间与之基本相等，但清朝的统御面积，可是明朝无法比拟的。

明朝疆域变化很大，永乐时期是明朝版图最大的时候，面积可达900万平方千米，仁宣之后，明帝国的实际控制疆域很快收缩到500万平方千米以下。明朝中后期，其疆域基本固定在内地两京十三省，对吐蕃只是名义册封了僧官，在东北也没有能够有效控制，在西北特别是嘉峪关以西鞭长莫及，在蒙古则是对抗200多年，其实控防御线以长城为主，对长城以北难以持久驾驭。

清朝鼎盛时期面积达到1300多万平方千米，而且清朝对中国传统的边疆地区实现了很强的全方位有效控制，一直到鸦片战争前，清朝对域内各地区的管控都是坚定有效的。而且在康熙、雍正年间，中俄签订了《尼布楚条约》《恰克图条约》等，以国际惯例的形式把中国北部边疆基本划清楚了，所以，到乾隆年间，中国的边疆基本不存在大的争端问题。等到1840年鸦片战争爆发，清朝被拉入世界近代史的大潮中，清朝1300多万平方千米的广阔疆域，也成为世界各国普遍承认的领土。因为清朝对领土和边疆实现了前所未有的有效治理，为近代以来中华文明的生存发展提供了基本的舞台。

清朝对奠定近现代中国基本版图的贡献，清史权威戴逸指出：

如果没有康雍乾盛世期间的统一大业，中国就没有现在的版图，更谈不上现在的统一。而且那时候不统一，中国将是一盘散沙，在近现代遭受帝国主义侵略后势必分崩离析。

清朝在版图上实现了真正意义上的大一统，并不是轻而易举得来的，而是清朝在治理技术上实现了唐宋以来的集成创新。"汉满蒙回藏各得其所，各有不可替代的价值和功能：满蒙回藏人数少，但权重并不低；汉族人数多，但权重并不更高。它们通过大清皇帝的多元身份而获得统一，多元帝国实现了内在的均衡。"①

清朝继承了大辽开创的二元帝国技术，并又进行复杂的改造。中原地区是帝国的财政库所在，主宰了帝国的经济命脉，清朝采取汉制治理，全面继承明朝的政制，几乎未做任何改动，连皇宫也没有搬迁，康熙大帝来到明孝陵前行跪拜之礼，向汉族人宣示自己是明帝国的继承者。东北随来的八旗，是帝国军事力量的支柱，清帝国皇帝对八旗贵族采取赎买政策，以优厚的待遇养起来，不许他们插手军事指挥，克服了游牧民族军事贵族分享军权的旧习。对于蒙古族人控制的草原，清朝皇帝则以大可汗的身份出现，要求各盟旗臣服于大可汗。②清朝借用来自藏地的藏传佛教控制蒙古族部落，藏传佛教的信徒一般都会从属于某一个寺庙，牧民本身迁徙无定，但寺庙无法移动，所

---

① 施展.枢纽[M].广西：广西师范大学出版社，2018：271.
② 清朝的前身后金和蒙古林丹汗数次大战，林丹汗死后，其子额哲被后金追杀，走投无路只好于1635年投降后金，不得已献出元朝皇帝传国玉玺。原有漠北蒙古诸部都归顺后金。1636年，漠南蒙古16部46个领主先后归顺后金，皇太极顺理成章继承蒙古大汗汗位，成为"博格达彻辰汗"。从皇太极一直到末代皇帝溥仪共11帝，清朝皇帝始终都是蒙古人的大可汗。

以，信奉了藏传佛教的蒙古族牧民因为宗教信仰而相对固定了下来，这就为形成相对固定的盟旗打下了基础，清朝再对各盟旗首脑进行册封任命罢免，困扰中原王朝数千年的草原民族游击侵略的大问题，被清廷基本解决，所以康熙得意地说："一庙胜十万兵。"

信服藏传佛教的蒙古族宗教首脑的祖庭，并不在蒙古，而在西藏。而西藏的宗教领袖必须经过清政府册封方能坐床，清政府在西藏经过一系列复杂操作，既充分尊崇藏传佛教领袖的神性地位，又分化其世俗行政权力，防止教权过度干预政权。清朝的雍正和乾隆，更是在西藏原来由噶厦行驶行政权的基础上，又派驻驻藏大臣，对西藏的行政权力进行全盘监督。[①]

清朝对新疆的治理技术经过了数次迭代更新，采取以北治南的方略，伊犁将军府统摄全疆，以北疆草原区强悍的军事力量控制南疆的定居绿洲，让南疆分裂者在军事上处于被压制状态，同时，鉴于绿洲地区规模太小物产不足，其税赋也支持不了北疆的强大军事力量，所以，清政府必须从内地调拨饷银和物资以支持新疆全域的稳定秩序。"从1760年开始，清政府每年从内地调拨协饷银两200万至300万两，充作新疆军政费用。"[②]

清政府在西域转移投入巨大的财政，稳定西域和北疆治理秩序

[①] 达赖五世于清顺治九年（1652年），到北京朝觐，接受清廷的册封，更加巩固了他的地位。达赖五世死后，西藏局势不稳，清廷以安定西藏为由，派大臣驻守西藏，康熙五十九年（1720年），清廷又派兵驻守拉萨，立达赖七世成立新政府；雍正五年（1727年），清廷明定驻藏大臣制度；乾隆十五年（1750年），提高驻藏大臣的职权，西藏重要政务必须由达赖喇嘛与清廷驻藏大臣合议，才能做出决定。

[②] 施展. 枢纽［M］. 广西：广西师范大学出版社，2018：278.

后，帝国西部和北部沉寂的商贸事业重新繁荣，晋商走西口和内外蒙古跑北帮就是在这种背景下兴起的，这种商贸繁荣的局面在清朝延续两个多世纪，清朝在稳定了北部和西部之后，又相继平三藩、收台湾，大一统政治秩序空前稳固，帝国迎来了一个长达130多年的和平稳定时期，史称"康乾盛世"。

清朝是中国历史上最后的大一统王朝。在古典天下体系被迫终结之后，中国必须向现代民族国家转型。中国作为现代国际法中的一个主权国家，继承的正是清朝的遗产。清帝退位之前，清朝对外已经是代表中国的得到包括西方国家在内的国际社会承认的合法政府，清帝退位的时候，发表了退位诏书，宣告中国的国家主权从清朝向民国合法转移：

今全国人民心理，多倾向共和。南中各省，既倡义于前，北方诸将，亦主张于后。人心所向，天命可知。予亦何忍因一姓之尊荣，拂兆民之好恶。是用外观大势，内审舆情，特率皇帝将统治权公诸全国，定为共和立宪国体……总期人民安堵，海宇乂安，仍合满、汉、蒙、回、藏五族完全领土为一大中华民国。

这份清帝退位诏书由宣统皇帝发布于1912年2月12日，其确立了中华民国的两个主题，一个是建立共和政体，一个是人民制宪，实现"五族共和"。清廷顺应历史潮流和民众意愿，最终选择了和平的方式，自我终结了在中国延续了两千多年的帝制，转成共和制度。虽然是形势逼迫，但对中国从一个古典天下型国家向现代民族国家顺利转型而言，此举还是具有一定正向的历史作用。

这种国家主权的和平过渡，对外可避免列强的干涉，对内可让各族民众比较容易接受新兴的民国，因为皇帝是主动退位的，各个民族地区也可以尊奉圣旨，继续承认新成立的民国政府为中央政府。这对于在当时已经处于一盘散沙窘况的中国，在国家体制出现重大转型时，保持最大化团结，发挥了作用。

明清时期，西方的工业化运动已经兴起，工业革命和科技革命伴生而行，在西欧率先引爆，而中国为何没有赶上工业革命的第一班车？这就是著名的"李约瑟之问"。"李约瑟之问"又名"李约瑟难题"，是由英国著名科学史学家李约瑟在其著作《中国科学技术史》中提出的关乎中国科学技术发展的问题，简要来说，可理解为"尽管古代中国对人类科技发展做出了很多重要贡献，但为什么科学和工业革命没有在近代的中国发生？"

"李约瑟之问"，是一个对中国未能赶上工业文明班车的文明追问，对于探索世界文明特别是农业文明国家如何向工业文明国家演进，极具重要研究意义，对于剖析中华文明在近代以来的演进脉络和内部逻辑，亦极具研究意义。本书力图回到历史的现场，对此做一个分析。

二、没有赶上工业革命列车，是否就不算是盛世

对于康乾盛世，当代学者评价并不一致，不认可者认为，康乾

时期，西方工业革命正在兴起，海洋文明席卷全球，而大清还在天朝上国的迷思中纠缠，相比西欧国家，大清算不上强盛。著名清史学者戴逸则认为：中国有三个真正意义上的盛世，"文景之治""贞观之治"和"康乾盛世"。戴逸先生指出："不过，传统观点认为汉、唐是真正的盛世，无论国力还是文化等诸多方面都达到极盛，而清朝已经开始衰落，不如汉唐。我则以为，康雍乾盛世是中国历史上发展程度最高、最兴旺繁荣的盛世。这与传统观点不一样。"①

其实，戴逸先生和其他学者意见分歧，是文明的评判坐标不一样造成的。如果从农业文明的角度来看，康乾时期无论如何都是达到了人类世界数千年来农业文明成就的巅峰。从繁荣的时间来说，持续130多年，超过汉唐盛世，也超过世界范围的其他国家。从供养的人口来说，康乾时期中国和世界人口均呈现出快速增长的态势。中国人口从1662年的0.98亿增长至1795年的2.97亿，年均增长8.37‰；英国人口从1700年的0.069亿增加到1800年的0.108亿，年均增长4.49‰；世界人口从1700年的6.03亿增加到1820年的10.42亿，年均增长4.57‰，中国的人口增长率接近于世界人口增长率的两倍，这从另一个侧面也反映出当时中国的经济是繁荣的，能够承载人口的快速增长。

中国在农业文明时代，由于耕地限制和农业生产效率的制约，一般以1亿人口为极限，超过1亿就会堕入马尔萨斯陷阱。而清朝人口在康乾后期超过了3亿，并接着在道光年间超过4亿，这是农业文

---

① 戴逸.盛世的沉沦[J].中华读书报.2002-3-20.

明供养人口的天花板，足以反映中国在清朝时，达到了农业社会所能达到的生产力极限水平，这一成就是不能否认的。

对于中国在康乾时代人口增长能够突破前朝的天花板，并在清朝中后期继续突破4亿人口，达到不可思议的供养能力，后代学者颇多评说，这里再做一个简单评述：

其一，农作物引种说。清朝庞大的人口基数，农作物种植面积的扩大以及外来农作物和经济作物的引进是人口增长的重要影响因素。高产量农作物的引进，是清朝人口激增的现实基础。随着大航海时代来临，世界的联系愈发密切，美洲的高产量农作物玉米通过南洋商人进入中国。同时期还有土豆、红薯等许多作物来到中国，并广泛种植在中国各地。这些作物易种植，即使在贫瘠的土地上依旧有较为可观的收成，种在肥沃的土地上收成更是普通作物的数倍，这为清朝人口增长提供了粮食保障。

其二，除玉米、土豆等高产量作物的引进以外，清朝人口规模扩大还要得益于国家的统一和社会的稳定。明朝末年，天下大乱，烽烟四起，人口锐减，清军入关以后，许多人死于战乱以及屠杀，人口规模进一步缩小。不过清朝在度过初期以后，基本上没有发生过大规模战事。即使清朝在北方常年用兵，但战场主要位于北方草原，中原没有被战火波及。而且在战后，青藏高原、蒙古高原等地都成了清朝疆域。在对少数民族的关系处理上，清朝实施"改土归流"，缓和了中央与西南土司的矛盾，同时进一步扩大了人口可以活动的面积。在西北等边远地区，清朝先是进行大规模移民，在土地面积日益紧张以后，清朝则不断开垦荒地。台湾问题解决以后，清朝重新利用沿海地区，围海造田，耕地面积增多。耕地面积的大幅度拓展，对于提升供养人口能力发挥了重要的作用。

其三，清朝时科技与医学水平的进步，也是人口规模扩大的重要保证。在古代，传染性的疾病往往意味着灾难。明朝时疫病情况更加严重，尤其是崇祯继位以后，瘟疫频发，《明史纪事本末》中记载："崇祯十六年八月，上天降灾，瘟疫流行，自八月至今（九月十五日），传染至盛。有一二日亡者，有朝染夕亡者，日每不下数百人，甚有全家全亡不留一人者，排门逐户，无一保全。"清初时，疫情依旧非常严重，但随着西方传教士来到中国，带来西医，疫情逐渐得到控制。比如在康熙年间，清朝发现可以抵御天花的人痘接种法，并开始大规模普及，死在天花等传染病下的人数大幅下降。

其四，在明朝末年时，小冰河时期来临，全世界都陷入严寒当中。同时期的欧洲发生粮食危机，日本不断发生民变，明朝则频发自然灾害，世界人口数量都在这一时期锐减。然而在清朝建立以后，小冰河时代却随之结束，万物开始复苏，土地肥沃，气候温暖，极其适宜农业耕种。清朝统治者亦抓住机会，在这一时期改革赋税制度，先是继承明朝的"一条鞭法"，随后康熙宣称"圣世滋丁，永不加赋"。雍正时清政府采取"摊丁入亩""地丁合一"的方法，一体征收，废除了以前的人头税。清朝的税制改革减轻了少地农民的负担，抑制了土地兼并，解放了生产力。在这种情况下，百姓由于不再有人头税，自然敢于多生，也有能力多生，于是人口规模不断扩大。

剖析以上四点，对于执着于批判康乾时代中国封闭落后的刻板印象，有良多反讽：

首先，如果说明清以来特别是清廷坚持闭关锁国，何以有来自美洲的玉米、番薯、土豆、辣椒等重要农业作物引进到中国，并得到了史上最大规模的生产与推广？既然闭关锁国，这些好东西应该被拒之门外才是。可见，清廷对于有利于国计民生的外来事务，不但不排斥，反而大加鼓励。明清时期，传入中国的美洲原产作物有玉米、番薯、马铃薯、木薯、花生、向日葵、辣椒、番瓜、西红柿、菜豆、菠萝、番荔枝、番石榴、油梨、腰果、西洋参、番木瓜、烟草等近30种，这些作物的大规模引种推广，没有朝廷持续的支持，是不可想象的。康熙大帝对于西方的科学技术持虚心学习的态度，他在日理万机之余，热心求教于来华的西方传教士，向他们学习西方的自然科学知识。他所学习的内容，从天文、历法，到数学、医学，乃至于地理学、物理学、化学，等等，涉及多个领域。曾经在康熙身边讲授过多年科学的法国传教士巴多明（他也是法兰西皇家科学院的院士）这样评价康熙："他对自己的知识不加任何限制，亚洲所有君主中从未有任何人像他这样热爱科学和艺术。"在治理黄河的工程中，康熙就曾经亲自使用从西方学到的仪器进行了测量和计算，并将所获数据用于施工。这种皇帝亲自使用科学实证方法实地指导治河工程的事情，在中国历史上可谓前无古人。如此热衷西方科技学习的最高统治者，除了彼得大帝，世界历史上恐怕也没有第三人。所以，后人对清朝的盲目自大、闭关锁国的刻板印象，也应该根据历史事实加以辨析。

其次，清朝不重视科学技术，为何倾尽全力提升医疗技术，组织举国力量对抗大型传染病？

天花作为最古老也是死亡率最高的传染病之一，传染性强，病情重，重型天花病死率约为25.5%。康熙即位后，意识到天花对清朝的威胁，必须采取强力措施控制天花的蔓延。他在北京设立专门的"查痘章京"，向八旗普及和提高防范天花的事宜。对"其出洋贸易回国家，官阅其人有痘发，则俟平复而后使之入"。这一制度延续到嘉庆年间，查痘范围扩大到来华商船，成为中国最早的检疫制度，同时，清廷在太医院成立痘诊科，广征名医，加大治疗天花的力度。随着人痘接种法日益成熟，康熙不仅大力向民间推广，还命皇子在年幼时全部种痘。此后，"康熙时，俄罗斯遣人至中国学痘医"。18世纪初，土耳其自俄罗斯引进人痘接种法，并且改进为针刺法。1721年，英国驻土耳其大使夫人玛丽·蒙塔古将种痘法带入英国，在当地颇为流行。1798年，英国医生琴纳在针刺法的基础上，发明了牛痘接种法。直到20世纪上半叶，人痘接种法依然在民间盛行。康熙帝在《庭训格言》中写道："国初人多畏出痘，至朕得种痘方，诸子女及尔等子女，皆以种痘得无恙。今边外四十九旗及喀尔喀诸藩，俱命种痘；凡所种皆得善愈。尝记初种时，年老人尚以为怪，朕坚意为之，遂全此千万人之生者，岂偶然耶？"看来康熙对自己的操作很满意。清廷为人类对抗遏制天花病毒做出了重大贡献，这是不容抹杀的。如果说清政府对先进科技一概排斥，恐怕也不是事实吧。

清朝康乾盛世达成了全国治理的大一统，延续了接近1个半世纪的持续社会稳定，养活了全世界三分之一的人口。据估计，1804年时，全球人口接近10亿，中国约为3亿，这是有史以来，到工业社会来临之前，单一国家养活人口的最高纪录。中国的耕地面积排名世界第四，约为全世界耕地面积的7%，但长期养活着全世界超过四分之一的人口。在农业文明时代,中国长期占据生产能力第一名的位置。①

在随之而来的工业文明时代,中国逐渐落后了,生产力水平逐步退出世界第一阵营,造成被动挨打的屈辱局面。这一切究竟是中华文明本质落后的过错,还是中国拒绝走殖民化道路造成市场空间的内卷的原因?

这个问题,是一个历史的公案,需要回到历史的现场进行客观分析。

三、不搞大航海,为何造就了"白银帝国"

如果将历史的时钟回拨到1500年,人们就会发现,那时,相比东方,其实西方并没有任何优势。

整个东亚,仍然处于以大明为中心的朝贡体系之下,假如此时从太空看地球,大约看不出短时间会有世界格局大改变的迹象。

1500年的中国正处在大明王朝时期,此时正是大明弘治十三年,明孝宗朱祐樘在位。

史载明孝宗为人宽厚仁慈,躬行节俭,不近声色,勤于政事,重视司法,广开言路,并称其统治时期为"弘治中兴"。《明史纪

---

① 全世界耕地面积前三名为印度、美国和俄罗斯,以上排名参照2020年联合国粮农组织数据。

事本末》将明孝宗比之汉文帝和宋仁宗，并称这三位皇帝为三代以下最贤之主。明孝宗时期的大明军力同样不弱，公元1497年，明孝宗力排众议，令马文升出兵大败吐鲁番军，收复哈密。

亚欧大陆的中部由伊斯兰世界统治。此时，奥斯曼的苏莱曼大帝、波斯的阿巴斯大帝、莫卧儿的阿克巴大帝并称伊斯兰世界最有影响力的三大帝王。此时的伊斯兰世界对待宗教是宽容的，奥斯曼帝国的基督徒可以与伊斯兰教共存，莫卧儿帝国除了统治阶级，底层依然是印度教。就在不久前的1453年，奥斯曼帝国攻占东罗马帝国首都君士坦丁堡，将其改为伊斯坦布尔，奥斯曼帝国此时处于帝国最伟大的苏丹——苏莱曼大帝统治时期，其在欧洲、亚洲、非洲三个方向均不断扩张，此时的地中海、红海、波斯湾均处于奥斯曼海军控制之下。随着君士坦丁堡的陷落，面对势不可当的奥斯曼帝国，欧洲人是绝望的。

此时的西欧，英国、法国、西班牙、葡萄牙先后成为独立的民族国家，蓄势待发，西班牙的哥伦布、葡萄牙的达伽马和麦哲伦开始了全球范围的航行。德国，此时处于神圣罗马帝国的统治之下，支离破碎，既不神圣，也非罗马，更不是帝国，德意志的统一还要再过370年才能完成。意大利则仍然处于教皇的统治之下。

与古罗马时期相比，中世纪欧洲的生产力和人们的生活水平不仅没有提高，还有所倒退。中世纪的欧洲人相比罗马人生活更加简陋，常常连对谷物的需求都无法得到满足。但是，他们对香料的需求却一点也没有减少，这是因为当时没有冷冻技术，欧洲人习惯吃的腌肉容易变质，如果没有香料调味，腌肉的臭味就会让人大倒胃口。"要是没有香料，教皇的饮食也比农夫好不到哪里去。"而来自东方的香料，其商贸通道已经被奥斯曼帝国阻断和占领。

来自东方的商品不仅昂贵，而且价格还在不断上涨。如今，人们几乎无法想象当年这些香料价格暴涨的情形。今天的一小瓶黑胡椒，在中国超市售价不会超过 20 元，在西餐馆里，每个餐桌都会放一瓶给大家免费使用。但是在中世纪末，黑胡椒可是按照颗粒计价的，贵如黄金白银。由于胡椒价格坚挺而且只涨不跌，当时欧洲的许多城市和国家把它像贵重金属一样当作支付手段和征税的方式。商人们用胡椒购买土地，市民们则把它当作嫁妆。胡椒甚至包括姜、肉桂和樟脑，要用珠宝首饰店的天平来称量。

马可·波罗的游记已经在此时的西欧广泛传播，东方有一个黄金国度在向欧洲商人招手。从陆路打通往中国的商路已经几乎不可能，西欧人面对强劲彪悍的奥斯曼帝国，已经屡战屡败。剩下的出路只有一条，那就是往西打通航路，找到与东方中国联通的新路，大航海时代就是在这样的背景下展开的。

所以，大航海时代从欧洲最不起眼的葡萄牙开始，是因为当时最贫穷、最偏僻的葡萄牙，处境最为困窘。葡萄牙位于欧洲大陆最西南端的伊比利亚半岛，即使在地中海航行畅通无阻，货物从遥远的东方运抵葡萄牙，也会变成全欧洲最昂贵的。因此，这个欧洲当时的贫穷小国，最有动力去寻找新的航线。

鲜为人知的是，被公知们吹上天的哥伦布，既没有找到香料，也没有找到黄金，更没有找到印度和中国。在巴哈马群岛诸岛上转了一圈后，哥伦布决定返航，临行前他从岛上采集了点有香味的植物以为是香料肉桂，又强拉上了几个印第安人，证明他到了"日本"。他返航的经历比到达美洲还不顺利,先是一条船损坏了,于是不得不留下一半的船员在美洲的海岛上,这些人最后无一生还;快到欧洲时,他又遇到新的麻烦,剩下的两条船也走散了,他的船被吹到了葡萄牙海岸。[①]

从哥伦布发现新大陆算起,在接下来的100多年里,海洋是伊比利亚半岛的两个王国葡萄牙和西班牙的天下。中国虽然在郑和之后不再尝试远洋航海,却是大航海时代经济上的受益国,这主要靠和欧洲人的海上贸易。仅就中国与西班牙的贸易来看,在中国的明代,西班牙为了购买中国商品,主要是瓷器,就用去了它在美洲所搜刮的三分之一的白银,大约一亿两千万两,按照购买力计算,相当于1990年的5000亿美元。

这样看起来,郑和无法继续大航海的另一种更合理的解释是,郑和航海成本巨大,且无法在东南亚和印度洋地区找到合适的贸易伙伴,因此,航海收益与成本不成比例。而葡萄牙和西班牙开辟新航路之后,大明王朝与西、葡还有后来崛起的荷兰、英国,在中国的海洋上达成了空前规模的国际贸易。

据《白银帝国》等著作的描述和统计:随着新大陆的发现,欧洲开始了大规模殖民美洲,并且因为世界贸易以"金银铜"为主要货币,贵金属热开始兴起,欧洲人对于黄金、白银的热爱逐渐开始疯狂起来,当然,这也为美洲大陆的土著带来灾难。当时中国出品的瓷器、丝绸、茶叶、铁器等极受欧洲人欢迎,而欧洲又没有良好的足够吸引明朝百

---

① 关于中世纪欧洲和哥伦布航海的介绍,参见吴军《文明之光》(北京:人民邮电出版社2014年版)。

姓的商品，只能以白银进行采购，根据统计，明神宗万历元年（1573年）至明思宗崇祯十七年（1644年）的72年间，全世界生产的白银总量的三分之一涌入中国，共计约3.53亿两（这是保守估计，后来重新估计约为5亿两），有力地促进了明朝国内经济和社会的发展，促进了民生改善和社会进步，也为明朝中国商人积极参与当时已经建立起来的东亚及太平洋贸易圈，提供了施展才华的机遇和舞台。而且，这也间接挽救了大明中后期的经济形势，明朝的民间对于宝钞极为不信任，铜钱稀少，又难以满足大宗商品的采购，虽然官方没有正式承认白银替代宝钞，但当时白银已经成为主要货币进行流通。终于，在张居正实行"一条鞭法"之后，白银成为大明王朝的主要流通货币，中国由此进入"白银时代"。[1]

经济学家朱嘉明也认为，白银成为中国主要的流通货币，16世纪40年代是重要的拐点。中国从此开启了奉行长达500年左右的实银通货或者"称量货币"，即"自由银"货币制度。而这种"自由银"货币制度强烈地刺激了巨大的白银需求，中国开始成为世界上对白银需求最大和吸纳全球白银资源最多的国家。[2]

中国通过海上贸易参与并主导了世界主要贸易市场，成为当时世界上最大的经济体，让整个世界市场围绕白银运转，形成了中国这个"白银帝国"为中心的世界经济贸易体系。

---

[1] 关于明清时代，白银如何成为中国主要流通货币，介绍最为详细的是徐瑾《白银帝国———一部新的中国货币史》（北京：中信出版社2017年版）。
[2] 徐瑾.白银帝国———一部新的中国货币史［M］.北京：中信出版社，2017.

四、明清反对自由贸易吗

清朝沿用了明朝的白银货币制度，所以清帝国从来不排斥海外白银流入。从大清立国到鸦片战争前夕，清朝对国际贸易是持开放和鼓励态度的，这其中的动因，当然是与中国市场对白银的强烈渴望有关，有谁会跟银子有仇呢？

从清朝入主中原到19世纪上半叶，中国一直稳居世界经济总量第一的位置，其中不仅仅源于中国人口的增长，也源于中国深深卷入了全球经济贸易体系。原因就在于中国是当时的"世界工场"，是瓷器、丝绸、茶叶等主要世界商品的垄断者，也是全球白银的终极"秘窖"。

历史事实也证明，第一次鸦片战争爆发，最直接原因不是清朝闭关锁国，而是清朝长期对英国保持贸易顺差。这种贸易顺差，从康熙年间开始持续长达上百年。一直到19世纪初，中国还顺差2600万银圆。英国人写的《东印度公司对华贸易编年史》就记载了清朝对英国上百年的贸易顺差。

清朝有粤、江、浙、闽四大海关，其中广州专门对英国贸易。从清朝入关到第一次鸦片战争期间的196年里，除开其中39年的海禁，其余157年清王朝均对外开放贸易。通过上百年贸易顺差，清朝赚取了几亿两白银。英国不满贸易逆差，更反感清王朝躺着赚钱，但该国试图制定的不公平条约又被清王朝拆穿，在这样的情况下，英国人玩起了阴招。到最后英国人想出了向中国输出鸦片的办法，到了1828年至1836年，清朝和英国贸易出现逆差，达3800万银圆，而英国政府则因此多了400万英镑的收入。这才有了清朝虎门销烟和英国发动第一次鸦片战争。换句话说,英国是因为自由贸易竞争不过中国,才想出了贩卖鸦片的罪恶勾当,清朝反对英国对华输出鸦片,被迫开展禁烟运动,英国就对清朝宣战,鸦片战争由此爆发。

从以上诸多事实可以看出来,清朝并不完全反对通商贸易,而且在广州十三行维持了长达 200 多年的稳定国际贸易。但清朝的确反对不公平贸易,更不可能支持贩毒合法化。清朝为了维护经济主权,打击贩毒买卖,减少走私行为,进行必要的自卫和治理,这有什么不对吗?

更何况在大英帝国已经开始第一轮工业革命的情况下,清朝依然保持对英国贸易的强势顺差,这只能说明英国的商品在中国缺乏竞争力,而中国人生产的商品对英国人充满吸引力。这种自由的贸易竞争,为什么英国人反而反对呢?

至于中国为什么在明清之交没有产生工业革命,没有搭上第一班工业文明的快车,其中的一个重要原因并不是中国人不接受自由贸易,而是世界范围缺少能充分接纳中国商品的大市场。本书下一章将继续进行辨析。

… 第七章 …

无与伦比的中国工业革命

一、没有殖民就没有英国工业革命

第一次工业革命为什么偏偏发生在英国？英国的工业革命为什么首先发生在纺织业？

在了解工业革命为什么没有发生在中国之前，先得分析工业革命为什么发生在英国，而不是与之比邻、生产力水平与之极为接近的法国与荷兰，而且现代科学革命是从伽利略开始的，而科学革命为什么没有产生在伽利略的祖国意大利呢？

"英国工业革命并不是像传统文献经常讴歌的那样仅仅由技术文明本身驱动；相反，它主要由巨大的市场和市场竞争，首先是纺织品市场和纺织企业间激烈的市场竞争所驱动。"《伟大的中国工业革命——"发展政治经济学"一般原理批判纲要》的作者文一教授在细致分析工业革命发生的逻辑的时候,揭开了一个巨大的秘密:有了十分广阔的殖民地之后,英国国内外对商品有了极为巨大的市场需求,只要有合适的商品,就不愁没销路。而纺织品因为其特殊的商品性质,最合适成为规模化生产的商品。①

纺织品的特殊性:其一,衣食住行是人类最基本的四大需求,纺织品是全球人的刚需;其二,在所有的天然衣服纤维中,棉纤维最具柔韧性最容易被机器控制,且轻便柔性,便于运输;其三,与其他轻工消费品相比,纺织品市场潜力最大,既可做材料又可做最终消费品,且分割性强,收入弹性奇高;其四,棉纺织业劳动轻便,对劳动力要求不高,妇女儿童也可以干,对劳动场所要求也很低,更容易利用低成本工具实现机械化。所有这些条件都说明,棉纺织品适合成为大型工业化的引爆点。

但是,从元朝开始,中国本土就有棉纺织业,中国作为全世界优秀的棉花产地,对棉布也有刚需,为什么中国的棉纺织业没有成为引爆点呢?②

早在工业革命之前,英国政府帮助培育英国在全球的纺织品市场已有数百年,至少从伊丽莎白一世(1558—1603年在位)开始,甚至

---

① 本书关于工业革命的许多论述,引自文一《伟大的工业革命——"发展政治经济学"一般原理批判纲要》(北京:清华大学出版社2016年版)。
② 中国引种棉花的时间很早,元朝时候已经在中原普遍种植。元朝元贞年间(1295—1297年),黄道婆从崖州回到乌泥泾(今上海市)。回到家乡后,她看到家乡的棉纺织技术十分落后,就根据当地棉纺织生产的需要,总结出一套融合黎族棉纺织技术与当地纺织工艺为一体的完整新技术,黄道婆引进先进的棉纺织技术后,松江府以及整个长三角地区一跃而为中国著名的棉花种植基地、棉布纺织中心。

更早。到18世纪初，英国已经创建了欧洲最大的纺织品市场，并拥有数量最多的纺织品原始工业。到18世纪中期，英国推动传统毛纺业向棉纺业的革命性转变，还通过了《曼彻斯特法案》。到1750年时，除了印度以外，英国已经产出了最多的纱线、衣服和其他纺织品。

英国政府对于纺织业市场的保护可谓不遗余力：英皇爱德华三世（1327—1377年在位）只穿英国产的布料，并为国人做出示范，同时禁止英国市场进口其他地方的毛纺织品。1536年前，英国通过一系列法律禁止出口未完成的衣服，目的是将纺织品的利润完整留在国内。直到1587年之后，英国具备了明显的竞争优势，又完全禁止生羊毛出口，目的是对法国和荷兰制造更大的竞争优势。为了开辟新的市场，伊丽莎白一世派出贸易特使去见俄罗斯、莫卧儿和波斯帝国的国王或执政者。"英国为建立其海上霸权，经常将新的市场作为自己的殖民地和垄断市场。"

工业革命前夕的18世纪20年代，英国东印度公司每年从印度为大英帝国进口150万磅棉花。销路打开之后，到18世纪末，这个数字增加到3000万磅，增长20倍。由于在亚洲进口的棉花仍然无法满足市场需求，英国殖民者便在美洲使用黑奴种植棉花。1760年时，英国生产的棉布三分之一用于出口，到18世纪末，这个份额上升为三分之二。[①]

由此可见，经过近300年的殖民开拓，英国在18世纪末已经占

[①] 英国纺织业发展的数据，参见文一《伟大的中国工业革命——"发展政治经济学"一般原理批判纲要》（北京：清华大学出版社2016年版）。

据了全世界最广大的殖民地和新市场。在此期间，英国经过近300年的技术积累，在纺织业当中占据了优势地位，这才催生了世界上最大的市场需求，发端于纺织业的蒸汽机应用由此引爆。

然而，有了巨大的市场需求并不能保证在市场中永久的竞争地位，一向标榜自由贸易的英国又是怎么做的呢？

在棉纺织领域，作为世界上最大的棉花生产地的印度，因为英国对其有巨大的原材料进口需求，英国是否对这个殖民地给予自由贸易身份呢？

史料显示，即使到19世纪初，印度对英棉织品只征3.5%的入关税，而英国对印度棉织品则征70%~80%的入关税。这就是自由贸易的真相——当比较优势明显时，要求自由贸易；当比较优势不明显时，就炮舰开路，甚至武装贩毒。①

到1900年的时候，英国本土大约3900万人口，却控制着拥有超过3.8亿人口的殖民地。同时期的中国清朝，拥有4亿人口，没有海外殖民地。英国可以将工业品倾销到广大殖民地和新市场，而中国即使有了优势工业品，又能倾销到哪里去呢？

英国利用第一次工业革命巩固了自己的竞争优势，随后开始以贸易自由的名义在全球开拓市场。1776年，亚当·斯密的《国富论》出版。这部著作奠定了资本主义自由经济的理论基础，也成为英国人

---

① 英国在亚洲的殖民以印度为主。1600年英国人成立了东印度公司，通过一系列的争斗，英国占领了印度。在所有的殖民地中，印度也是对英国"贡献"最大的殖民地，单从孟加拉国一个地方，英国人就弄到了十亿英镑以上的财富，十亿英镑在现在可能不算多，但在当时可是一笔巨款，这笔钱要是放在现在肯定不下千亿英镑。整个印度，在18世纪和19世纪，几乎为英国贡献了40%的GDP，可见印度殖民地对英国有多重要。

向全球开拓市场的"圣经"。

贸易自由的原理源于比较优势,贸易双方各有自己的优势领域,通过交换,可以促进彼此效益的最大化。这个原理初看起来没有问题,但笔者根据此原理却发现,如果比较优势占绝对优势的一方在贸易中,便会出现收益差距越拉越大的问题。(见表上编－1)

表上编－1 贸易比较优势分析

	A	B	收益总和
比较优势	1	1	2
比较优势	1	100	101
比较优势	1	1000	1001
比较优势	1	10000	10001

从表上编—1可以很容易发现,如果比较优势为1的A方,与比较优势为1的B方,双方自由贸易的总收益为2,这肯定是双赢的结果。但是如果A方的比较优势依旧为1,而此时的B方比较优势已经变成10000,这样展开自由贸易。其结果是交换总收益达到10001,而A方只得到了1,B方则能得到10000。这种自由贸易后获得收益差之悬殊,亚当·斯密可没有提醒您。换句话说,通过工业革命,掌握生产效率优势的一方,会在自由贸易中获得较大的收益,而生产效率劣势的一方,会在自由贸易中只能得到较小的收益。

所以,在这种所谓的自由贸易中,占据优势的一方,肯定会不顾一切地要求劣势的一方打开市场,允许"自由贸易"。同时,占据优势的一方,一定会千方百计巩固扩大自己的比较优势,对于竞争对手,必须无情打压，对于交易中弱势一方，必须防止其开发新的比较优势，这样才能保证己方的比较优势不被对方抵消。

英国发生工业革命的逻辑由此可以简单地做一个总结了：

通过占据最广阔的殖民地和控制世界贸易航路，开发出了最大的市场需求，利用最大的市场需求，催生出了最先进的生产能力——工业能力。利用最强的工业能力，巩固扩大贸易比较优势，获得最多的贸易盈余。在贸易中获利之后，积累的资本用于扩大工业生产和提升工业能力。

当市场需求和生产能力达到一个正向循环的时候，一个国家的工业革命就进入了快车道。

"之所以是英国而非荷兰最先开启了第一次工业革命，根本原因是17—18世纪的英国政府成功地为英国创造了当时世界上最大的纺织品市场和对大英帝国而言全球最大的安全贸易网络。"文一教授的这一结论，不但回答了英国何以第一个实现第一次工业革命的问题，而且也间接回答了中国何以在明清时期不可能引爆工业革命的问题：中国政府没有可能创造世界上最大的纺织品外销市场需求（因为中国不可能展开大规模殖民和向殖民地展开剥削），中国政府也没有可能打造出控制全球海洋的贸易网络（因为中国直到清朝才完成大陆文明的整合，对海洋的整合才刚刚开始）。更加直白地说，中华文明作为一个天下型文明，对于域内的人群已经不可能展开殖民统治，对于贸易对象，也不可能采取炮舰政策，这是由中华文明的内在根性决定的。换句话说，中华文明可以打造出中华帝国，但无法产生出中华帝国主义。后人要求郑和下西洋像西欧国家那样搞殖民掠夺模式，压根儿就不符合中华文明的本性，也与中国长期奉行的天下主义格格不入。

如果研究18世纪以来的世界经济史，可以发现，两次工业革命均发生在欧美的强政府国家，它们通过建立民族国家，加强了政府的权威，使得国家动员能力与效率远远高于传统的低赋税国家，让民族国家有能力持续发动对外掠夺战争取得原始积累，更多的原始积累又有助于推动本国的工业化，这种战争资本主义构成了近代工业化的正向循环，即越能打的国家就越有能力开拓市场取得资本积累，越多的资本积累就能越快地推动工业化从而促进战争能力的提升，最后，几乎所有的工业化强国都会向帝国主义方向演变。两次世界大战在这种帝国主义的互相竞争中发生，就是出于这个逻辑。

现在看来，明清两朝的国策确实存在严重的失误，这种失误不是因为不对外开放市场或者不支持自由贸易，恰恰相反，由于过度开放市场与不注重对本国产业的保护，国家缺乏对贸易比较优势的保障和培养，也没有认清资本主义的战争与贸易并行的逻辑，在财政与金融政策上没有树立国家主权，任由外国进口的白银自由流通取代法定货币，而未曾建立国家主权货币，丧失了维护国家经济利益的最大工具。中国学者姚中秋在《世界历史的中国时刻》一书中对这段历史做了这样的总结：大体可以说，明清两朝的失误是政府管得太少，未能有效地控制贸易与世界体系，使之对自己的好处最大化而规避其风险。中国近代的困境，即由此而来。①

---

① 姚中秋.世界历史的中国时刻[M].海口：海南出版社，2019：67.

二、应对"三千年未有之大变局"

"臣窃惟欧洲诸国，百十年来，由印度而南洋，由南洋而中国，闯入边界腹地，凡前史所未载，亘古所未通，无不款关而求互市。我皇上如天之度，概与立约通商，以牢笼之，合地球东西南朔九万里之遥，胥聚于中国，此三千余年一大变局也。"清同治十一年（1872年）五月，李鸿章在《复议制造轮船未可裁撤折》中向朝廷如此建言。这也是"三千年一大变局"最早的出处。

李鸿章为什么提出中国已经面临三千年未有之大变局，究其根本，就是中国文明面临着三千年来从未有过的巨大挑战：

首先，中国所处的地理环境是东亚大陆，虽然也面临海洋，但是长期以来中华文明是以陆地作为最重要生产基地的。海洋从来就不是主要的生产基地，仅仅作为贸易通道，起到互通往来的作用。中国从来没有将海上作为主要生产资料和生活资料来源，也不依赖海上贸易养育百姓。从陆权的角度上说，中国是典型的陆权国家，对付海上安全威胁，也是以陆制海。尽管在元朝和明朝的时候，中国也拥有中古时期最强大的海军力量，但来自海上的经济输入不足以养活耗费巨大的海军，所以，海军难以作为大陆帝国的常备军而被长期供养。关于中国为什么不发展强大海军，其实明太祖朱元璋有一个很经典的论述：

四方诸夷，皆限山隔海，僻在一隅，得其地不足以供给，得其民不足以使令。若其不自揣量，来挠我边，则彼为不祥。彼即不为中国患，而我兴兵轻犯，亦不祥也。吾恐后世子孙倚中国富强，贪一时战功，无故兴兵，致伤人命，切记不可。

——《皇明祖训》

朱元璋在这段告诫子孙的祖训中说得很直白：中国周边的海上邻居，得到他们的土地不足以搞生产，掠夺他们的人口不足以供驱使。他们能够保全自己不来侵略中原，中国就知足了。中国有什么必要去兴兵征服，以致造成巨大的军事成本呢？

这段文字中，其实还包括中华文明两个根深蒂固的价值观：一是文明平等。中国人认为，四海之内皆兄弟，殖民和奴役他人是不道德的，是不能被接受的野蛮行为。二是和平可贵。中国人认为，兵为不祥之物，即使军事上取得胜利，也因为损失人命而不祥。所以，只要不被侵略，就不用主动发动刀兵。

所以，中国作为一个大陆文明国家，以保境安民为主责主业。海洋可以作为一个贸易往来和文化交流的通道，但不能作为一个侵略和殖民的军事基地。在大陆和平文明遭遇到海洋殖民文明的直接冲突之后，李鸿章和他同时代的中国人首次面临着一个从未有过的重大挑战：如何抵御来自海洋的强大殖民力量？简而言之，这是大陆文明和海洋文明的一次迎头碰撞。

其次，中华文明几千年来一直是一个农业文明，以农耕为主，有少量的游牧、渔猎和海上贸易，而且中华文明通过对其他生产方式的整合，已经在明清时期完成了域内各文化板块的整合，农业生产力达到了农业文明的极限。当西方工业国家携效率高于农业文明（主要指手工业）上百倍的工业品前来倾销时，中国本土的商品如何能拥有比较优势？更进一步说，因为有工业能力的加持，西方军事力量已经对大清形成降维打击。虽然也想御敌于国门之外，但军事防御力量已经落后，大清要维护自己的贸易自主权已经不可能了。换句话说，与工业国家做生意，做不过（比较优势很少）。不想与工业国家做生意，又打不过（西方海洋文明持剑经商，对不开放的市场就采取炮舰政策）。农业文明与工业文明在李鸿章的时代，已经展开了正面竞争，这也是三千年来，久处于农业文明的中国头一回遇到的占有压倒性优势的对手，他们又该如何自处呢？

必须指出的是，工业文明并不是一个神秘的文明，工业文明也是在农业文明时代脱胎而出的，其与农业文明相比，主要体现为三个特点：一是利用的能源发生改变，农业文明主要以人力为主，辅之以畜力和简单的风力和水力，工业文明则主要使用化石能源和电能，能源使用效率的极大提高带来生产效率的极大提高；二是生产协作规模改变，农业文明以小农家庭为主进行生产协作，小农经济为主要组织方式，工业文明以大工厂为主进行生产协作，大工厂和大企业为主要组织方式；三是交易范围改变，农业文明的交易范围有限，交易成本较高，交易品种较少，工业文明的交易范围可以覆盖全球，交易成本大大降低，交易品种极大丰富。

工业文明的演进带来了生产关系的必然调整，原来从属于农业生产方式的社会形态必然发生改变。作为工业生产主体的资本家群体在西方社会崛起，由此将西方封建社会演进至资本主义社会。但也必须明晰的是，资本家群体在西欧社会里适合担任那个时期工业协作形态的组织者角色，而不是只有资本家才合适担任这样的角色。

在西欧进入中世纪末期的时候，随着城市的壮大，人们对于自身的自由开始有了追求，希望建立完善的城市自治制度，保障市民的财产自由、人身自由和贸易自由。但是这种意图遭到了封建领主的阻碍，中世纪欧洲的各种势力，无论是大贵族、国王还是教会都希望控制城市，借由城市的财富实现自己的政治目的，因此往往借由各种手段来干预城市管理甚至控制城市。

西欧社会从中世纪以来，封建领主制既架空了国王的权力，又控制了农民的自由。只有在少数城市，少数资产家族通过赎买，换得了一定的自主。为了对抗外部势力（包括外部领主、教皇等）的干预，实现城市的自我管理，这些城市资产者与封建领主展开了激烈斗争，开始运用自己的财富成立军队，建立组织，对抗封建主的军队。从10世纪城市开始兴起到18世纪，城市资产阶级与封建领主、教皇的斗争陆陆续续持续了800多年，从开始从属于封建主，到后来摆脱封建主的控制，进而与封建领主平起平坐，再到最后终结封建领主的统治，城市资产阶级最终与国王结盟，取得了政治主导权力。

马克思在《共产党宣言》中非常清楚地描述了资产阶级诞生的过程：

从中世纪的农奴中产生了初期城市的城关市民；从这个市民等级中发展出最初的资产阶级分子。

美洲的发现、绕过非洲的航行，给新兴的资产阶级开辟了新天地。东印度和中国的市场、美洲的殖民化、对殖民地的贸易、交换手段和一般的商品的增加，使商业、航海业和工业空前高涨，因而使正在崩溃的封建社会内部的革命因素迅速发展。

以前那种封建的或行会的工业经营方式已经不能满足随着新市场的出现而增加的需求了。工场手工业代替了这种经营方式。行会师傅被工业的中间等级排挤掉了；各种行业组织之间的分工随着各个作坊内部的分工的出现而消失了。

但是，市场总是在扩大，需求总是在增加。甚至工场手工业也不再能满足需要了。于是，蒸汽和机器引起了工业生产的革命。现代大工业化代替了工场手工业；工业中的百万富翁，一支一支产业大军的首领，现代资产者，代替了工业的中间等级。

由此可见，现代资产阶级本身是一个长期发展过程的产物，是生产方式和交换方式的一系列变革的产物。

正如前文所述，中国在明清时期具备发展大型商贸的能力，中国在与英国、法国、荷兰、西班牙和葡萄牙等海洋强国的贸易中并不落下风，且长期保持顺差地位，就是明证。但商贸大国并不一定能催生工业革命，这取决于国家是否有能力催生出一个足够容量的有效市场需求，这一点在18世纪只有英国才能做得到，所以英国成为第一个进行工业革命的国家，而同为海洋贸易强国的法国与荷兰，都未能做到这一点。这就解释了中国在明清时期尽管有很强的科技能力和自由的民间商品经济，但依然无法催生出工业革命的原因。

到了19世纪中后期，两次鸦片战争狠狠地打击了清朝政府的权威，贸易冲击带来的经济失衡又引发了激烈的社会动荡（如太平天国运动），大清既无法抵御来自西方国家的军事冲击，又无法保护自己不搞贸易自由化的经济主权，剩下的道路唯有一个——实业自强，通过工业化运动强化自己在贸易中的比较优势，并利用工业技术加强军事武装能力，简称"富国强兵"。这就是中国近代以来第一次工业化运动——洋务运动产生的时代背景。

至此，李鸿章和他同时代的中国人都找到了应对"三千年未有之大变局"的唯一对策——开展中国的工业化运动。

三、最苦难的工业化道路

中国与西方海洋强国的接触时间，其实远在洋务运动之前。以葡萄牙人于1553年（明世宗嘉靖年间）开始在澳门居住计算，到1872年李鸿章等大搞洋务运动时，已经过去了300多年。

在此期间，中国凭借着在农业文明时期卓越的表现，基本保持了与海洋强国与工业强国的贸易平衡，甚至在大多数时间内保持顺差，这足以证明中国和中国掌控的东亚儒家文明圈，在贸易公平的情况下，是有一定的比较优势的。

但是，工业革命的兴起快速打破了这种贸易平衡局面。工业革命带来了比农业文明规模高百倍的生产效率，使得殖民地和倾销市场成为工业国家最稀缺的资源，也是其争夺的焦点。到19世纪后期，世界上最大的具有密集人口和硬通货存量的市场，只剩下东亚地区。在两次鸦片战争的同期，1853年美国海军准将培里率舰队强行驶入日本江户湾的浦贺及神奈川（今横滨）。在美国的武力胁迫下，幕府接受了开港要求，于次年签订"日美亲善条约"（日美神奈川条约），日本被迫同意开放两港口，条约还允许美国在上述两港派驻领事，并享有最惠国待遇。不久，英、俄、荷等国援例而至，也和日本政府签订了类似条约。东亚秩序中的第二大经济体日本，也被迫成为西方国家的倾销市场。日本的明治维新由此开始，其实质也是要走工业化道路。

日本要走通工业化道路，就必须找到能支撑起工业化生产销路和原材料供给的殖民地与倾销市场，与日本最相邻的琉球、朝鲜和中国，便成为其侵略掠夺的不二选择。就在日本处心积虑筹划大规模侵略中国及其藩属国的时候，伴随英国工业化运动而崛起的欧美工业大国如法国、德国、美国以及沙俄，都对清朝发起了不间断地胁迫和侵略，目的就是让清朝以及清朝控制的东亚地区成为其殖民地和倾销市场。可以说，在李鸿章主持清朝外交事务时期，中国面临着世界所有工业大国同时发起的掠夺压力。清朝的四面八方同时狼烟四起，清朝的内部因为西方买办资本主义的渗透，也已经四分五裂。李鸿章自称是清朝的"裱糊匠"，在四面透风的房间里，拆东墙补西墙，拿着几张纸手忙脚乱补漏洞，确实是形象的自况。1894年，清朝与日本发生甲午海战，清朝北洋水师全军覆没。次年，签订《马关条约》。日本获得巨额赔款，从而为其实现工业化赚到了确立金融财政的储备金，并使得日本军队在东亚进一步侵略扩张有了雄厚的军费，日本由此成为中国在东亚实现工业化最凶恶的敌人。

《马关条约》规定，中国承认朝鲜"完全无缺之独立自主"，实则承认日本对朝鲜的控制；中国将辽东半岛（后被赎回）、台湾岛及所有附属各岛屿（包括钓鱼岛）、澎湖列岛割让给日本；中国赔偿日本军费白银两亿两，后增加三千万两"赎辽费"；开放沙市、重庆、苏州、杭州四地为通商口岸，日本政府得派遣领事官在以上各口岸驻扎，日本轮船得驶入以上各口岸搭客装货，日本臣民得在中国通商口岸城市任便从事各项工艺制造，将各项机器任便装运进口，其产品免征一切杂税，享有在内地设栈存货的便利；日本军队暂行占领威海卫，由中国政府每年付占领费库平银五十万两，在未经交清末次赔款之前日本不撤退占领军等。这些苛刻的条款让中国开展工业化几乎成为不可能。

至此，西方的工业国家加上凶残贪婪的日本，将清朝的工业化努力一步步推入绝境，印度的命运似乎成为清朝的必然命运。

1898年，清朝试图推动内部改革，避免走印度和奥斯曼帝国"亡国灭种"的命运，并挽救岌岌可危的工业化，但这场戊戌变法很快失败。1900年，八国联军进入北京，次年，清政府被迫签订《辛丑条约》，清朝试图通过自强运动推动工业化的道路，彻底丧失了可能性。侵略中国的八国联军（英、俄、日、美、法、德、意、奥），恰好就是当时世界上排名前八名的各个工业国，这难道是偶然吗？

20世纪上半叶，随着日本加紧侵华战争，中国的前程一片黑暗。

四、逆袭，产生在最不可能的国度

有人做过这样的对比：1900年时，世界主要的工业国就是当时侵略中国的"八国联军";100年之后,除了奥匈帝国瓦解,八国联军中的其他七个国家,依然是世界的主要工业国,还有一个后来者异军突起,那就是中国。①

中国在20世纪的100年当中,从深渊之底一跃而起,成为唯一实现工业化的巨大经济体,也是唯一从殖民地和被倾销国地位通过不走西方工业化道路完成工业化的大型国家,这一切又是因何而起呢?

这一问题可以称为"中国工业道路之谜",引得诸多研究者为之心醉神迷。文一教授在《伟大的中国工业革命——"发展政治经济学"一般原理批判纲要》一书中指出:

是什么东西,能够在一个穷国引爆工业革命,使经济腾飞?可惜,工业化的秘诀,至今无人知晓——亚当·斯密的《国富论》没说清楚,新古典增长理论也没道明白,而今天占统治地位的制度经济学更是误读历史、因果颠倒。难怪,工业化的浪潮,尽管在无数落后国家不断掀起,但除少数波峰能翻越贫穷的鸿沟,幸运到达高收入的彼岸,多数是无声退去,留下一片狼藉。"进口替代战略"令人沮丧,"华盛顿共识"治国无方,"休克疗法"误人子弟,"茉莉花革命"更是病急乱投医,致国家病入膏肓。在世界七十亿人口中消灭贫穷,仍然是世界银行和联合国可望而不可即的攻坚目标。但是,自鸦片战争170多年后的中国,正在以惊人的细节再次向世人展示着工业革命的秘密,

---

① 按照世界工业化程度排名,到21世纪第一个十年,世界前九大工业国当中,只有中国是第二次世界大战以后挤进来的。到2010年,以制造业产值排名,中国排世界第一,其他全部是先发工业国家。

尽管有些眼花缭乱。破译这个秘密并让所有穷国实现工业革命,是每一个经济学家的使命。

其实,中国人创造的工业奇迹到2000年的时候,还只是一个序曲。中国接下来的表现,更是奇迹中的奇迹。

2010年,中国制造业增加值首次超过美国,成为全球第一大工业制造国。同年,中国GDP超过日本,成为世界第二大经济体。中国在世界工业版图中有多强劲,这里以工业与信息化部负责人2021年在新闻发布会上的介绍为例:

自2010年以来到2021年,中国制造业已连续11年位居世界第一。2012年到2020年,中国工业增加值由20.9万亿元增长到31.3万亿元,其中制造业增加值由16.98万亿元增长到26.6万亿元,占全球比重由22.5%提高到近30%。中国工业拥有41个大类、207个中类、666个小类,是世界上工业体系最为健全的国家。在500种主要工业产品中,有40%以上产品的产量世界第一。竞争力增强,光伏、新能源汽车、家电、智能手机、消费级无人机等重点产业跻身世界前列,通信设备、工程机械、高铁等一大批高端品牌走向世界。[①]

中国工业和信息化发展取得历史性成就、发生历史性变革,显著增强了国家的经济实力、科技实力和综合国力,为提升人民生活质量和水平,为全面建成小康社会做出了重要贡献。

---

① 赵超.我国制造业增加值连续11年位居世界第一[N/OL].人民网,2021-9-13.

中国2010年成为世界上最大的工业生产国。在英国和美国各垄断"世界工厂"头衔一个世纪后，这个头衔被一个原本工业化基础几乎为零的农业国夺取。1900年时，中国还是一个工业几乎可忽略不计的农业国，20世纪二三十年代，中华民国迎来了短暂的工业发展期，又被日本帝国主义完全打断，日本的侵华战争给中国带来了极为深重的灾难，位于东北、华北和南方的工业被完全摧毁。[①]

1949年时，中国的工业总产值仅为140亿元，只占工农业总产值的17%，比历史最高水平减少了一半。其中，重工业产值减少70%，轻工业产值减少30%。据联合国统计数字，1949年中国的人均国民收入仅为27美元，当时整个亚洲的人均国民收入为44美元，中国尚不及亚洲水平的三分之二。

到1949年新中国成立前夕，全中国的工业不如印度：

原煤为0.32亿吨（印度为0.32亿吨），

原油为12万吨（印度为25万吨），

发电量为43亿度（印度为49亿度），

钢为15.8万吨（印度为137万吨），

生铁为25万吨（印度为164万吨），

水泥为66万吨（印度为186万吨）。

[①] 20世纪30年代，当中国工业建设刚刚取得较为显著成效的时候，又一场由日本发动的改变中国近代工业命运的战争爆发了，这场战争规模之浩大、破坏之惨烈、影响之深远，是任何一次战争所无法比拟的。有学者曾对此做出这样的评价：1931—1945年的日本侵华战争，是中国近代史上的空前浩劫。不仅中国人民的生命财产，遭到惨重的牺牲与破坏，更重要的是把自1912年以后逐步展开的现代化与工业化运动腰斩，使中国工业化进程至少推迟了半个世纪。

中国在工业化一穷二白的基础上，仅用 70 年的时间就完美地实现逆袭，成为全世界首屈一指的工业生产第一大国，且产能仍然领跑全球。这是 5000 年来人类文明历史上从未有过的奇迹！

五、中国工业化奇迹的文明密码

从第一次工业革命以来，全世界已经发生了三次工业革命，正在进行的第四次工业革命，其实是信息革命。

第一次工业革命催生了以英国为代表的国家进入工业社会，当时的英国本土只有 1000 万人，可以称为千万级工业革命。

第二次和第三次工业革命，主要的策源地在美国，到 20 世纪二三十年代，美国人口跨过 1 亿大关，直到 2017 年，美国人口才达到 3 亿，所以，这两次工业革命可以称为亿级工业革命。

中国自改革开放之后，在 20 世纪后期搭上了工业革命的列车，到 2010 年，中国成为世界上第一大工业生产国，此时的中国人口为 13 亿多，所以，正在中国进行的工业革命可以称为 10 亿级工业革命。

工业文明为什么必然替代农业文明？马克思在《共产党宣言》中已经说得非常明了：

资产阶级，由于一切生产工具的迅速改进，由于交通的极其便利，把一切民族甚至最野蛮的民族都卷到文明中来了。它的商品的低廉价格，是它用来摧毁一切万里长城、征服野蛮人最顽强的仇外心理的重炮。它迫使一切民族——如果它们不想灭亡的话——采用资产阶级的生产方式；它迫使它们在自己那里推行所谓文明，即变成资产者。一句话，它按照自己的面貌为自己创造出一个世界。

由大航海引发的全球化催生了工业革命，由工业革命带来的生产效率的几何级增长，使得商品倾销成为必然趋势，一切阻挡工业品倾销的壁垒都会被冲破（除非其甘愿灭亡），全球化有了工业革命的加持，使得世界市场成为必然，即使是守护农业文明的万里长城，也在工业化的浪潮冲击下形同虚设。这就是工业文明必定取代农业文明的逻辑。这个逻辑说起来对后发国家显得残酷，但是文明演化的逻辑，很多时候就是以血与火的形式进行的。除了主动跟上文明更新浪潮的，其他的都会被浪潮冲得七零八落。

中国是被动地卷入工业化浪潮的，却从曾经的极落后者，一跃成为21世纪初工业文明的引领者，这其中蕴含着怎样的文明演进逻辑？

其实，即使到了20世纪七八十年代，世界的战略学者仍然不看好中国崛起的前景。

《大国的兴衰》初版于1987年，其作者保罗·肯尼迪在书中虽然将中国列为有希望的大国，但他非常慎重地指出：在所有欲崛起的大国当中，中国是面临问题最多、难度最大的。与同时代的苏联和日本相比，保罗·肯尼迪明显更看好苏联和日本，而对中国的前景非常担心。

20世纪70年代初访华的基辛格于2021年表示，50年前，他第一次来到中国，那时的中国无法与今天相比，如今中国发生的巨大变化令人难以置信。

基辛格说:"在我有幸认识中国人民的50年里,中国确实做出了惊人的贡献,令世界为之震撼。在美中关系重启的时代,没有人会想到今天的中国会成为世界体系,特别是世界经济体系中必不可少的重要组成部分。"①

即使中国的杰出战略家,也预想不到中国崛起的速度。20世纪80年代初,邓小平为中国提出了"翻两番"的长期经济发展战略。后来,邓小平又把这一目标明确地发展为"三步走"的战略构思:第一步在20世纪80年代翻一番,即以1980年为基数使经济总量(GDP)翻一番,解决人民的温饱问题;第二步是到20世纪末,再翻一番进入小康社会;第三步,在下世纪再用30—50年的时间,基本实现现代化,达到中等发达国家的水平。这一当时中国人认为非常大胆的战略目标,在1987年召开的中共十三大上被完整地写进大会的报告中。迄今为止,中国改革开放和大部分经济工作,都是围绕着实现这一战略目标而开展的。但事实是,邓小平这一构想的落实和实施,远远高出了预想的进度——

1987年,按不变价格计算的中国GDP总量达到了1980年的2.04倍,提前3年完成了第一个翻番的目标;

1995年,这一总量达到了1980年的4.33倍,提前5年完成了翻两番的经济增长战略目标;

---

① 美国前国务卿基辛格:我有幸认识中国人民50年,他们做出了惊人贡献![N/OL].中国网,2021-10-23.

2009年，中国的GDP总量已经达到了1980年的15.54倍。

实际上，到了2010年底，在第十一个五年计划完成的时候，中国已提前完成邓小平当年提出要在2030年到2050年才能达成的"三步走"的宏伟设想，中国崛起的速度比邓小平的设想整整提前了至少20年。

文一教授在解析中国工业革命奇迹的背后逻辑时，发现了一个大秘密：

贫穷、落后、工业化的失败，始终是社会协作失灵的产物。问题的根源在于，创造规模化的能让现代产业盈利的市场需要付出巨大的经济和社会协作成本。而这一成本却被自亚当·斯密以来的市场原教旨主义和新自由主义经济学所忽略了。
——《伟大的中国工业革命——"发展政治经济学"一般原理批判纲要》

文一教授的这一重大发现从两个维度进一步揭示了工业革命为何只在极少数国家才能成功的奥秘：

其一，为什么自亚当·斯密以来，无论是新自由主义经济学还是"华盛顿共识"乃至"芝加哥男孩"等西方经济学派，都拒绝披露这样一个简单的事实：促进社会大协作的大市场不是从天上掉下来的，而是必须由有为政府奋力创造才有的。"自由市场并不自由，也不是免费的。它本质上是一种成本高昂的公共品。正在中国大地上展开的工业革命，其源泉并非来自技术升级本身，而是来自一个有为的重商主义政府所引领的连续不断的市场创造。"如果没有一个强有力的有为政府提供公共产品（包括国防、法治、金融与财政、教育和社保，等等），并承接成本巨大的基础设施建设，一个庞大的市场体系不可能从天而降。当年大英帝国的海军独步天下，当今美国军队预算几乎达到全球国防开支总和的一半，都说明强力的政府是不可或缺的。而西方经济学只讲"自由的市场"，不说"有为的政府"，其目的就是要让竞争对手和贸易伙伴永远保持"开放的自由的市场"，以保障自己的比较优势在对方的市场上"自由驰骋"。这种事关先发国家竞争优势的"核心秘诀"，人家当然不会轻易传授出来。强大的政府和正确的作为，才能创造出法治化的市场体系，政府的作用被刻意忽略，不能不说是一个长期以来被掌握话语权的西方文明故意遮掩的一个真相。

其二，文明，就其本质而言，就是文明力，即某一共同体提供协作的能力。在农业文明阶段，中国文明创造了一个规模最大、持续时间最长、文化协同度最高的协作共同体，这一突出的协作能力优势如果能够在工业化过程中进行创造性转化，就能变身成为另一个规模巨大、协作成本极低、交易成本降低的共同大市场，农业文明时代形成的文明底蕴，就能成为工业文明时代大协作的优势。"工业化和技术创新的水平是由市场规模决定的，而市场规模是由国家能力实现的。"之所以是英国而非荷兰、法国引爆第一次工业革命，根本原因是"英国在政商强强联合体制下成功开辟了18世纪全球最大规模的纺织品市场和棉花供应链，因而必然使得它在全国范围内采用纺纱机和工厂体系变得有利可图"①。文一教授接着分析道：类似地，是美国而不

---

① 文一.伟大的中国工业革命——"发展政治经济学"一般原理批判纲要[M].北京：清华大学出版社，2016.

是法国或德国在19世纪末赶超英国成为下一个超级大国,也在于美国的政商两界通力合作打造了一个比大英帝国更加广阔的国内外市场。这一市场培育了世界上最伟大的发明家和工业巨头。进而言之,正是因为美国在第二次世界大战后,利用美元世界货币地位、世界贸易组织、世界银行等主要抓手,美国政府与金融资本家通力合作,开拓第二轮全球化,建立了一个由美国主导的覆盖全球的世界市场,这才使得美国在20世纪后期迈入一个新的黄金时代。正是巨大的全球市场托起了美国经济,让全世界消费者都成为美元的"牧场"。按照这样的逻辑,中国在21世纪初的异军突起,也是凭借着中国自改革开放以来有为政府开创了一个比美国更大规模的超级市场和统一的市场体系,这一比美国规模可以大数倍的超级市场足以托举起比美国工业史上杰出企业家如福特、卡内基和洛克菲勒更加伟大的企业和企业家。[①]

今天的中国企业家比世界范围内的其他同行更容易实现快速崛起,最需要感谢的是中华文明历经数千年不断拓展的文明体量,离开了如此大规模的统一市场,规模化扩张从何谈起?

需要着重强调的是,有为政府特别是廉价政府也不是从天而降的,它需要一套效率极高而运营成本降低的组织体系作为支撑。这个组织体系在中国,非常幸运地由中国共产党来领导与建设了。中国共产党依靠成本极低又效率极高的组织能力,最大程度地动员起了国内

[①] 文一.伟大的中国工业革命——"发展政治经济学"一般原理批判纲要[M].北京:清华大学出版社,2016.

全部的资源，投入高效率市场体系建设，并领导人民以极高的效率提供了公共产品，可以使中国在不向外转嫁成本的基础上完成工业化。中国从农业国转型升级为工业国，不对外战争、不对外殖民掠夺、不武装押运开拓国际市场，其核心秘密就在于有了中国共产党这样一个文明能量的转换器。所以，要了解中国工业化的奇迹，就必须理解中国共产党。

2021年，中国共产党的十九届六中全会审议通过了《中共中央关于党的百年奋斗重大成就和历史经验的决议》，对中国共产党改变中华文明命运的重大贡献做了这样的概述：

中国人民和中华民族之所以能够扭转近代以后的历史命运、取得今天的伟大成就，最根本的是有中国共产党的坚强领导。历史和现实都证明，没有中国共产党，就没有新中国，就没有中华民族伟大复兴。

1918年，梁漱溟的父亲梁济眼看军阀混战，国难当头，国家振兴无望，遂决心以身殉国，自杀之前，梁济曾问儿子梁漱溟："这个世界会好吗？"显然，眼看着已经在现代化道路上经历了太多挫折的梁济看不到任何希望，他投水自尽了。

1929年，胡适在《中国今日的文化冲突》中说："我们必须承认自己百事不如人，不但物质机械上不如人，不但政治制度上不如人，并且道德不如人，知识不如人，文学不如人，音乐不如人，艺术不如人，身体不如人。"

因为在工业化道路上走得太艰难，胡适和他的同代人对中华文明产生了彻底的怀疑，他们非常怀疑这一古老的文明重生的可能性。自20世纪初期以来，许多中国人对自己文明产生强烈的怀疑和不自信，究其根源，都是与中国在工业化这条道路上走得太艰辛曲折有直接关系。

进入21世纪以来，中国加入了世界贸易组织。尽管被压制在中低端工业品贸易的区间，中国进出口贸易仍然出现了井喷式的增长，并在20年的时间内，不但成为全世界第一大出口国，还成为第二大进口国。

2021年，由北京师范大学经济与工商管理学院、中国教育与社会发展研究院联合发布的《2021中国进口发展报告》显示，过去20年，中国货物进口占世界货物进口总额的份额显著提升，从2001年的3.8%上升到2020年创纪录的11.5%。报告称，2001—2020年，与世界主要国家相比，中国货物进口占世界货物进口总额的份额增加最多，达到7.7%。而同期其他主要经济体，除了韩国增加了0.4个百分点，美国、英国、德国、意大利、日本和法国等国家和欧盟都是下降的，降幅最大的是美国，为4.9%，其次是欧盟，为4.6%。

截至2020年，中国已连续12年成为全球第二大进口市场。从世界前十大进口国（地区）的排名来看，中国的排名变化最大，上升了4位。

不少专业组织预测，预计在2025年之后，中国将超过美国，成为全世界最大的进口国。

2019年，中国社会消费品零售总额达41.2万亿元，超过美国，已成为世界第一大实物消费市场。

在市场需求成为全世界经济增长第一驱动力的情况下，中国市场将成为全球第一大市场，为全球供给提供了最为宝贵的有效市场需求，这是中国对世界的又一个极为重大的贡献。

当时间进入21世纪第二个10年的时候，第四次工业革命加速进行，这就为信息文明社会加速构建提供了动力，一种新型的文明样式正浮现在全世界人民面前。

中国在工业文明时代的最后跃起，是因为中国在20世纪有了一个坚强的领导核心力量——中国共产党。中国共产党带领中华民族走出了一条既不同于传统资本主义也不同于传统社会主义的工业化新路，顺应了中华文明永不泯灭的大国雄心，在先发工业国结成密集垄断联盟的铁幕中，撕开了一道口子，放进了一道光亮，为世界后发国家跃入工业文明时代和信息文明时代，开辟了人类文明的新路径。

中国共产党的指导思想和组织体系，与西方的政党大相径庭。中国共产党对中华文明与人类文明有自觉的担承，正如中国共产党人反复强调的那样："我们所做的一切都是为人民谋幸福，为民族谋复兴，为世界谋大同。"[1]

在完成民族国家构建之后，中国共产党正在引领全世界构建人类命运共同体，这是一个古老文明对人类命运的深切关怀。

回顾5000年中华文明走过的路程，从早熟的农耕文明起步，到超大型一体化巨大文明体的融合，再到工业文明时代异军突起，中国成为第一大工业国，这一古老文明的根脉从未中断，且在新的文明形态中正演绎出更加精彩的样式。

综上所述，组织动员能力强大而运转成本较低的政府，是实现

---

[1] 杨晔.习近平会见联合国秘书长古特雷斯强调[N/OL].人民网，2018-4-09.

工业化的关键。中国在明清之前，为了维持农业文明的平稳运转，采取了降低运转成本而非着重提升组织效率的办法，使得政府提供公共产品的能力保持在较低的水平。这种弱政府无力承担工业化所需的高效率社会组织协作的功能，加之工业化所需要的巨额资本积累无法由外部取得，使得中国的工业化长期陷入两难境地。直到中国共产党取得了全国政权之后，这个两难困境才得以打破。

中国共产党作为组织严密、动员力惊人的强大执政党，其组织动员优势让中国在最短的时间内组建起了强政府和强社会，为工业文明提供了相配套的协作与组织能力。同时，中国共产党领导下的政府没有自己的特殊利益，而是代表人民的利益，这就极大地降低了政府的运转成本，使得廉价政府和高效服务同时成为可能。中国共产党将中华文明的规模优势转变为比较优势，即亚当·斯密指出的"分工效率由市场规模决定"的规律，使得工业化效率提升需要的精细分工成为可能，让中国在没有对外转嫁工业化成本的基础上，通过内部消化就完成了精细分工，从而取得了工业化运动的成功。[①]

2010年，中国制造业总产值超过美国，从此稳居世界第一位。同年，中国的GDP超过日本，居世界第二位。2014年，中国按购买力评价计算，GDP超过美国，居世界第一。即使按照汇率计算，中国的GDP到2021年也已经超过美国的77%，最迟到2035年前，中

[①] 亚当·斯密在《国富论》中指出：分工起因于交换能力，分工的程度，因此总要受交换能力大小的限制，换言之，要受市场广狭的限制。市场要是过小，那就不能鼓励人们终生专务一业。因为在这种状态下，他们不能用自己消费不了的自己劳动生产物的剩余部分，随意换得自己需要的别人劳动生产物的剩余部分。这就是著名的分工效率取决于市场规模定律。

国的GDP将超越美国，稳居世界第一的位置，回到中国经济长期在世界占有的一号位置。

根据麦迪森等世界经济史专家的计算，1820年，中国的GDP占全球的32.9%，接近三分之一，居世界第一位。之后，持续下降。到1890年时，中国的GDP只占到了全球GDP的13.2%，到1952年，中国更是低至4.6%，从此止跌回升。到2018年，中国GDP回升到全球GDP的15.86%，稳居世界第二。

中国的工业化运动在新中国成立后才得以急速进行，且不可阻挡。到21世纪20年代，中国实现了人类历史上最大规模的工业化，建成最大的单一工业体，生存能力最强，分工体系完整，中国自古以来对其他文明体构成的生产优势再度确立，这是中华文明在数千年演进过程中，再次创造的伟大奇迹。

当中国的经济总量超越美国这个西方文明最强国之后，世界文明的版图不可避免地要被改写。当然，以美国为首的西方文明和传统先发工业国家，不可能坐视中国持续崛起，必将采取联合的遏制措施，但是，中国工业化最凶险的阶段已经过去，西方的迟滞措施会产生一定的干扰，但并不能构成致命的威胁，这是由中华文明的内在特性所决定的。本书将在下编中，对21世纪中国的表现和中华文明将要呈现的新样式进行深度的解析。

下编

21世纪的领跑者

第八章

信息文明社会开启

一、新的文明样式已经到来

人类每一次重大技术革命，都会引发文明形态的重大变化。自第一次工业革命以来的近300年间，工业文明已经取代农业文明，成为全世界主流的文明样式。

迄今，工业革命已经进行了三次，正在发生的是第四次。第四次工业革命，是继蒸汽技术革命（第一次工业革命）、电力技术革命（第二次工业革命）、计算机及信息技术革命（第三次工业革命）的又一次科技革命。

一般认为，第四次工业革命，是以人工智能、机器人技术、虚拟现实、量子信息技术、可控核聚变、清洁能源以及生物技术为技术突破口的工业革命。第四次工业革命基于网络物理系统的出现。网络物理系统将通信的数字技术与软件、传感器和纳米技术相结合。与此同时，生物、物理和数字技术的融合将改变我们今天所知的世界。

当前，人们对第四次工业革命将为人类文明形态带来怎样的变化，还缺乏清晰的认识，不少人认为，当前正在进行的技术革命仍然是第三次工业革命的延续，在革命性的变化出现之前，还看不出第四次工业革命会不会对既有的社会文明形态产生革命性或者颠覆性的影响。

事实上，第四次工业革命概念的提出，要追溯到2013年的汉诺威工业博览会。在为期五天的展会中，"工业4.0"概念首次受到普遍关注。舆论认为，作为全球领先的工业领域展会，汉诺威工业博览会推动了"第四次工业革命"。汉诺威工业博览会负责人柯克勒认为，"工业4.0"在本届汉诺威工业博览会上已成为核心题目，在未来10年至15年，制造业的综合整合将对全球产业产生巨大影响。第四次工业革命已经悄然到来。2017年10月，美国合众社发表美国纽约州立大学布法罗分校教授肯珀·E.刘易斯的文章《如何确保下一场工业革命是"美国制造"》称，如今，中美两国正在争夺世界头号制造业国家的地位。因此，哪些国家将主导下一次工业革命变得尤为关键。文章称，第四次工业革命的重点是人工智能、大数据、物联网以及其他一些融合了物理、数字和生物的新兴技术。相比前几次革命，第四次工业革命的冲击力会有多大，现在可以随意想象。但是，我们已经窥见这样一个世界：无人驾驶汽车、个性化医疗以及人机合作很有可能成为常态。

自 2013 年以来,第四次工业革命加速演进,其技术形态已经初见端倪。当 21 世纪走到第二个 10 年的时候,在第四次工业革命所涉及的诸多重大技术领域中,一个相对比较成熟的重大革命性技术已经一马当先,从技术演进中脱颖而出,那就是人工智能技术。

人工智能是一门综合学科,主要包含计算机、控制论、信息论、神经生理学、语言学,人工智能是从计算机应用系统角度出发,研究如何制造出人造的智能机器或智能系统,来模拟人类智能活动的能力,以延伸人类智能的科学。

根据麦克卢汉的媒介是人的延伸理论,任何媒介都不外乎是人的感觉和感官的扩展或延伸:文字和印刷媒介是人的视觉能力的延伸,广播是人的听觉能力的延伸,电视则是人的视觉、听觉和触觉能力的综合延伸,等等。人工智能就是人的心智的延伸。而先前已经发展的各种人工智能技术都只能算是人的单方面或某几个方面能力的延伸,未曾出现作为人的整体功能延伸的综合技术,因此,不能将先前单个的或者方面性的人工智能技术视为革命性技术,必须要等到能够替代整个人的整体功能的人工智能技术的出现,才能视为人工智能的革命性发展。

从 20 世纪后半期发展出来的人工智能诸技术还只能算是专门系统技术,而革命性的人工智能技术应该是通用型的,在感知能力的基础上具备像人一样的认知智能,除了分类、归纳、检测、识别,还具备推演、预测、随机应变、自主学习、自主决策的能力。换句话说,人工智能必须发展出一个独立的"人类替代物",才能算是革命性技术。

"人工智能"一词最初是在1956年美国计算机协会组织的达特矛斯（Dartmouth）学会上提出的，人工智能发展至今经历过经费枯竭的两个寒冬（1974—1980年、1987—1993年），也经历过两个大发展的春天（1956—1974年、1993—2005年）。从2006年开始，人工智能进入了加速发展的新阶段，并行计算能力、大数据和先进算法，使当前人工智能加速发展；同时，近年来人工智能的研究越来越受到产业界的重视，产业界对AI的投资和收购如火如荼。

机器学习是实现人工智能的一种重要方法，深度学习（Deep Learning）是机器学习（Machine Learning）的关键技术之一。深度学习自2006年由Jeffery Hinton实证以来，在云计算、大数据和芯片等的支持下，已经成功地从实验室中走出来，开始进入到了商业应用，并在机器视觉、自然语言处理、机器翻译、路径规划等领域取得了令人瞩目的成绩，全球人工智能也正式迈入深度学习阶段。

人工智能作为引领21世纪人类未来的战略性技术，目前全球主要经济体都将人工智能作为提升国家竞争力、维护国家安全的重大战略。自2013年以来，包括美国、中国、欧盟、英国、日本、韩国、印度等20多个国家和地区，都发布了人工智能相关战略、规划或重大计划，越来越多的国家加入布局人工智能的队列中，从政策、资本、技术人才培养、应用基础设施建设等方面为本国人工智能的落地保驾护航。

基于人工智能技术的各种产品在各个领域代替人类从事简单重复的体力或脑力劳动，大大提高了生产效率和生活质量，也促进了各个行业的发展和变革。普华永道数据预测，受到下游需求倒逼和上游技术成型推动的双重动因，2020年全球人工智能市场规模达到2万亿美元，预计未来几年市场将继续保持高速增长，到2030年全球市场规模将达到15.7万亿美元的规模，约合人民币104万亿元。[①]

国务院发展研究中心的张鑫等学者认为，人工智能不同于常规计算机技术依据既定程序执行计算或控制等任务，而是具有生物智能的自学习、自组织、自适应、自行动等特征。可以说，人工智能的实质是"赋予机器人类智能"。作为继互联网后新一代"通用目的技术"，人工智能的影响可能遍及整个经济社会，创造出众多新兴业态。国内外普遍认为，人工智能将对未来经济发展产生重要影响。[②]

以人工智能技术的跃进为代表，新的文明样式已经在人类社会展开。这一新的文明样式，就是信息文明。以人工智能的趋于成熟以及大规模运用为标志，人类文明已经进入信息文明时代。21世纪的人类文明不管怎么演变，信息化和智能化都将是最显著的标志，一场以解放人类的大脑为标志的新文明形态正在全球范围展开。

与工业文明相比，信息文明有明显的特点，尤其是文明力和文明价值观方面，出现了质的变化。

第一，信息重于物质，这是信息文明与过往任何文明形态都不同的最重大变化。信息文明带来了人类价值观的革命，"信息大于物质"就是新文明时代新的价值取向。这一新的价值视野使"信息"得到极大的看重和强调，使我们看到信息的"有用性"和强大功能全

[①] 关于人工智能相关数据及分析，参见前瞻产业研究院《中国人工智能行业市场前瞻与投资战略规划分析报告》。
[②] 张鑫.如何认识人工智能对未来经济社会的影响[N/OL].光明网，2020-9-3.

面体现在人类的经济、政治和文化活动中。这一新的价值取向与全面的社会转型相伴随,构成了由信息经济、信息政治和信息文化组成的信息社会,人的存在和发展方式也进入以"数字化生存"和"数字化发展"为主导的新时代。信息文明是指以信息与通信技术为核心的技术性科学作为支撑,以信息的传播、挖掘、利用等为资源,以数字化和智能化发展为趋势的一种新型文明。它确定了概率性、创新性、共享性和相互性的思维方式,强化了人类"命运共同体"的全球意识。数字经济成为信息文明时代各国竞争的新边疆,对数字资源的整合和利用能力,将代表信息文明的生产力水平。它有助于人类打造互动、包容、安全、便捷的全球化社区,淡化竞争意识,强化合作意识。中国学者肖峰认为,信息文明形成了用社会资本主义替代工业资本主义的商业发展模式,塑造了数字化的共享理论,因而有利于促进社会主义事业的发展。[①]过往的原始狩猎采集文明与后来的农业游牧文明,包括工业文明,都是以人类获取物质资源为主要目的的文明形态,生产力也以获取物质资源的能力为衡量标准,而信息文明则以获取信息资源为第一目的,信息成为文明形态的主要构成因素,信息文明时代的生产力标准以获取信息资源的能力为标准。使得"物质"不再具有"一统天下"的重要性,"信息"成为不容忽视的价值源泉,成为社会资源的核心。

第二,文明协作边际成本降到极低,规模效应达到极大,无远

[①] 肖峰.信息大于物质:信息文明的价值取向[J].长沙理工大学学报(社会科学版),2016(04).

弗届成为可能，全球化协作开启极为广阔的新空间。农业文明时代因为出现城市和稳定定居社会，人类沟通比原始狩猎采集文明密集度增加，由此孵化出了文字、纸张和印刷品，人类社会的较大沟通协作成为可能，但成本依然昂贵。工业文明创造出了现代交通工具以及电话、电报和电脑，大规模跨洲沟通成为可能，计算机的储存效率远高于图书馆，人类全球化协作成为可能，沟通成本随着规模增加而降低，但边际成本仍然存在，而且以物质为主要载体的沟通手段，成本无法无限度降低。信息文明则以网络为主要沟通手段，发达的网络技术开拓出了新的文明空间，虚拟空间成为无尽的宝藏。在网络空间内，人类沟通的规模成本几乎为零，边际成本几乎为零，基于网络空间的全球大协作摆脱了物理空间的障碍，人类社会第一次具备了零距离全方位的沟通能力，且沟通和协作可以在多维空间展开。元宇宙的轮廓已经浮出水面。这是一个虚拟与现实高度融合的世界，元宇宙通过高速移动互联网、物联网、移动智能终端来承载。清华大学新闻与传播学院新媒体研究中心给元宇宙下了一个较为规整的定义：元宇宙是整合多种新技术而产生的新型虚实相融的互联网应用和社会形态，它基于扩展现实技术提供沉浸式体验，基于数字孪生技术生成现实世界的镜像，基于区块链技术搭建经济体系，将虚拟世界与现实世界在经济系统、社交系统、身份系统上密切融合，并且允许每个用户进行内容生产和编辑。也就是说，元宇宙很可能就是现实世界在虚拟世界的翻版。这是人类文明从来没有出现的新样态，人类文明的沟通方式将被革命性改写。

第三，文明的凝聚力和感召力成为社会协作的最重要组织力，控制媒介和平台成为制高点，文化认同成为区分网络空间身份的标志。互联网天生带着去中心化的气质，在网络空间中，每个人都是自己的"小宇宙"，人类社会趋于原子化、分散化，原来基于技术霸权而形成的金字塔式的中心化社会生产结构必将趋于瓦解，信息文明将根据协作需要创造出新的协作方式，以解决技术霸权瓦解后形成的社会组织力空洞。亨廷顿指出，"文明是区分你们和我们的根本依据"。基于共同文明认可的协作成为信息文明时代最为重要的协作凝聚力。文化认同成为身份的标志，在应对全球性危机和治理信息社会乱象的过程中，只有能够凝聚起最大多数人类的文明体，才有可能成为信息文明时代最大的人类力量。换句话说，信息社会催生的亿万"小宇宙"，需要新的联结方式，这种方式只有对人本身充分尊重和深刻理解人类命运共同体的文明国家才能担承。信息文明必然要产生人类社会权力的大转移，单极化和垄断性权力中心必然要趋于消解，全球新的协作体系必将随着信息文明的加快而加速消融和重构。以区块链协作方式为例，从区块链诞生以来，去中心化一直被业界作为区块链的核心属性之一。区块链是全网统一的账本，因此从逻辑上看是中心化的，这一点无可置疑。从架构上看，区块链是基于对等网络的，因此是架构去中心化的。从治理上看，区块链通过共识算法使得少数人很难控制整个系统，因此是治理去中心化的。架构和治理上的去中心化为区块链带来三个好处：容错性、抗攻击力和防合谋。

从历史的维度看，每当文明形态发生新旧更替时，总是人类社会最不稳定的时候。21世纪以来，全世界就步入了一个很不稳定的状态。新的技术使得生产体系更新加快，全球化的曲折发展使得旧的全球协作体系趋于失灵,世界权力体系从单极结构向新的结构演变,新的全球性危机让旧的世界治理体系难以招架,这个世界不是更平了,而是更乱了。

二、应对百年未有之大变局

当世界来到第四次工业革命的窗口期时,人类自第三次工业革命以来的百年文明版图已经发生了一个深刻的变化,在世界工业强国阵营里,出现了一个巨无霸型的新成员——中国。美国前总统奥巴马称中国这个工业强国新成员为"一只800磅的大猩猩"。[1]

"800磅的大猩猩"(800-pound gorilla)是一句美式俚语。关于这句俚语还有一个笑话谜语:"800磅的大猩猩会坐哪里?""想坐哪儿做哪儿呗。(Anywhere it wants to.)"从这里可以看出来,这句美式俚语,是用来形容某人或某组织十分强大,行事已无须顾忌。

事实上,自21世纪第一个十年以来,世界经济格局确实是由两只最大的"大猩猩"共同书写的。以下是2008—2020年世界经济增长贡献分析(见图下编-1):

---

[1] 2016年2月,奥巴马在白宫与州长们见面,讨论世界贸易结构问题。奥巴马说:"我们在那里(亚太)的关切是,中国就像一只800磅的大猩猩。如果我们允许他们设定那里的贸易规则,美国企业和美国工人就会被排除在外。"

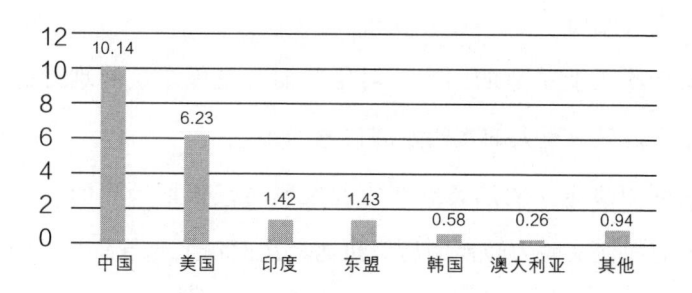

图下编 -1　2008—2020 年世界经济增长贡献分析（单位：万亿美元）

如果我们以 2008 年到 2020 年为时间段，来盘点全球经济增长，就会发现，这些年来，与中国和美国相比，世界上有许多国家竟然都是在"陪跑"，经济不但没有增长，反而还有很大幅度的下滑，因为，在过去 12 年中，世界经济增量的 80%，都被中国和美国两个大国给包揽了。其他国家分享剩下的 20% 的经济增量，自然就捉襟见肘了。也就是说，在这 12 年中，中国经济从 2008 年的 4.59 万亿美元，增加到 14.73 万亿美元，增加了 10.14 万亿美元，同期美国经济则增加了 6.23 万亿美元，剩余留给其他 200 多个经济体的只有 4.63 万亿美元。如果再细分，印度在过去的 12 年中，贡献了 1.42 万亿美元的 GDP 增量，仅次于中美，位居第三。而日本、英国、法国、意大利等传统工业国家，在这 12 年中，经济增量实际是负数。中国成为 21 世纪头 20 年世界经济最大的火车头和发动机，成为改写世界经济版图的主变量，这就必然引发自工业革命以来由西方工业国家主导的世界经济格局发生空前的大变局。

中国领导人敏锐地发现了这样一个巨大的时代变局，称之为"百

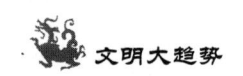

年未有之大变局"。①

第四次工业革命的到来,对中国而言是一个最为难得的,也是不容错失的最为重大的文明发展机遇。

文明力决定文明形态。在农业文明时代长期领先的中华文明,因为没有抓住文明力转换的历史机遇,从而在工业革命中迟到,遭受百年屈辱,沦入黑暗的深渊,给中华民族的自信心造成严重的挫伤。这种历史教训刻骨铭心,使得中国人在认识文明演进规律之上,又有了新的历史经验。

中国的优势在于已经具备先进的工业产业能力,工业门类非常齐全。中华人民共和国成立后的几十年建立了比较完备的工业体系,为改革开放后中国经济实现快速发展奠定了基础。虽然中国的产业水平还有不小的进步空间,但是中国完备的工业化体系能够满足产业发展的基本需要,并且可以夺取新技术的若干制高点。此外,中国人已经焕发出了强烈的求新求变意识,科技创新能力被唤醒了,中国在信息文明时代重新夺占科技制高点是大概率事件。

现在,有必要简单总结一下中国在工业文明时代的主要建设经验,以便为迎接信息文明社会做好准备:

其一,依靠人民,以政府主导社会公平的方式遏制工业化的外部性。在中国正式进入工业化之前,西方工业化以及效仿西方道路的工业化

---

① "百年未有之大变局"这一重大判断,最早是由习近平总书记在2018年6月召开的中央外事工作会议上提出来的。他指出:当前中国处于近代以来最好的发展时期,世界处于百年未有之大变局,两者同步交织、相互激荡。此后,习近平总书记在多个重要场合使用这一表述。

国家，都是主要依靠资产阶级来推动工业化运动的。马克思曾经高度评价资产阶级在推动工业革命当中的巨大作用："资产阶级在它的不到一百年的阶级统治中所创造的生产力，比过去一切世代创造的全部生产力还要多，还要大。"[①]但是，中国的工业革命已经来不及培育出一个庞大的资产阶级，况且中国的民族资产阶级的妥协性和软弱性，使得他们根本担负不起推动工业革命的重任，这一重任最终是由工人阶级来完成的。中国共产党领导全体人民，凭借社会主义的制度优势，完成了这一历史重任。在西方的工业化运动中，由于资产阶级的贪婪本质和资本占据绝对优势的垄断地位，在生产力高速发展的同时，始终解决不了周期性的经济危机，在国内酿成了严重的阶级对立，在世界范围内，形成了对其他国家和民族的残酷剥削掠夺，造成了世界范围的战争和大动荡。资产阶级对内剥削甚至比过去的社会形态中的剥削更加残酷："现代的工人却相反，他们并不是随着工业的进步而上升，而是越来越降到本阶级的生存条件以下。工人变成赤贫者，贫困比人口和财富增长得还要快。"[②]而其对外的剥削和罪恶则比国内更要残酷十倍、百倍。换而言之，资产阶级收获了工业化带来的巨大利益，而国内的工人阶级和殖民地民众，则成为经济危机后果的承受者。这一现象在社会主义运动发展后，在西方工业化国家内部有所改善，但其经济不平等的本质未曾改变。伊曼纽尔·沃勒斯坦将"二战"后的世界经济体系称为"中心—半边缘—边缘的层级结构"，清楚地表明

[①] 马克思，恩格斯. 共产党宣言[M]. 北京：人民出版社，2017：32.
[②] 马克思，恩格斯. 共产党宣言[M]. 北京：人民出版社，2017：39.

了资本主义主导的世界经济体的极端不平等性。[①] 中国的工业化对内形成了庞大的分工体系，但采取了对分工体系弱势一方给予补助和帮扶的办法，保持了工业化让所有区域和人群均能受益的态势，使得工业化的代价始终在社会可承受的范围内进行。正是中国在内部解决了工业化带来的周期性经济危机和社会大震荡问题，中国才没有向外转嫁工业化成本，也没有走上对外战争和对外殖民的道路，形成了工业化推进与人民生活水平提高的正向激励，开拓出了一条新的工业化道路。

工业化带来的经济成果又给民众带来了实实在在的福利和生活水平的提高。社会更稳定和民众生活水平的提高，又能为工业化带来高素质的劳动力和旺盛的市场需求，形成双向的正激励。以中国民众的医疗卫生保障事业为例，新中国成立70年间，中国医疗卫生机构数量呈百倍增长，人均预期寿命升至77.3岁。1949年，全国仅有3670个医疗卫生机构、8.5万张医疗卫生机构床位，每千人口医疗床位数量仅有0.15张，每千人口卫生技术人员数量也仅为0.93人。到2020年末，全国医疗卫生机构总数达102.3万个，较1949年末增加约102万个，增长约278倍；全国医疗卫生机构床位数量达911.3万

[①] 伊曼纽尔·沃勒斯坦认为，"一体化"与"不平等"是资本主义世界经济体的两个最主要特征。首先，世界性劳动分工体系与世界性商品交换关系仿佛一经一纬两条主线，将各个国家、地区牢牢地黏结在庞大的世界经济网中，须臾不可脱离。一体化的经济体使人类历史具有了真正的全球性。其次，一体化不等于均等化，相反，中心—半边缘—边缘的层级结构表明了世界经济体的极端不平等性。英、美等发达国家居于体系的"中心"，一些中等发达程度的国家属于体系的"半边缘"，某些东欧国家、大批落后的亚非拉发展中国家处于体系的"边缘"。"中心"拥有生产和交换的双重优势，对"半边缘"和"边缘"进行经济剥削，维持自己的优越地位；"半边缘"既受"中心"的剥削，又反过来挤压更落后的"边缘"，而"边缘"则受到前两者的双重剥削。

张，较1949年末增加近903万张，增长约106倍。

其二，重视科技，用快速的科技创新迭代加速产业升级转型。中等收入陷阱是指发展中国家工业化进程中奉行的增长模式，经过一段时间的经济高速增长使人均收入达到中等收入水平时，国内市场就会出现萎缩、产业升级乏力、增长停滞不前、民族主体性削弱、经济对外依赖性增强，从而步入增长缓慢停驻的困境。[①]中等收入陷阱是客观存在的，它反映了世界各国在工业化的过程中，因为科技停滞不前而造成产业升级反复受挫。"二战"之后，在世界较大经济体中，只有韩国跃出了这个陷阱。而中国则是大型经济体中目前唯一跃出的国家。中国的经验之一就是将科技创新作为实现产业转型升级的制胜法宝，持续不断提升科技创新能力。据中国科技部发布的数据，到2020年，中国R&D(研究与实验发展)经费支出与GDP之比达2.4%，比2015年提高了0.34个百分点。中国科技人才队伍持续壮大，研发人员总量连续8年稳居世界首位。20世纪80年代，邓小平提出了"科学技术是第一生产力"的重要论断。此后中国科技发展逐步推进、快速提升，同期著名的"863"计划和"火炬"计划相继在中国开始实施……一大批国家项目、重点工程先后上马，国家工业化、信息化获得长足进步。

[①] 世界银行《东亚经济发展报告（2006）》提出了"中等收入陷阱"（Middle Income Trap）的概念，基本含义是指鲜有中等收入的经济体成功地跻身为高收入国家，这些国家往往陷入了经济增长的停滞期，既无法在人力成本方面与低收入国家竞争，又无法在尖端技术研制方面与富裕国家竞争。拉美地区和东南亚一些国家是陷入"中等收入陷阱"的典型代表，如菲律宾1980年人均国内生产总值为684.6美元，2014年只有2865美元，考虑到通货膨胀因素，人均收入基本没有太大变化。阿根廷则在20世纪90年代末上升到了8000多美元，但2002年又下降到2000多美元，至今在10000美元左右徘徊不前。

进入新的发展阶段之后,习近平更是将科技创新置于国家最优先发展的战略位置。习近平对自主创新尤其重视:要有强烈的创新意识。我们要引进和学习世界先进科技成果,更要走前人没有走过的路,努力在自主创新上大有作为。如果总是跟踪模仿,是没有出路的。我们必须着力提高自主创新能力,加快推进国家重大科技专项,深入推进知识创新和技术创新,增强原始创新、集成创新和引进消化吸收再创新能力,不断取得基础性、战略性、原创性的重大成果。① 到2020年,中国的R＆D经费总量约为美国的54%,是日本的2.1倍,稳居世界第二;2016—2019年,中国R＆D经费年均净增量超过2000亿元,约为G7国家年均增量总和的60%,成为拉动全球R＆D经费增长的主要力量,增速全球领跑。2016—2019年,中国R＆D经费年均增长11.8%,增速远高于美国(7.3%)、日本(0.7%)等科技强国,在世界主要经济体中,中国R＆D投入强度水平已从2016年的世界第16位提升到第12位,接近OECD(经济合作与发展组织)国家的平均水平。

中国本来与绝大多数发展中国家一样,也困在产业链的"微笑曲线"底部徘徊不前,对于高附加值的产业端缺乏掌控能力,依靠对科技的持续高强度投入和有力的产业政策引领,中国在"微笑曲线"两端实现稳定攀升,并且已经成为世界重要的高科技产业中心之一。②

---

① 中共中央文献研究室. 习近平关于科技创新论述摘编 [M]. 北京:中央文献出版社,2016:39.

② "微笑曲线"(Smiling Curve)是中国台湾宏基集团董事长施振荣在1992年提出的概念:曲线的左右两端分别代表产业链中高附加值的研发创新环节和营销服务环节,中间部分则表示低附加值的装配制造环节。施振荣认为,企业在积累了低附加值环节的足够经验之后,只有不断向高附加值环节进取,才能扩大利润空间,所以,产业链应向"微笑曲线"两端攀升。

日本经济产业省《通商白皮书》（2016年）做出了这样的判断：在对美国高附加值零部件和材料出口方面，自2006年开始中国所占比例已超过日本。虽然中国仍然处在微笑曲线的中段，若干的核心技术依然掌握在少数发达国家手里，但攀升的态势已经非常明显。那些未被中国掌握的核心科技，亦将成为中国产业升级的蓝海。

其三，授人以渔，以自己的成功经验引领发展中国家共同发展。中国有十分庞大的生产体量，自然需要非常巨大的国际市场。在开拓国际市场的过程中，中国主要依托世界贸易组织的基本规则进行平等贸易，中国的商品占领国际市场，是靠自己实打实的性价比拓展市场份额，由消费者自主选择。中国从来没有派遣军舰到别国的港口，解开炮衣要求人家开放市场，也没有给贸易附加政治条件，一切按照自由市场的贸易规则办事。WTO总干事奥孔乔·伊维拉说，在过去的20年中，中国一直是"全球贸易一体化中，如何推动增长和发展的教科书级案例——中国的经济崛起使数百万人摆脱了贫困，不仅在中国国内，而且在发展中国家的贸易伙伴中也是如此"。对于比较优势仍然欠缺的发展中国家，中国大方地贡献出自己的发展经验，以提升其经济发展能力。当今世界经济增长最快的发展中国家，几乎无一例外都是"与华共舞"的。来自《世界经济展望》的报告显示，2010—2021年这12年间，全世界平均经济增速最快的国家是埃塞俄比亚，排在全球第一位，12年平均经济增速达到了8.66%，而埃塞俄比亚正是公认的学习中国的全球优等生，被称为非洲的"小中国"。2000年时，埃塞俄比亚还是非洲最穷的三个国家之一，效仿中国发展模式，这个最穷国的 GDP 在 20 年间翻了 10 倍。[①] 在发展中国家要搞工业化，基础设施建设是先决条件，中国人称之为"要想富，先修路"。1994 年时，世界银行还曾批评中国基础设施欠缺落后，从那以后，中国加快成为举世闻名的"基建狂魔"，中国的基础设施整体水平在发展中国家中稳居第一位，与发达国家第一阵营相比也毫不逊色。中国能够超前发展基建的一个非常重要的原因，还在于中国政府和国有企业具有公益性，其发展基建，并不是完全为了谋利，而是为其他经济形态发展提供公共服务，这是那些私营企业不愿干的。

资本主义国家企业面对这些基建工程，如果发现无法获得回报，往往会选择放弃工程建设，比如电力系统、供水系统，只有中国才能够将它们修到千家万户，即使一个村庄只有一户居民，中国也不会让这里停水停电，这也是为何国内的电费能够保持数十年不涨价，高铁每年都在亏损，却并没有停止营运的原因。中国还将超前基建作为经济逆周期操作的一个重要工具，在经济衰退的时候，通过大规模基建促进投资，稳住了经济增速。中国将自己的基建优势和丰富的经验积累，大方地分享给了发展中国家。2016 年 1 月，由中国牵头组建的亚洲基础设施投资银行（简称亚投行）正式开业运营，这是世界

[①] 埃塞俄比亚历任领导人都支持对华友好，与中国紧密合作。埃塞俄比亚前总统穆拉图·特肖梅还是个中国通。他曾在北大读书，几次回到中国进修，一直将中国看作自己的第二故乡。2016 年 10 月 5 日，一条被誉为"运输生命线"的跨国铁路，在埃塞俄比亚宣布正式通车，它就是非洲第一条现代电气化铁路——亚吉铁路。全长 752.7 公里，总投资高达 40 亿美元，由 2000 多名中方人员历经 6 年建设完成。作为中埃两国友好的见证，亚吉铁路不仅为埃塞俄比亚的经济社会发展注入强大动力，更成为中埃关系发展史上的重要里程碑，这条中国式铁路的背后功臣便是埃塞俄比亚前总统穆拉图·特肖梅。

上第一次由发展中国家牵头组建的多边国际性大型金融组织，目的是对亚洲不发达国家进行基建融资支持。截止到2021年，亚投行的成员已经遍及六大洲，从初创时期的57个增加到104个。亚投行已批准了158个项目，累计投资总额超319.7亿美元。亚投行行长金立群曾介绍：亚投行成立以来，已经让很多成员受益，孟加拉国就是其中之一。孟加拉国的人口80%是农村人口，但是农村电力覆盖率只有65%，而且就算是电力覆盖到的农村地区，也不是所有人家都可以用上电，所有这些问题一直困扰着孟加拉国的民众。但是因为政府缺乏资金，这些问题一直难以解决。2016年6月，亚投行向孟加拉国政府提供1.65亿美元贷款，启动了孟加拉国配电系统改造扩容项目。这个项目的建设极大改善了孟加拉国广大农村地区和首都达卡北部电力供应质量和可靠性，超过1250万人从中受益。[①]由于与中国经济的紧密合作以及推进基建，孟加拉国的人均GDP曾经连续40年低于印度，但在2020年实现超越。孟加拉国已经连续16年GDP增速高于5%，已连续4年GDP的增速高于印度。

三、中国究竟做对了什么

2018年12月18日，中国举行庆祝改革开放40周年大会，习近平总书记出席并做重要讲话，交出了40年改革开放的一份中国经济腾

[①] 许苏培. 亚投行助力全球多边经贸合作（N/OL）. 新华社，2020-7-30.

飞的成绩单：40年来，我们始终坚持以经济建设为中心，不断解放和发展社会生产力，我国国内生产总值由3679亿元增长到2017年的82.7万亿元，年均实际增长9.5%，远高于同期世界经济2.9%左右的年均增速。我国国内生产总值占世界生产总值的比重由改革开放之初的1.8%上升到15.2%，多年来对世界经济增长贡献率超过30%。我国货物进出口总额从206亿美元增长到超过4万亿美元，累计使用外商直接投资超过2万亿美元，对外投资总额达到1.9万亿美元。我国主要农产品产量跃居世界前列，建立了全世界最完整的现代工业体系，科技创新和重大工程捷报频传。我国基础设施建设成就显著，信息畅通，公路成网，铁路密布，高坝矗立，西气东输，南水北调，高铁飞驰，巨轮远航，飞机翱翔，天堑变通途。现在，我国是世界第二大经济体、制造业第一大国、货物贸易第一大国、商品消费第二大国、外资流入第二大国，我国外汇储备连续多年位居世界第一，中国人民在富起来、强起来的征程上迈出了决定性的步伐！①

很显然，在40年的时间里，一个人口过10亿的大国在经济上取得如此惊人的进展，不是一两个原因。中国的工业化，肯定是走对了路子，但仅此还不够，还得从文明底蕴中去寻找更深层次的答案，方能厘清脉络。

中国做对了什么？这是一个很重要的问题。张五常分析认为：当你考虑到中国的情况，归根究底来说，中国天生就是厉害的，中国人吃得了苦、聪明，有一个很深厚的文化底蕴，没有其他国家能与中

---

① 习近平.在庆祝改革开放40周年大会上的讲话［N］.人民日报，2018-12-19.

国抗衡。中国的成语，旧时的故事，都有很深厚的文化，而且是很纯的，在这个基础上面，我曾经说过这句话：只要地球上有人类存在，中国是一个不可能被毁灭的国家，就是因为我们有文化。张五常认为，要解读中国奇迹，还得从文明着手。[①]

在推动工业化的道路上，中国的改革开放确实借鉴了先进工业化国家发挥市场在资源配置中的决定性作用的经验，让中国自古以来就管制宽松的民间活力充分释放，同时，又让中国自秦汉以来经过2000年发展起来的丰富的政府治理经验灵活发挥作用。中国共产党十九届五中全会就将这一治国经验总结为"坚持和完善社会主义基本经济制度，充分发挥市场在资源配置中的决定性作用，更好发挥政府作用，推动有效市场和有为政府更好结合"。这一简洁的论述，为构建高水平的现代市场经济体制，推动高质量发展指明了方向。

在市场和政府作用的问题上，要讲辩证法、两点论，用好"看不见的手"和"看得见的手"，而不是盲目跟随美英自由主义经济学的路数，立足于自身文明的特质，以释放自身文明的优势为原则，体现了中国人从农业文明时代就形成的实践理性，这样的治国智慧，反映了中国人处理复杂事务的高超把握能力。

马克思指出："人应该在实践中证明自己思维的真理性，即自己思维的现实性和力量，亦即自己思维的此岸性。"[②] 就好比是"信

[①] 葛瑶.中国做对了什么——四十年四十人（凤凰网财经专访张五常）[EB/OL].凤凰网，2018-7-17.
[②] 马克思，恩格斯.马克思恩格斯全集（第3卷）[M].北京：人民出版社，1956：3.

广告还是信疗效"一样,有些经验也许不符合某些学派的理论,却在实践中被证明管用。中国人有全世界最长久最丰富的历史经验,如果轻率地被年轻的西方经验忽悠了,那不是世界级的笑话吗？

"中国有5000年历史,而美国只有250年历史。因此,像美国这样的年轻国家在和更有智慧、历史悠久的文明打交道时,会遇到困难。因此,美国在和中国打交道时有困难,这很正常。美国不能理解漫长历史的积淀。"新加坡著名学者马凯硕道出了其中的机关。

马凯硕接着指出：英国历史学家安古斯·麦迪森曾经指出,在过去2000年以来,中国和印度一直是全球最大的两个经济体。西方只是在最近200年来领先,欧洲在19世纪,美国在20世纪。过去200年只是人类历史的一个片段,这些片段都有终点。在全球秩序中,西方回到其原有的比例,是很自然的。在历史上,有些趋势是不能阻止的。比如,中国、印度重新崛起,这是必然发生的。①

四、在科学这个"无尽的前沿",中国人再也不能输

在文明的演进中,还有一种促进人类高效协作的方式必须单独加以阐述,那就是战争。恩格斯曾指出：一旦技术上的进步可以用于军事目的并且已经用于军事目的,它们便立刻几乎强制地,而且往

---

① 马凯硕.在面对五千年文明时,美国应更加谦虚[EB/OL].观察者网,2021-8-29.

往是违反指挥官的意志而引起作战方式上的改变甚至变革。战争是催生技术进步的最强大的工具。以火药技术的演进为例，欧洲火药技术的提高离不开其不间断地受到的战争压力刺激。实际上，火器与火药最开始是中国人发明的，但是却在欧洲人手中发扬光大，这并不是由于中国人愚昧无知，只将火药用于花炮等观赏性用途，更重要的原因在于，中国在明清之间的约600年间，大规模的战争极少，大一统国家追求的是秩序的稳定，最憎恶的就是战乱，先进的火器技术被禁锢和封闭起来了，火药技术的进步失去了国家需求。

其实，即使在明朝，中国的火药技术仍然处于世界领先水平。明永乐年间，朱棣得神机枪炮法，特置神机营。明成祖在亲征漠北之战中，提出了"神机铳居前，马队居后"的作战原则，神机营配合步兵、骑兵作战，发挥了重要作用，使火器的应用更趋专业化，神机营也成为明军的一个兵种。这种独立枪炮部队建制在当时中国乃至世界各国都处于领先地位，比欧洲最早成建制的西班牙火枪兵（创建于1510年）要早一个世纪左右，这是明代早期火器部队领先于世界的佐证。

清初"以弧矢定天下，而威远攻坚，亦资火器"，一度也十分重视西方火器技术，但在平定三藩之乱、台湾归顺之后，清政权已经巩固，社会比较稳定，即使有小规模的起义和叛乱，也无法对拥有绝对优势的朝廷军队构成严重威胁。长期的和平环境导致军事体制日渐僵化、军纪军备废弛，对先进武器装备的需求大大降低，从而影响国防科技与武器装备的传承、创新、引进和应用，以致诸如红衣大炮等先进火器技术日渐失传。而同时期的欧洲，正处于列国混战时期，欧洲各国之间的频繁征战迫使各国互相学习其军事技术，火器的更新成为制胜的决定性技术。

战争造就了技术特别是工业技术的巨大进步，军事需要是技术演进最大的催发器，当代的计算机和互联网乃至航空航天技术，都源于美国对战争的需要，这是众所周知的事实。

正如马克思所说，人类大规模地运用机器，也是从战争中开始的。西欧最早的火器在14世纪出现，16至17世纪，火炮机动能力提高，出现了带燧石撞击式枪机和纸造弹壳的火炮，火炮射速达每分钟1发。而后，爆炸弹出现，海军也装备了火炮，19世纪后半叶，开始使用无烟火药和从尾部装弹药的线膛武器，1916年则首次出现坦克。历史事实充分证明，正是在军事战略和前线需要的刺激下，一些主要的科学领域才得到发展，才形成了当今世界科技领域的基本技术装置。

所以，战争的长期不发达，也是中国在明清以来未能产生工业革命与科技革命的重要原因。这种战争的不发达，又反过来让中国在近代以来失去了自卫能力，自己的经济成果无法得到保护，反而令侵略者垂涎三尺，从而进一步加剧了中国工业化的窘困。

为什么工业革命和科学革命没有发生在火药的发源地中国？为什么偏偏是欧洲人发明了"数、理、化"？

文一教授在探源工业革命发生的原理之后，又在《科学革命的密码——枪炮、战争与西方崛起之谜》一书中做出了以下结论。

问题的根本答案，是中国基于火药——火炮的高烈度、高频率战争和围绕这种战争而展开的"国家竞争体系"的缺乏——只有处在这样一种高烈度、高强度、高频率的热兵器战争和国家竞争体系中，才能激发出社会精英和国家力量对数学、物理、炼金术和其他科学知识的巨大渴望、需求、扶持和投入。①

企图统一欧洲的路易十四国王为什么早在17世纪初就斥巨资成立法国科学院，路易十五接着花大价钱成立"法国火药局""拉瓦锡国家实验室"和巴黎高等军事学院，是因为法国当时与欧洲列强正在激烈争霸，连年战争的需求使得国家不得不不惜代价地研究军事科技。中国的明朝和清朝没有高强度、高烈度和高频次的战争需求，所以，研究军事科技没有动力。而明治维新的日本为了与中国开战，就效仿西方这么做了，因此在科技上赶上了欧洲列强。

"问题的关键不是谁先发明了欧氏几何，而是谁先产生了把数学应用于军事和枪炮工业、应用于描述炮弹轨迹的社会需求。正是这种巨大社会需求的缺乏，使得最先发明火药的中国没有产生科学革命。"文一教授的这一分析符合历史的发展轨迹，也能够合理解释在农业文明时代长期领先的中国，何以在工业革命初期陷入被动挨打的境地。

让国家摆脱挨打局面的强烈需求，使得中国铁了心要发展高科技和国防工业，进而强势带动了工业化的进程。

新中国在成立后的前30年里，集中国家力量在国防尖端技术领域攻关，取得了可与美国、苏联等世界一流技术强国比肩的地位，反映了中国领导人对尖端技术战略价值的深刻把握。

军事斗争和国防工业，不仅能锻造新的国家形态，还能催生现代

---

① 文一.科学革命的密码——枪炮、战争与西方崛起之谜[M].上海：东方出版中心，2021：9.

科技集合体。当代的科学，已经告别了牛顿和爱因斯坦那样的凭借一支铅笔在书房里计算就可以创造世界级成果的时代。当代重大科技，不仅依赖高度的运筹组织，还依赖国家对基础科学的高度重视和高强度投入。

范内瓦·布什是美国曼哈顿计划的提出者和执行人，亲自领导了美国的原子弹研究，作为"二战"时期美国最伟大的科学家和工程师之一，他于1945年应总统的问询，就战后美国科技战略布局提出建议，由此写成了《科学：无尽的前沿》报告，这一报告被誉为唤起美国第三次科技革命的"准生证"，范内瓦·布什本人也获得了"信息时代的教父"的美名。范内瓦·布什在全面总结了20世纪前40年世界科技发展的基本经验后指出，一个依靠别人来获得基础科学知识的国家，无论其机械技能如何，其工业进步都将步履缓慢，在世界贸易中的竞争力也会非常弱。由此，报告建议美国下决心拿出举国之力，向科学的前沿进发，以获取国际竞争的战略主导权。

在第四次工业革命方兴未艾之际，美国自然明白前沿科技制高点的争夺，对于大国竞争意味着什么。

面对21世纪第二个10年以来世界前沿科技的激烈竞争态势，美国的智库再次发表了重磅评估报告。2021年12月，美国哈佛大学贝尔福科学与国际事务研究中心发布了一份报告，名叫《伟大的科技竞争：中国VS美国》，其主要内容是，中国可能将在6个科技领域超过美国：人工智能、5G通信、量子信息、半导体、生物技术和绿色能源。在一些竞争中，中国已经成为第一名。在其他竞争中，按照目前的轨迹，中国或将在未来10年内超过美国。

哈佛大学的这份报告进一步指出，2021年，中国生产了全球50%的电脑和手机，美国只生产了6%。中国的光伏面板产量是美国的70倍，电动汽车销量是美国的4倍，5G基站数量是美国的9倍，网络速度是美国的5倍。人工智能是未来十年可能对经济和安全产生最大影响的先进技术。受访的美国科技界普遍认为，到2030年，中国有望超过美国，成为人工智能领域的全球领导者。

无法否认，美国精英在这份报告中有一种掩饰不住的焦虑感，也无法否认，美国政府不会坐视"二战"之后其第一次在主要科技前沿地位的失守。果然，与此同时，近3000页的《2022美国竞争法案》很快获得美国众议院通过。该法案将划拨520亿美元巨额投资和补贴，支持半导体制造行业，扩大本国芯片工厂的建设。法案背后，直指中国的人工智能和精密芯片制造等领域的竞争。

经济史家对第一次工业革命以来的世界经济格局做过一个简明扼要的分析，那就是大约100年时间，世界必然出现一次大的科技革命，科技革命引发的产业革命必然引发世界格局的重大变动：第一次科技革命落脚在英国，造就了英国成为世界第一强国。第二次科技革命发生在美国和德国，托举了美国与德国的崛起。第三次科技革命帮助美国打败了在互联网技术方面落后的苏联和日本，确立了美国的一超独大的霸权地位。第四次科技革命与第四次工业革命深度交织，必然引发全球格局的再次重大变动。

在新一轮争夺信息文明科技主导权的竞争中，中国注定不能缺席，而且必须站上世界前沿科技的制高点。

如何强化中国的国家战略科技力量？中国政府在《中华人民共

和国国民经济和社会发展第十四个五年规划和2035年远景目标纲要》中明确提出，制定科技强国行动纲要，健全社会主义市场经济条件下新型举国体制，打好关键核心技术攻坚战，提高创新链整体效能。

中国已经下定决心，在事关国家安全和发展全局的基础核心领域，制订实施战略性科学计划和科学工程。瞄准人工智能、量子信息、集成电路、生命健康、脑科学、生物育种、空天科技、深地深海等前沿领域，实施一批具有前瞻性、战略性的国家重大科技项目。从国家急迫需要和长远需求出发，集中优势资源攻关新发突发传染病和生物安全风险防控、医药和医疗设备、关键元器件零部件和基础材料、油气勘探开发等领域关键核心技术。

中国作为一个人均收入仍然处在中等收入国家水平的发展中国家，近10年来，在科技上的投入强度，已经接近发达工业国家的平均水平。有人计算，只要中国的年研发投入继续保持10%的增长，大约到2025年，中国R&D经费就能超过美国。科技增量随之在其后的3～5年，也能实现对美国的超越，这将是自第一次工业革命以来，世界科学中心第一次转移到亚洲的历史性大事件。

事实上，只要坚持对科技的高强度投入，辅之以教育领域的深度改革，中国在21世纪的第三个10年站上世界科技的高地，是完全可以预期的事，而信息文明的金钥匙，也将由中国人自己来掌管。

中国人用了70年的时间，不仅搭上了工业革命的末班车，还建成了体系完整、门类齐全、理工人才规模大的工业文明体系，这充分说明中华民族在科学技术方面，有绝不逊于世界任何民族的创造力和学习力，一切对于中华文明的自卑感，要坚决抛到太平洋里去。

中华民族自立于世界民族之林，已有充沛的人力资源保障。实现高科技的自立自强，中国不应再有任何的动摇和犹疑。未来 10 年，围绕核心高科技的对华封锁和挤压，只会加强不会减弱，中国人唯有像当年攻克"两弹一星"那样背水一战，别无他路。中国人将要在越来越多的科学"无人区"里，展开艰苦卓绝的探索。

第九章

人类命运的抉择

一、两种协作观缘何大相径庭

人类必须协作才能生存，人类因为协作而获得发展，人类因为大规模的协作而推进文明，但人类组织协作的方式是多种多样的，不同的协作方式产生不同的文明样式。

以人类组建国家为例，国家是因为人类必须进行大规模的复杂协作的需要而诞生的。但人们对组建国家的期待并不一样，这取决于人群需要的协作方式。

当今世界，有两个最重要的大国，从经济体量上来说，仅有这两个大国是超过10万亿美元级的，遥遥领先于排名第三及以后的国家。这两个大国体量最大，但国家体制大相径庭，堪称两种不同的协作观基础上组建的风格迥异的国家形态，我们不妨以这两个大国作为分析的标本，来厘清不同的协作观为何产生如此不同面貌的国家形态。这两个大国自然就是美国与中国。

美国是一个年轻的国家，成立于1776年，是一个以契约方式成立的联邦国家。美国为什么会以这种方式成立起来？这要追溯到著名的《五月花号公约》。这份写在粗糙羊皮纸上的公约作为美国历史上的第一个政治契约性文件，内容虽然很简单，却被称为美国精神的起源，在美国政治思想史上占有非常重要的地位。

1620年11月11日，经过在海上66天的漂泊之后，一艘名为"五月花"的大帆船向美洲陆地靠近。船上有102名乘客，他们的目的地本是哈德逊河口地区，但由于海上风浪险恶，他们错过了目标，于是就在现在的科德角外普罗温斯顿港抛锚。为了建立一个大家都能受到约束的自治基础，他们在上岸之前签订了一份公约，其中41名男性乘客在船上签了这份公约（因为妇女那时还没有政治权利）。在这份后来被称为《五月花号公约》的文件里，签署人立誓创立一个自治团体，这个团体是基于被管理者的同意而成立的，而且将依法而治。公约全文如下。

我们，下面的签名人，作为伟大的詹姆斯一世的忠顺臣民，为了给上帝增光，发扬基督教的信仰和我们祖国和君主的荣誉，特着手在弗吉尼亚北部这片新开拓的海岸建立第一个殖民地。我们在上帝的面前，彼此以庄严的面貌出现，现约定将我们全体组成公民政体，以使我们能更好地生存下来并在我们之间创造良好的秩序。为了殖民地的公众利益，我们将根据这项契约颁布我们应当忠实遵守的公正平等的法律、法令和命令，并视需要而任命我们应当服从的行政官员。①

1991年的《世界年鉴》评价该公约是"自动同意管理自己的一个协议，是美国的第一套成文法"，这份著名的文件也被人们称为"美国的出生证明"。

中国的国家形态出现很早，在黄帝时期就已经产生了众多部落联盟组建的早期国家形态，中国第一个王朝是夏朝，到周朝的时候，中国的国家形态已经制度化了，政治文化趋于成熟，之后虽然朝代更迭，但中国早已稳稳地站在东方大地上了。基辛格在他的《论中国》一书中形象地说："早在黄帝之前，就已经有了中国，在历史意识中，中国只是一个只需复原，而无须创建的既有国家。"②

"中国"一词，最早见于何尊。何尊是中国西周早期一个名叫何的西周宗室贵族所做的祭器，1963年出土于陕西省宝鸡市宝鸡县贾村镇（今宝鸡市陈仓区），尊内底铸有铭文12行、122字铭文，其中"宅兹中国"一词，是中国目前出土文物中所见的最早的"中国"一词文字记载。

中国的国家建立在政治伦理的基础上，自西周以来，以周礼为原则，周天子代表天意领导整个天下体系，天下体系下的列国遵从共同的文明标准而和谐共处，家国同构的社会机制让家庭—国家—天下形成同构型社会，这就是后来延续数千年的中国国家基本的政治架构。产生于春秋时期的《大学》，被公认为中国第一部系统性的政治哲学。

---

① 《五月花号公约》有多个版本，这里选取的是流传最广的版本。
② 基辛格. 论中国［M］. 胡利平等译. 北京：中信出版社，2015：1.

《大学》为孔子的学生曾子所作，现存的《大学》章节是朱熹编定的。《大学》，顾名思义，就是在大学（又称太学，古代中国的最高学府）里所讲授的圣王之学，也称为"大人之学"。《大学》的立意和主旨，以执政者特别是最高统治者——天子作为讲授对象，系统阐述了以天子为代表的国家统治者的治理合法性来源。因此，中国历代政治学者都将《大学》视为"帝王之学"。

《大学》认为，来自家庭内部关系的"孝""悌""慈"等根本道德原则，也同样适用于协调国家中君与臣、君与民、官与民的关系，齐家的原则同样适用于治国的原则。《大学》的第九章，就是中国古典治国原则的纲领性阐述。

所谓治国必齐其家者，其家不可教，而能教人者无之。故君子不出家，而成教于国。

孝者，所以事君也；悌者，所以事长也；慈者，所以使众也。《康诰》曰："如保赤子。"心诚求之，虽不中，不远矣。未有学养子而后嫁者也。一家仁，一国兴仁；一家让，一国兴让；一人贪戾，一国作乱，其机如此。此谓一言偾事，一人定国。

《五月花号公约》和《大学》分别代表美国和中国的政治哲学，包含着各自不同文明中深刻的协作观。

二、对待他者，为何态度如此不同

"五月花号"的乘客们为什么要签订这样一个约定，这还得从"五月花号"乘客的悲惨遭遇说起。"五月花号"并非从英国移民驶往北美的第一艘船只，却是英国移民驶往北美的一艘最为著名的船只。"五月花号"载重约180吨，长19.5米，当时运载着一批分离派清教徒，他们准备越过大西洋到北美去建立一块逃脱英国宗教迫害的殖民地。

史载，清教徒分离主义派是英国清教中最激进的一派，由于受英国国教的残酷迫害，1608年8月离开英国到荷兰，其中一部分教徒决定迁居北美，并与弗吉尼亚公司签订移民合同。1620年9月16日，在牧师布莱斯特率领下乘"五月花号"前往北美。全船乘客102名，其中分离派教徒35名，余为工匠、渔民、贫苦农民及14名契约奴。11月21日，到达科德角（今马萨诸塞州普罗文斯敦），于感恩节后第一天在普利茅斯上岸。在登陆前，即11月21日由分离派领袖在船舱内主持制定一个共同遵守的《五月花号公约》。

《五月花号公约》的签订，有三个深层次的文化背景。

第一，这是一群竞争失败者的约定，目的是在于防止进一步的恶性竞争。清教徒是一个16世纪下半叶从英国国教内部分离出来的宗教派别。16世纪上半叶，英王亨利八世与罗马教皇决裂，进行宗教改革，建立以英王为首领的国教会（圣公会），但保留了天主教的主教制、重要教义和仪式。16世纪60年代，许多人主张清洗圣公会内部的天主教残余影响，得名清教徒。他们接受加尔文教教义，要求废除主教制和偶像崇拜，减少宗教节日，提倡勤俭节忍，因其激进要求在圣公会内未能实现。自70年代起，他们脱离圣公会，建立独立教会，选举长老管理宗教事务，从而与英国国教会形同水火。从17世纪开始，清教徒们不断受到英国王室和教会势力的残酷迫害，逮捕和宗教审判无时无刻不威胁着他们，在这种情况下，一部分清教徒开始移居荷兰，但仍然摆脱不了迫害，并且还承受着宗教战争和背井离乡的痛苦。所以，这批在宗教竞争和财产竞争中的惨败者决定孤注一掷，前往北美洲冒险。据记载，这批清教徒当时也获得了特许状，但是这份特许状只有到达弗吉尼亚才算有效。不过他们在航行的过程中正是大西洋从东向西航行最危险的季节，顶风逆潮，他们在海上煎熬了66天，才最终看到陆地。在他们本以为到达弗吉尼亚的时候，发现实际上是新英格兰的科德角。这下这群移民有些乱了，这里没有英国政府的土地许可，没了原来的接收公司，上不着天下不着地。有人要求自行上岸，不需要任何约束，但是移民领袖为了避免这些清教徒移民发生内讧和混乱，就决定制定一些规则，在他们离开船舶登岸前签订。换句话说，《五月花号公约》实际上是为了防止最坏的局面而缔结的协作约定，不是为了更好，而是防止最坏。

第二，这是基于保护少数征服者利益缔结的约定，为的是确保征服者以后共享利益。《五月花号公约》的签署人立誓要创立一个不同于欧洲的自治社会，这个社会最核心的理念是基于被管理者的同意而创立，且将依法而行自治。但参加自治的人，只能是他们自己人，特别是宗教信仰一致的男性成年教徒。这个公约强调：我们在上帝的面前，彼此以庄严的面貌出现，现约定将我们全体组成公民政体，以使我们能更好地生存下来，并在我们之间创造良好的秩序。这就明显地包含着一层分界，只有同类人才能组成公民政体，如果不被列入这个公民政体，那就不能受到这样的保护，也就只能被排除在协作关系之外了。后来的事实很快证明了这一点："五月花号"上的乘客在饥寒交迫之际登上北美海岸,得到了印第安人的款待和救助。当初面对"五月花号"上的不速之客,当地印第安人展示了好客的天性。在他们的帮助下,白人殖民者定居下来并获得了丰收,后来,他们和印第安人共庆丰收的那个日子定名为感恩节。

然而此后,这伙人自称《五月花号公约》的继承者,对恩人却没有给予"政治公民"待遇,反而通过战争、诱骗的方式迫使印第安部落签订了一个又一个不平等条约,从印第安人手中巧取豪夺大量土地,而且还悬赏组织屠杀印第安人。资料显示,1492年白人殖民者到来之前,这片土地估计有500万印第安人。在19世纪的近百年时间里,美国白人通过西进运动大肆驱逐、杀戮印第安人,侵占了印第安人几百万平方千米土地,攫取了无数自然资源。到了1900年,全美一度仅剩下25万印第安人。可见,这份约定只是征服者之间的合约,对于被征服者或者异教徒、黑奴以及其他种族,这个合约精神是不适用的。

第三,北美殖民者以《五月花号公约》作为自己立国的精神,在创建国家的过程中,采取的协作逻辑就必然是以这种符合竞争者最大利益的方式展开,而对于被征服者,采取的当然就是将其排除在协作范围之外的态度。因为制定法律者是一群清教徒,所以北美殖民地的法律很多甚至直接以《圣经》作为基准。比如,康涅狄格州的早期刑法,其开篇居然是:"凡信仰除上帝以外的神,可处以死刑。"

继承了这种"上帝的选民"逻辑,《独立宣言》立论的基础就是上帝说人必须有这些权利,而在那些不信奉上帝和基督教的民族里,人的权利缺乏理论根基,也就谈不上被保护了。

总而言之,美国的"立国精神"就是基于一种特殊的协作观:

为了保护竞争胜利者的成果，反对政府侵吞其利益；为了防止竞争者之间恶性斗争，他们愿意基于共同利益缔结合约；为了让竞争者的利益不被别的人群分享，不给被征服者赋予相关权利。

研究美国宪法史的学者还发现，后来的美国宪法拟定者不但参照了《五月花号公约》，还参考了当时英国海盗制定的《海盗宪章》。最初，17世纪西印度群岛海盗相互之间签订了"协议条款"，后来基于这套体系创制了所谓《海盗宪章》，对海盗组织运转做了规范：每次成功抢劫战利品后，每个海盗都可均分新鲜的食物、烈酒；船长和舵手必须由全体海盗投票选举产生；抢劫得手后，普通海盗领一份战利品，船长和舵手可领两份战利品，其他小头领可领1.25份到1.5份战利品等。来自英国威尔士的巴塞洛缪·罗伯茨一生掠夺了400多艘船只。他所创设的11条《海盗宪章》准则，是所有版本中流传最广的。

美国一些专家学者指出，18世纪的《海盗宪章》最早出现"选举权""制衡制""代议制""分赃制"等，可视为美国民主的雏形。美国乔治·华盛顿大学哥伦比亚文理学院创办的"历史新闻网"发表文章，对海盗组织与美国民主制度的关系做了分析。文章指出："海盗规则对美国民主发展具有极大影响。《海盗宪章》的第一条规定就是'每个人都有对重大事件的投票权'，确认个人参与选举或罢免船长及其他官员的权利。除此之外，海盗组织还建立了权力制衡和赃物分配体系。这套体系是非常激进的，但在一群盗贼中形成了秩序的平衡。《海盗宪章》事实上是美国民主的前身。"[①]

[①] 海盗规则对美国民主发展具有极大影响[N].人民日报，2021-12-10(15).该文件对此有详细剖析。

对比《五月花号公约》与英式《海盗宪章》，再参照后来的美国宪法，不难发现，这三者之间的精神内核如出一辙：1715年至1725年活跃在加勒比海的700名海盗的样本显示，超过一半的海盗来自英国和美国。为有效组织抢劫活动，海盗需要确立机制防止内部冲突，使海盗组织利益最大化。他们通过确立选举制、制衡制、分赃制等维护了船上秩序，提高了海盗抢劫的效率。构成海盗治理体系的这些制度，同美国现代民主政治制度非常相似。

所以，美国文明是基于一种竞争的协作观发展起来的。为了让竞争者更有效率，他们推出了首脑选举制、权力制衡办法和分赃制等；为了让竞争的优胜者获得道德上的合理性，就必须制造一种我者和他者的逻辑，将文明分为进步世界和落后世界、民主世界和专制世界、自由世界和不自由世界，让竞争者心安理得地展开征服、殖民或者自由竞争。为了让竞争者之间不发生恶性内斗，从而集中力量对付外部力量，竞争者之间需要订立契约，当然最好是以法律的形式确立利益分配方式；为了进一步确保法律不被一部分竞争者垄断，就必须采取权力制衡的方式，以此方权力制约彼方权力；为了让竞争者提高对外征服的效能，需要竞争者之间进行高效率的合作并建立互信，最便捷的方法就是借助宗教，把竞争者全部拉到上帝面前，违约者将受到上帝的清算，这就是美国总统宣誓时，不但要表态遵守宪法，还要手按《圣经》的缘故。

按理说，一个自称民选的政府首脑，又有三权分立的制衡，宣誓遵守宪法足矣。但总统也得宣誓臣服于上帝，这就说明宪法制定者对于这一竞争者之间缔结的契约规则仍然没有信心，离开了上帝这个

"终极监督",天知道分肥者最后能干出什么事儿。这也就能合理解释,宪法上已经明确了政教分离的美国,为什么在美元上还得印上"我们信仰上帝"的语句了。

而中国的国家形态则基于《大学》阐述的政治伦理,这一伦理的核心就是家国同理,家国同构。中国儒家将中国社会基本的五种人伦关系,概括为五伦,即父子、君臣、夫妇、兄弟、朋友五种关系。孟子认为:父子之间有骨肉之亲,君臣之间有礼义之道,夫妻之间挚爱而又内外有别,老少之间有尊卑之序,朋友之间有诚信之德,这是处理人与人之间关系的道理和行为准则。《孟子·滕文公上》:"使契为司徒,教以人伦:父子有亲,君臣有义,夫妇有别,长幼有序,朋友有信。"人伦中的双方都要遵守一定的规矩,讲究协作和相互依赖,全体成员遵守伦理责任。《大学》指出:孝者,所以事君也;悌者,所以事长也;慈者,所以使众也。君子只需要掌握齐家之道,就能做到"不出家而成教于国"。国家形态的建立就是一个放大了的家,基于彼此深度依赖的关系,这就没有人会被排除在权利之外。作为执政者,其与民众的关系,就是父子关系,岂能以征服者或者掠食者的姿态去对待呢?

很显然,建立在家国同理基础上的国家形态,与卢梭、洛克以及汉密尔顿等主张的国家始于契约的政治哲学大异其趣,以竞争者的角度来看,这种社会协作方式无法实现对他者的征服和掠夺,也无法保证竞争者的优势地位,因为在家国结构中,在不同的时态下,每个人的身份是变化的。比如,父亲在儿子面前,当然是父亲。而父亲在祖父面前,就是儿子。在家庭关系中,君主也是父亲或者儿子。中国古典政治哲学将政府与民众的关系定位在家庭伦理的结构当中,政府对民众一旦形成侵害，就损坏了家庭伦理，这是每个人都知道不能干的事，这种监督比彼岸世界的上帝肯定来得直截了当。中国著名法学家、北京大学教授苏力对这一家国伦理结构给予了高度评价。

"齐家"是历史中国一个独到的重大制度领域，有关中国社会最基础的农耕村落，却仍与治国和平天下相互勾连和相互支持。农耕村落的秩序总体上一定以国家和天下太平安定为前提，"覆巢之下，复有完卵乎"？[①]

因为家庭成员的利益紧密相关，所以，其协作的特点就是信任度高、沟通成本低。推而广之，这种基于家庭伦理关系的协作型文明，就天然具有协作成本低、监督成本低且倾向于协商解决争端的特点。中国的这种基于良好道德伦理的国家形态，在西方并非没有欣赏者。法国思想家伏尔泰从开始接触中国文化伊始，就特别推崇中国的儒家思想，对孔子更是佩服得五体投地，房间里常年挂着一幅孔子画像。他反对君主专制，希望有一位开明君主，做国民道德的楷模。伏尔泰推崇孔子的另一方面，是他认为孔子是用道德的说服力而不是用宗教的狂热和个人崇拜来影响别人。但西方文明后来转入资本主义轨道，中国的这种不符合资产阶级利益最大化的社会协作方式，自然不被采纳。再加上西方近代以来在军事装备上远远领先于东方，其竞争的优势扩大了，那种能够为竞争者提供合理性的政治哲学和国家形态自然就大行其道了。

[①] 苏力. 大国宪制——历史中国的制度构成[M]. 北京：北京大学出版社，2018.

中国人之所以一开始没有以订立契约的方式来组建国家，是因为中国人对人本身的善性具有信心。

"人之初，性本善，性相近，习相远"，中国古代的儿童启蒙读物《三字经》就开宗明义，对人的善性做了界定，因为人性本善，即使产生行为上的偏差，也是可以通过伦理教育加以纠正的，而且这种对人的教育是从明确人在社会与家庭关系的伦理职责开始的，而不是教给人具体的知识："首孝悌，次谨信""有余力，则学文"。

中华文明自古就反对贬低或者区别对待别人，中国古代的典籍对人的价值做了极为尊贵的评价。

人，中国的《说文解字》给予了西方文化典籍不可能给予的定义：人，天地之性最贵者也。《礼运》曰：人者，其天地之德，阴阳之交，鬼神之会，五行之秀气也。又曰：人者，天地之心也，五行之端也。惟人为天地之心，故天地之生此为极贵。

由于中国人早就把人置于天地之间最贵的地位，所以剥削人、压迫人、掠夺人，就成为严重侵犯人本价值的最大罪恶，中华文明无法产生那种"种族优劣论""人种进化论""人种野蛮论""人类原罪论"，等等，侵略别人、奴役别人，很早就被中国人视为不道德的行为。用武力消灭不臣服者，则被中国人很早就视为下之下者也。对此，习近平总书记曾深刻指出：中华民族的血液中没有侵略他人、称霸世界的基因，中国人民不接受"国强必霸"的逻辑，愿意同世界各国人民和睦相处、和谐发展，共谋和平、共护和平、共享和平。①

---

① 习近平出席中国国际友好大会暨中国人民对外友好协会成立60周年纪念活动并发表重要讲话[N]. 人民日报，2014-5-16.

基督教将人视为带有原罪的罪人，人一出生就带着原罪来到世间，只有皈依宗教才有可能获得救赎，并且获得救赎还必须通过特殊的宗派和神职工作者。[1]在这样的宗教法则面前，人是卑微的，有罪的，当然也是很不完善的。教徒还有可能获得救赎，异教徒或者别的宗教徒呢？恐怕永世难以翻身了。

三、三个"日不落帝国"一脉相承

自哥伦布开拓新航路以来，西方世界已经产生了三个"日不落帝国"，这三个日不落帝国在近5个世纪的时间里，实现了霸权更迭，主宰了近500年来的殖民化进程。

第一个日不落帝国是西班牙帝国。"日不落帝国"一词，其实最早是用来形容16世纪时的西班牙帝国的，它来源于西班牙国王卡洛斯一世（亦即神圣罗马帝国皇帝卡尔五世）的一段论述："在朕的领土上，太阳永不落下。"在欧洲大陆的查理曼大帝和拿破仑崛起之间，统治欧洲版图最广的就是西班牙国王卡洛斯一世，这个处于大航海时代和宗教改革运动启动阶段的帝王，统治的领域包括西班牙、那不勒斯、西西里、撒丁岛、奥地利、尼德兰、卢森堡、名义上的整个德意志邦联，还有非洲的突尼斯、奥兰等，加上美洲、亚洲等地正

---

[1] 原罪论源于基督教义，基督教认为人自从出生的那一刻起就有罪，这种罪是无法消除的，而且是一代传给一代，永无停止，这就是"原罪"。而原罪是来自人类的祖先，亚当和夏娃。

在不断扩大的、数倍于欧洲本土面积的殖民地。他的帝国被称为"日不落帝国",这个称号比维多利亚时期的大英帝国早了300多年。

正如任何殖民帝国对外进行扩张掠夺时,都要找到一个合理的理由一样,西班牙帝国找到的殖民理由,居然是奉"上帝之命"拓展殖民。在这样一个冠冕堂皇理由的支持下,西班牙是如何对外扩张的呢?

1492年,哥伦布到达美洲后,西班牙和葡萄牙两国为争夺全球范围的殖民地和新市场,进行了长期的战争。相持不下的两国只好寻求罗马教廷仲裁。由教皇亚历山大六世(1492—1503年在位)出面调解,并于1493年5月4日做出仲裁:在大西洋中部亚速尔群岛和佛得角群岛以西100里格(league,1里格合3海里,约为5.5千米)的地方,从北极到南极画一条分界线,史称教皇子午线。线西属于西班牙人的势力范围;线东则属于葡萄牙人的势力范围。根据这条分界线,大体上美洲及太平洋各岛属西半部,归西班牙;而亚洲、非洲则属东半部,归葡萄牙。葡萄牙国王若昂二世(1481—1495年在位)对此表示不满,要求重画。1494年6月7日西、葡两国签订了《托德西拉斯条约》,将分界线再向西移270里格,巴西即根据这个条约被划入葡萄牙的势力范围。这条由教皇作保规定的西、葡两国同意的分界线,开近代殖民列强瓜分世界、划分世界势力范围之先河。

虽然西葡两国后来又为划分新殖民地屡起争端,但基本上都愿意按照教皇的旨意由两国来瓜分世界。

后起的英国就没有西班牙这么幸运了。因为英国是罗马教廷的叛逆者,不可能被罗马教廷接受——英国亨利八世先前公然违反罗马教规,被罗马教皇开除了教籍,英国宗教自此决定与罗马教廷决裂,英国人也就不可能获得罗马教廷对其殖民合法性的认可。但英国人也不可能坐以待毙，既然走不了西班牙那样"奉旨殖民"的道路，那就自己给自己找一个借口——文明优越论。按照这一理论，英国人到别的国家殖民，是为了输出"先进文明"。对于不接受其"先进文明"的人群，就强迫其接受，对于"冥顽不化"的，就采取特殊的消灭手段。

法国思想家托克维尔走访了英国的许多殖民地之后，在1835年写道："若以过去发生的事实来推论，我们几乎可以说欧洲人之于其他种族，如同人类之于低等动物：欧洲人奴役其他种族以供己用，倘若无法制伏就予以毁灭。"

脱胎于英国文明母体的美国，在20世纪迅速崛起，成为有史以来对全球控制力最强的日不落帝国。美国领导人其实并不介意享受"帝国"这样的听起来不那么美的称谓。克林顿在任期间，在一次演说中，就曾经以历史上的罗马帝国、蒙古帝国、大英帝国等为例，声称为了"神圣的国家利益"，美国"将成为人类最后唯一的帝国"。小布什连任后，也公开宣称要在"全世界推广民主自由"，美国愿意成为一个"新罗马帝国"。

美国是在排挤掉英国对于殖民合法性的基础上崛起的，自然不能承认英国的那套殖民合法性意识形态，所以，美国人为自己打造新帝国，必须披上一件新的合法性外衣，这就是"美国例外论"。被英国国教所不容的清教徒，在美国建国后，很快建立了自己的新的意识形态——美国的政体是世界上最好的制度；美国人是"上帝的选民"，上帝站在美国一边，并赋予美国人在世界范围内追求自由的使命。

仔细分析"美国例外论",就能发现,这一新外衣相当于西班牙"奉旨殖民"和英国"文明优越论"的双重叠加,这一外衣表明,美国对外拓展,既符合上帝的旨意,又是为了给别的国家和民族输出"优秀文明"。

为了展示"美国例外论"的内涵,19世纪美国著名作家麦尔维尔在《白鲸》一书中写道:"我们美国人是上帝独一无二的选民,我们是现时代的以色列人,我们驾乘着世界自由的方舟。70年前我们从奴役中逃脱出来,我们怀抱着一整个大洲,这是我们第一项与生俱来的权利,除此之外上帝还将政治统治宽广领地上的异教徒的任务交给我们,作为将来的遗产。我们将他们荫蔽在我们的方舟之下,而无须双手沾满鲜血。长期以来,我们一直怀疑我们自己,怀疑政治上的弥赛亚是否真的已经到来。如果我们宣布他到来的话,实际上他已经来了,那就是我们美国。让我们永远记住,由于我们的出现,在地球的历史上几乎第一次,国家自私的目的成为不可限量的慈善事业,因为我们不仅在对美洲行善,而且要解救整个世界。"

对于邻国,美国采取战争政策。美国南部大片土地如今多用西班牙语命名,因为距今400多年前这些地区是墨西哥领土,此后美国通过战争占为己有。美墨战争中,美国从墨西哥手中夺取了近230万平方千米的土地,成为地跨大西洋和太平洋的大国。美国的前总统格兰特也承认,美墨战争是一场最不正义的战争。墨西哥历史学家何塞菲娜·索莱达认为,美国通过这场战争才成为美洲大陆上的霸主,而墨西哥却失掉了半数土地,从此一蹶不振。

对于自己不是很喜欢又不想丢给对手的地盘,美国人采取了一种非常新奇的占据方式,即占领但不给名分。以波多黎各为例,波多黎各是加勒比海的一个岛屿,自1898年美国在美西战争中击败西班牙后成为美国的自治领地。然而,让人意外的是,这块已并入美国120多年的领地,至今都没能成为美国的第51个州。为了加入美国,波多黎各在过去50年里举行了5次公投,但美国国会却一直拒绝。时至今日,波多黎各与美属萨摩亚、关岛、北马里亚纳群岛和维尔京群岛一样,属于美国的领地,但不是领土。换句话说,美国需要的是这些土地,但不需要生活在这些地方的居民。

好莱坞电影《阿凡达》的故事,与美国的殖民故事何其相似:殖民者占领"野蛮人"的土地和资源,驱逐这里的原住民,强迫他们的孩子学习英语。纳威人的形象代表了美国人对所谓的野蛮民族的想象——纳威人拖着一根长长的尾巴,是他们在种族进化中落后的表现,杀死纳威人,在殖民者眼里,就像捏死害虫一样。《阿凡达》对美国殖民寓言的重述,对于每一个熟悉美国近代史的人是如此之眼熟,它正是美国大兵在全球扩张的历史的寓言表述。殖民的文化后果就是"世界的同一化",让当地人彻底服从美国的文化。

与殖民统治相比,其实还有一种代价更小、收益更大的方式,那就是美国人提出来的"门户开放"政策——19世纪末,美国政府向欧洲列强发出照会,它的主要内容是:在整个中国范围,美国和列强一样,都有进行贸易的权利。它的主要精神是利益均沾,机会平等。不论是在哪个列强的势力范围内,不论是否在中国内地或沿海地区都实行这个原则。

这种政策对美国的好处显而易见:打架的时候,美国不需要第一个出手。打下来之后，列强享受的所有特权，美国均可享受。作为一个殖民帝国的后来者，这种方式真是妙不可言，既不需要下场弄脏手，还能得到最多的油水。

美国终于等来了机会，这就是第二次世界大战。尽管第一次世界大战美国发了一大笔战争财，但是并没有从英法那里撬到肥美的殖民地，而第二次世界大战就不一样了，美国迎来了以其为主导的瓜分世界的大好机会。美国一方面鼓励民族自决，支持原来从属于英法的殖民地纷纷独立，又缔造北约组织，以马歇尔计划为先导，将西欧纳入以美国为主导的经济体系；另一方面，美国主导建立了布雷顿森林体系，继英镑之后，美元确立了世界货币的霸权地位。布雷顿森林体系的主要内容包括以下几点：第一，美元与黄金挂钩；第二，其他国家货币与美元挂钩，其他国家政府规定各自货币的含金量，通过含金量的比例确定同美元的汇率；第三，实行可调整的固定汇率；第四，各国货币兑换性与国际支付结算原则；第五，确定国际储备资产；第六，国际收支的调节。

布雷顿森林体系本来说得好好的，世界贸易货币与美元挂钩，美元与黄金挂钩，美元的霸权地位让美国人可以躺着收铸币税，但美国人却自己将这个体系玩塌了——美国1950年发动朝鲜战争，海外军费剧增，国际收支连年逆差，黄金储备源源外流。1960年，美国的黄金储备下降到178亿美元，不足以抵补当时的210.3亿美元的流动债务，出现了美元的第一次危机。20世纪60年代中期，美国卷入越南战争，国际收支进一步恶化，黄金储备不断减少。

1968年3月，美国黄金储备下降至121亿美元，同期的对外短期负债为 331 亿美元，引发了第二次美元危机。1971 年，美国的黄金储备（102.1 亿美元）是它对外流动负债（678 亿美元）的 15.05%，美国完全丧失了承担美元对外兑换黄金的能力。1973 年美国爆发了最为严重的经济危机，黄金储备已从战后初期的 245.6 亿美元下降到 110 亿美元。没有充分的黄金储备做基础，严重地动摇了美元的信誉。但美国又在此时发动侵越战争，财政赤字庞大，依靠发行货币来弥补，造成通货膨胀；加上在两次石油危机中因石油提价而增加支出，国内失业补贴增加，劳动生产率下降，造成政府支出急剧增加。美国消费物价指数 1960 年为 1.6%，1970 年上升到 5.9%，1974 年又上升到 11%，这给美元的汇价带来了冲击。美国国际收支还持续逆差：第二次世界大战结束时，美国大举向西欧、日本和世界各地输出商品，使美国的国际收支持续出现巨额顺差，其他国家的黄金储备大量流入美国。各国普遍感到"美元荒"（Dollar Shortage）。随着西欧各国经济的增长，出口贸易的扩大，其国际收支由逆差转为顺差，美元和黄金储备增加。美国由于对外扩张和侵略战争，国际收支由顺差转为逆差，美国资金大量外流，形成"美元过剩"（Dollar Glut）。这使美元汇率承受巨大的冲击和压力，不断出现下浮的波动。

在这种情况下，美国本来可以选择改革内政和经济，增加自己出口产品的竞争力来改善美元的弱势，但"美国例外论"在这个时候再次发作——在 1971 年 8 月 15 日，尼克松政府在没有提前告知美国国会的情况下突然宣布，美元从此不再绑定黄金，停止美元对黄金的兑换。至此，由美国人主导并确立的布雷顿森林体系彻底崩溃。

后来经济学史上给这一次重大历史事件起了个别名,即"尼克松冲击"。"尼克松冲击"是美国政府典型的违约行为,也是对世界经济秩序极度不负责任的行为,说到底,就是美国政府公开赖账——该兑付的黄金不予兑付了。但世界上没有一个权力组织可以制裁美国政府的这种公开违约,全世界只能默默地吞下美国人种下的苦果。所以,尼克松时代的美国财政部长康纳利曾公开扬言:"美元是我们的货币,却是你们的麻烦。"

四、美元所到之处,都是美国收割的"韭菜"

美元所到之处,就是美国经济殖民的地盘。自20世纪90年代起,由于苏联东欧社会主义阵营集体垮台,原华约组织成员经济决口,美国乘势将其收入美元的新领地,美元完成了对全球经济的掌控,是人类经济史上从未有过的使用范围如此广泛的交易货币,而其货币发行居然不设锚定物。换言之,美联储要发行多少美元,没有任何外来制约,全由自己的利益考量而定。

美元霸权对于美国经济收益的贡献主要有两大块,一是可以征收美元铸币税,据估算,到2018年年底,美国政府至少已经通过印刷美钞获取了1.667万亿美元的铸币税收益。二是征收美元通胀税,由于美元是国际货币,美元在国内贬值,其他国家持有的美元也相应贬值。美钞被持续滥印,对美国国内而言,物价上涨,美元购买力下降,美国人民的财富被稀释;对美国境外而言,由于国际贸易计价结算、国际借贷融资、国际储备均以美元为主，美元在全球内流动性过剩，意味着美元在国际上的购买力也下降了，而海外持有美元储备或者持有美元债权的机构或个人（包括各国政府和央行以及各投资机构）的美元财富也被稀释，被迫财富缩水。这一过程实际上就是美国政府在全球范围内收取国际通胀税。自 1913 年至 2018 年，美元购买力指数从 1000 降到 39，说明美元购买力下降了 96.1%，这也意味着美元的国外持有者的美元购买力下降了同等比例。

发展中国家依赖美元进行国际贸易，以自己的低价商品换取美元，最后这笔血汗钱还要回流到美国去，帮助稳定美国的货币和经济，中国学者温铁军称之为"被美国剥两层皮"——第一张皮：为了以商品贸易换取美元，发展中国家资源环境被破坏，工人待遇被压榨。第二张皮：发展中国家将贸易盈余反投美国国债，支持美元坚挺，以维持西方国债发行。

美元的这种"剥两层皮"式的经济殖民，被美国著名经济学家斯蒂格利茨称为"怪圈"——在国际资金循环中，出现了新兴市场国家以资金支援发达国家（如许多东亚国家持有巨额外汇储备）的得不偿失的资本流动怪圈（Capital Doubtful Recycling），其表现为新兴市场国家在以较高的成本从发达国家引进了过剩资本后，又以购买美国国债和证券投资等低收益形式把借来的资本倒流回去。

而且，美国在贸易逆差的情况下大规模接受这些"亚洲美元"，然后又以证券组合投资、对冲基金等形式将这些"亚洲美元"投资在以亚洲为代表的高成长新兴市场获取高额回报（收益率 10%～15%）。换言之，美国投资家将从美国资本市场上轻松筹措到的"亚洲美元"，又趁机拿到亚洲资本市场上去兴风作浪，套取巨大的利益，并乘势主宰亚洲新兴市场上的头部企业。

美元霸权给其他使用美元的经济体造成"双重剥夺"，肯定不合理，这一点美国也知道，要使明明不合理的事儿长期合理化，就得依赖于另外的权力加持：对美元的最大威胁是另外有可能取代美元地位的货币体系，所以，对于那些对美元地位构成威胁的国家信用，必须予以遏制，必要时出动美军打击其国家信用，这就是美军加持；对于质疑美元合理性的意识形态，采取洗脑、屏蔽或者推广美国价值论的方式予以遏制防范，利用互联网、大学、媒体、电影、电视等多种传播手段推广对美国有利的意识形态，这就是文化力加持；对于可能引领产业潮流的高技术领域，务必予以垄断，阻断其他国家追求高技术的渠道，保证美元对于高技术产业的议价权，这就是对美元的科技力加持。

总而言之，美元所到之处，都可以成为美国收割的"韭菜"。

美国利用美元，实现了西班牙和大英帝国都未曾实现的"日不落""全覆盖""全时空"的财富掠夺。人类历史上从未有过具有如此强大控制力的殖民帝国，而且由于美国具有强大的意识形态输出能力，人类社会也从未被如此大范围的头脑殖民。

2020年，美国GDP占比全球为24.6%，美国制造业增加值占比全球为17.3%，但美元在全球外汇储备中所占份额仍然达到59%，美元在2020年国际支付市场的占比为40.81%。

以美元为标志的超级殖民霸权，体现在美国人对全球资源的消耗上：有数据显示，占全球人口总数5%的美国人，消耗着全球23%

的能源。其中，在吃上，美国每年浪费约40%（相当于每天浪费近15万吨）的食物；在电力上，2019年美国居民月用电量约为364度，是中国人的5倍还多。据英国石油公司发布的《世界能源统计年鉴》统计数据显示，北美地区碳排放占比为16.6%，从人均碳排放量来看，美国的人均碳排放量却常年高居世界第一。美国的人均排放17.6吨，在占世界人口5%的情况下，却贡献了世界16%的碳排放总量。而中国有14亿的人口，人均碳排放量约为6吨，仅为美国的三分之一。美国人一天消耗的石油比14亿中国人还多530万桶，人均耗油量是中国的5.9倍！

进入21世纪后，美国并不打算改变这种并不合理的全球利益分配结构，时任美国总统的奥巴马宣称，美国还要领导世界100年。特朗普在任的时候，其时政纲领就是"让美国再次伟大"和"美国优先"，拜登也向选民承诺"美国回来了"，凡此种种，都表明这一超级帝国不可能自己改弦更张，在没有别的力量改写这一国际规则的前提下，美国就会心安理得地继续保持并扩展自己的殖民能量，并继续对世界上别的经济体进行"双重剥夺"。在这一点上，没有人可以幻想美国会自动放弃自己在食物链顶端的地位。亨廷顿担心的"文明的冲突"，其实是担心苏东社会主义国家丧失挑战美国霸权的能力之后，别的被剥夺国家联合起来，反对美国沿袭西班牙和英国继续推行的所谓"文明征服野蛮"的规则，21世纪的世界前途，就取决于这一所谓的"文明规则"能否被改写。

第十章

规划未来，中国直通 2049

一、中国之治 VS 西方之乱

2019年是中华人民共和国成立70周年，同年召开的中国共产党十九届四中全会指出："新中国成立七十年来，我们党领导人民创造了世所罕见的经济快速发展奇迹和社会长期稳定奇迹。"这"两大奇迹"成为新中国成立70年来中国共产党执政成就和国家治理成效的重大标志，成为中国国家制度和国家治理体系具有多方面显著优势的生动体现。

但令世人不解的是，新中国在短短的70年内创造出了如此伟大的在全世界无与伦比的人间奇迹，但有人却对此感到忧心忡忡，他们承认这"两大奇迹"确实实实在在，但让他们困惑不解的是：既然取得如此伟大的成就，为什么中国没有走上西方式的道路呢？

杰出经济学家科斯也曾坦言：无论从规模还是速度上来说，中国的经济发展都是个奇迹，我对此有很多不明白的地方。但科斯一直是"黑板经济学"坚定的反对者，当目睹中国持续的经济增长奇迹后，科斯还是对中国奇迹充满好奇心，并组织研讨会对此进行多方论证分析。①

因为从西方一般学理上无法解释中国的经济增长奇迹，所以，"中国崩溃论""中国繁荣无法持久论""中国依赖美国论"等言论在世界范围内也有不小的市场。但自从时任美国总统的特朗普铁了心与中国大打贸易战并且下决心要与中国"脱钩"之后，中国经济增长依然强劲，美国对华贸易逆差不仅没有减少，反而增加，美国对中国的科技战和金融战以及无所不用其极的遏制和压制，也没有取得多少效果，重压下的中国显示出更强的增长韧性和科技创新能力。美中贸易战大打4年之后，与双边政府关系冷淡不同，双边贸易和美国跨国公司来华投资增长势头依然强劲。据中国海关统计，2021年前7个月，中美双边贸易额达到4045.72亿美元，同比增长40%，比中国对全球贸易增幅34.9%高出5.1个百分点。其中中国对美出口3024.47亿美元，增长36.9%；从美进口1021.26亿美元，增长50.4%。在出口方面，考虑到2020年同期基数低的因素，2021年前七个月月均达到

---

① 在科斯的支持下，芝加哥大学举办了讨论中国改革三十年成就及原因的会议。那次会议的重心是要解释为什么中国经济自1978年以来获得了成功。这是亚当·斯密写作《国富论》以来，经济学上长盛不衰的重要议题：为什么有的国家富裕，而有的国家贫穷。那么，中国做对了什么，从而走上经济成功之路？

432亿美元，比历史最高的2018年月均399亿美元高出8%以上，全年对美出口总额将明显超过历史最高的2018年4784亿美元水平。①

中国不仅是40多年来全球增长最快的大经济体，还是世界上最为安全的国家之一。据中国公安部门的数据显示，近年来，中国刑事案件立案数、治安案件查处数一直呈下降趋势。据美国权威民调机构盖洛普（Gallup）2020年10月公布的2019年全球法律和秩序指数排名，在全球144个接受调查的国家和地区中，中国位列第三，而且是前十位中唯一人口过亿的国家。②

当前，中国每10万人中命案数为0.56，是全球命案发案率最低的国家之一；每10万人中刑事案件数为339，是刑事犯罪率最低的国家之一；持枪、爆炸案件连续多年下降，是枪爆犯罪最少的国家之一；2020年，中国全国刑事立案总量已实现五年连降，八类主要刑事案件和查处治安案件数量已实现六年连降……

快速发展的国家反而更不容易实现社会稳定，这就是著名的亨廷顿悖论——现代化是近代以来世界历史发展的潮流和趋势，是一个世界性的历史进程，但"现代性孕育着稳定，而现代化过程却滋生着动乱。产生秩序混乱的原因，不在于缺乏现代性，而在于为实现现代性所进行的努力"。"如果一个国家出现动乱，那并非因为他们贫穷，而是因为他们想致富。"

---

① 主要数据参见中国商务新闻网，2021年9月3日。
② 美国《全球法治》的杂志，2021年排出了一份全球治安最好的国家排名表。新加坡、土库曼斯坦和中国位列前三，得分分别为97、97和94。美国以85分的成绩位列第36。

的确，以率先实现现代化的英国为例，其现代化过程就一度充满矛盾与冲突。"在1750年，伦敦市为盗匪所困，他们和保护治安的军队勾结。"法国大革命持续70年，动荡不止，血流遍地。美国已经实现高度现代化，每年死于枪击的多达4万人。至于"后发外源型"国家的现代化历程，则更是乱象丛生。拉美、东亚、北非，许多国家都掉入政局不稳、社会动荡、危机重重的"现代化陷阱"。

西方发达国家已经迈过了"现代化陷阱"，进入高福利社会阶段，按理说应当是国泰民安、人人怡然自得，但西方世界却整体陷入了"西方之乱"，社会抗议几乎没有停顿。号称"民主灯塔国"的美国，其国会大厦2021年居然被抗议分子占领。自1800年投入使用以来，国会大厦就一直是美国政治的象征。美国是个三权分立国家，严格说起来，在其政治架构中，国会才是政治权力中心。两百多年来，美国国会大厦只在1812年英美战争中遭到过破坏。这是历史上第二次国会大厦被占领和破坏。美国的民主象征被攻占，说明"西方之乱"已经到了难以收拾的程度。

所以，"中国之治"是真真切切的奇迹。14亿多人安居乐业，社会治安水平稳居全球前三，可与新加坡并驾齐驱。中国国家统计局调查显示，近年来，中国群众安全感逐年上升，2020年达98.4%，2021年上半年达98.56%。美国民意调查机构盖洛普2021年公布的全球法律与秩序指数中，中国排在第二位，相比2020年又跃升一位。

对于这样的社会长期稳定繁荣的奇迹，如果继续采取视而不见的态度，那就是典型的偏见了。西方整体经济的停滞，与以中国为代表的新兴经济体快速增长，构成了当今世界文明版图的最新态势，这一态势可以简称为"东升西降"。

从2012年中国共产党第十八次全国代表大会之后，中国特色社会主义进入新时代。中国人在鸦片战争以来，沉沦了一个多世纪之后，开始强调四个自信——道路自信、理论自信、制度自信、文化自信。这是中国人对自己文明传统在21世纪的现代化条件下的转化，表现出来的空前自信。

中国执政党将自己的国家发展目标，简称为"两个一百年奋斗目标"。中共十五大报告首次提出"两个一百年"奋斗目标，此后，中共十六大、十七大均对两个一百年奋斗目标做了强调和安排。2012年，中共十八大描绘了全面建成小康社会、加快推进社会主义现代化的宏伟蓝图，向中国人民发出了向实现"两个一百年"奋斗目标进军的时代号召。"两个一百年"成为一个固定关键词，成为全国各族人民共同的奋斗目标。中共十九大报告，清晰擘画全面建成社会主义现代化强国的时间表、路线图。在2020年全面建成小康社会、实现第一个百年奋斗目标的基础上，再奋斗15年，在2035年基本实现社会主义现代化。从2035年到本世纪中叶，在基本实现现代化的基础上，再奋斗15年，把中国建成富强民主文明和谐美丽的社会主义现代化强国。

至此，中国在21世纪上半叶的发展目标，已经非常清晰而明了。这将是中华文明5000年来，最为光耀璀璨的时刻。一个古老悠久的农业文明国家，在工业文明后期搭上末班车后，一跃成为最大工业国，之后，又将在信息文明时代，继续引领风骚。

2019年，中国的人均GDP达到1万美元，按照世界银行的标准，中国已经跻身世界中等偏上收入国家行列，来到了世界高收入国家的门槛前。目前全球高收入国家总人口约为 12.15 亿人，占全球人口总量的 15.67%。如果在未来的 10 年中，中国顺利进入高收入国家行列，将意味着全球高收入人口整整增加一倍以上，这将是对人类福祉事业的重大贡献。

因此，未来的 10 到 15 年，世界文明版图演进的最大看点，就是中国重返世界最大经济体行列，中国人重新回到其数千年来一直延续的最富足生活的地位。

在这个过程中，中国不但要完成人均收入翻一倍的任务，还要基本完成全民共同富裕的任务。这是全球工业文明开启以来，从来不曾有国家完成过的伟业——一个人口规模过 14 亿的大国，在 10 到 15 年间，实现人均收入翻番，且基本实现全民共同富裕。中国将如何完成这一人类社会几乎不可能完成的任务？本章将继续紧扣文明演进的主题，进行分析。

二、涓滴效应 VS 共同富裕

天下熙熙，皆为利来；天下攘攘，皆为利往。追求富裕，是人类的共性。追求共同富裕，是各国执政者共同的目标。

但能够实现共同富裕目标的国家，翻遍历史，也是寥寥无几。即使是工业文明高度发达的先发国家，人均 GDP 已经相当可观，但解决共同富裕难题的，仍然屈指可数。在人口过亿的大型经济体中，更是寥若晨星。

在世界主要经济体中，美国是最有条件实现共同富裕的国家。但美国在过去数十年中，在这一问题上步履蹒跚，财富不平等的问题不仅没有改善，反而日趋恶化。斯蒂格利茨在其著作《不平等的代价》中指出：美国的不平等情况在过去三十年里非常严重。现在，身居美国财富金字塔顶端的1%人口的年收入占全国总收入的20%，塔尖1%人群的收入增加了一倍，其中的0.1%人群的收入增加了两倍。也许你们认为这是市场经济的结果。这种想法是错误的。比较不同国家国内的不平等问题，会发现其程度非常不同。各国对不平等的标准也不同。美国是发达工业国家中不公正问题最突出的国家。并且，前几年美国这种不平等还有所加剧。①

人类社会实现共同富裕的梦想，为什么如此可望而不可即？而中国共产党为什么敢于挑战这样艰难的任务，敢于向全体民众做出如此严肃的承诺？

"人类发明的经济体制分析到最深层，无非是厚生主义和资本主义两种理想类型。两者的根本区别在于经济活动主体的普遍目的：资本主义以资本增值最大化为目的，厚生主义以人群生活改善和生生不已为目的。"②中国学者姚中秋非常敏锐地把握住了东西方文明经济体制的根本区别所在。

为了解决共同富裕的问题，以美国为代表的西方先发工业国家采用的是"涓滴模式"。涓滴模式，也称为涓滴效应。

---

① 约瑟夫·E.斯蒂格利茨.不平等的代价[M].北京：机械工业出版社，2013.
② 姚中秋.世界历史的中国时刻[M].海南：海南出版社，2019：187–188.

所谓"涓滴效应",该术语起源于美国幽默作家威尔·罗杰斯,在20世纪20年代末经济大萧条时,他曾说:"把钱都给上层富人,希望它可以一滴一滴流到穷人手里。"后来,该术语被用来描述美国的新自由主义经济学。20世纪80年代,里根就是这一学说的信奉者。涓滴效应,实际上就是指在经济发展过程中并不给予贫困阶层、弱势群体或贫困地区特别的优待,而是由优先发展起来的群体或地区通过超强消费和扩大就业等措施,从而惠及贫困阶层或地区,带动其发展和富裕。政府财政津贴也可通过发展大企业,带动小企业和消费者,从而更好地促进经济增长。

涓滴效应这一理论结构,很像婚礼上的香槟酒塔,这一"香槟酒塔"结构能否最终注满底层的酒杯,取决于两大因素,一是注入的香槟酒是否足够多;二是上层的酒杯是否足够少。如果注入的酒量有限,那就只有上层几个酒杯注满,中下层将依然干渴。此外,如果上层的酒杯太大,即使注入的酒量比较大,也只够注满上层酒杯,中下层能够获得的酒量依旧会很可怜。

应该说,涓滴效应并非毫无道理。这一原理指望的是先富带后富,让先富起来的人的财富溢出来之后,中下层的人也能沾光。自里根总统执政开始,历任共和党政府均信奉这个效应,所以,共和党政府均力主给富人更大的致富空间,并推动给富人和大企业减税,希望变得更富的富人能够带动中下层收入群体更富。政策实施数十年后,其效果如何呢?

给富人减税造成了美国贫富差距持续扩大。华盛顿智库经济政策研究所的研究说,自1979年以来的近40年间,美国最富的1%群体收入增长了 160%，而收入居中的 20% 家庭收入增幅仅为 13.6%。[1]

2011 年，美国民众发起了占领华尔街运动，喊出了 "99% VS 1%" 的口号。一位占领华尔街的示威者解释："在美国，1% 的富人拥有着 99% 的财富。我们 99% 的人为国家纳税，却没有人真正代表我们。华盛顿的政客都在为 1% 的人服务。"这代表了美国民众对涓滴模式的深深失望与厌恶。

40 年来，涓滴效应对于美国中产阶级和下层民众收入的改善相当有限。如果从全世界范围来看，涓滴效应对发展中国家的带动作用，也是非常有限的。

《2022 年世界不平等报告》是一项由经济和不平等问题专家卢卡斯·尚塞尔（Lucas Chancel）、托马斯·皮凯蒂（Thomas Piketty）、伊曼纽尔·赛斯（Emmanuel Saez）和加布里埃尔·祖克曼（Gabriel Zucman）协调完成的浩大工程，是历时四年的研究成果，并就财富的分配状况生成了一组规模空前的数据。该报告指出：

全球最贫穷的近一半人口几乎没有任何财富，位于收入下半区的人只拥有总财富的 2%。这意味着位于全球收入上半区的人拥有世界财富的 98%，而且越富有的人，财富就越集中。事实上，全球最富有的 10% 的人拥有全部财富的 76%，或者说 2/3。这意味着顶部的 5.17 亿人拥有的财富远远超过底部的 25 亿人。

全球资管规模最大的对冲基金之一桥水创始人达里奥，在 2019 年发表的一份观察报告中，证实美国贫富分化加剧：最富有的 40%

---

[1] 金旼旼. 涓滴经济学：美国的减税"神话" [N]. 中国证券报，2017-11-18.

群体的平均财富是最贫穷 60% 的 10 倍，这一比例在 1980 年代还是 6 倍；在最贫穷的 60% 中，1/3 的人都没有存款，他们没有现金或者金融资产。

涓滴效应不仅没有让美国民众利益均沾，在全球范围内还造成了更大程度的贫富差距拉大。这一点甚至连联合国也深感担忧。联合国秘书长古特雷斯曾公开表示，世界上一半的财富属于 26 个人，而绝大多数人口则生活在日益不平等的条件下。他说，不平等是我们这个时代的一个特征。约 70% 的世界人口生活在收入和工资方面日益不平等的条件下，同时，世界上 26 个最富有的人拥有的财富与全球一半的人口所拥有的财富相当。

古特雷斯进一步指出，现代世界居民的福祉至今仍然取决于他们的性别、家庭、民族、种族，以及是否有残疾等因素。古特雷斯还表示，地球上数百万人的生活很大程度上直接取决于他们出生的那一刻的因素。[①]

1980 年，美国的 GDP 为 2.86 万亿美元，40 年间增长到超过 20 万亿美元，财富增长的幅度不可谓不大，但中产阶级和下层民众 40 年间的财富状况改善程度，却不忍直视，这足以说明靠涓滴效应促进国民整体福祉的游戏规则已经破产。也进一步证明，即使手握巨大的蛋糕，也不一定能分好这盘大蛋糕。

中国要实现共同富裕的目标，面临的挑战比美国要大得多。

---

① 古特雷斯.26 个人掌握了全球一半的财富，不平等需要改变［N/OL］.文汇报客户端，2020-7-20.

首先来看中美两国的基本国情对比。

一个最基本的事实是，我国的国土面积与美国基本相当，但人口却是美国的4.3倍。尤其是宜于人居与经济活动的平原面积，美国占到其国土面积的70%，而中国仅占12%，因而就适宜人居活动的人均空间资源而言，我国仅相当于美国的1/23。仅资源和禀赋条件，就决定了中国走不了美国的巨富带后富的涓滴模式。

更加严峻的约束条件是，中国自清朝中期以后，步入了内卷化困境，人均GDP连年下降，连止跌回升的路径也被锁死了。

"内卷化"作为一个学术名词，在中国引起了学术界的关注，还是源于美国学者黄宗智在其著作《华北的小农经济与社会变迁》和《长江三角洲小农家庭与乡村发展》中，分析过去几个世纪中国农村状况时，借用了人类学家的"农业内卷化"概念。黄宗智用"农业内卷化"概念来说明劳动密集化带来单个劳动日报酬递减，表现为没有发展的增长，"内卷的要旨在于单位土地上劳动投入的高度密集和单位劳动的边际报酬减少，近世以来还存在着'过密型商品化'"。

黄宗智指出，在人多地少的情况下，很容易出现劳动投入越来越高而劳动回报却越来越低的情况，以至于形成了一个顽固难变的封闭体系。

"内卷化"这一概念，非常形象地概括出了后发工业国家的困境：如果要从传统农业国向工业国转型升级，就必然面临着三大难题：过剩的劳动力往哪里去？产业升级需要的巨额资本积累从哪里来？维护社会稳定的巨大成本由谁来支付？

中国从清朝中期以来，人口规模达到全世界的1/3，耕地总面积不到全世界的10%，是最为典型的"内卷化国家"，而且因为过去军事能力的孱弱，曾长期被帝国主义列强牢牢锁死在了内部循环的"闭环"当中。

从鸦片战争到新中国成立的100多年间，中国左冲右突，始终被锁在这个"内卷化闭环"中难以自拔，这就是中国近代以来国运颓废衰败的总逻辑。

1980年，中国改革开放的第三个年头，当年中国的GDP是1911亿美元，为美国的6.7%，而这一年中国的人口数已经接近10亿，这就决定了中国领导人必须把做大蛋糕放在发展目标的第一位。但是，也就在中国刚刚开始为改革开放谋篇布局的时候，中国领导人已经悄悄地关注到了分蛋糕的问题。

邓小平强调，"发展是硬道理""鼓励一部分人先富起来"。但是，他也同时指出："鼓励一部分地区、一部分人先富裕起来，也正是为了带动越来越多的人富裕起来，达到共同富裕的目的。"①

邓小平在规划中国的改革开放三步走战略之后，又提出了"两个大局"思想。邓小平提出："沿海地区要加快对外开放，使这个拥有两亿人口的广大地带较快地先发展起来，从而带动内地更好地发展，这是一个事关大局的问题。内地要顾全这个大局。反过来，发展到一定的时候，又要求沿海拿出更多力量来帮助内地发展，这也是个大局。那时沿海也要服从这个大局。"②

---

① 邓小平. 邓小平文选（第三卷）[M]. 北京：人民出版社，1993：142.
② 邓小平. 邓小平文选（第三卷）[M]. 北京：人民出版社，1993：277-278.

按照邓小平的设想，中国在基本实现全面小康的条件下，就应该重点考虑推进共同富裕的问题，沿海地区也要拿出更多力量来帮助内地发展。

可以说，中国改革开放的前40年，走的是效率优先、兼顾公平的路径，但是共同富裕的战略设计，也从来没有被中国领导人忽略。

中国走向共同富裕的路子，是从消灭绝对贫困、实现全面小康的目标开始的。到2020年底，1978年改革开放以来中国的7.7亿农村贫困人口全部摆脱贫困，完成了消除绝对贫困的艰巨任务，创造了世界奇迹。按照世界银行国际贫困标准，中国减贫人口占同期全球减贫人口70%以上，提前10年实现《联合国2030年可持续发展议程》减贫目标。

2021年7月1日，北京，天安门广场。习近平总书记代表中国共产党和中国人民庄严宣告：经过全党全国各族人民持续奋斗，我们实现了第一个百年奋斗目标，在中华大地上全面建成了小康社会，历史性地解决了绝对贫困问题，正在意气风发向着全面建成社会主义现代化强国的第二个百年奋斗目标迈进。[1]

在一个14亿人口的大国中，历史性地解决了绝对贫困问题，实现全面小康，这在人类文明史上，是绝无仅有的大事，体现了中国在经济体制改革的选择上，人民性始终被摆在第一位。

在实现全面小康的基础上，推进共同富裕的目标，在中国被提速了。

---

[1] 习近平.在庆祝中国共产党成立100周年大会上的讲话[N].人民日报，2021-7-2.

2021年8月17日，在刚刚庆祝中国共产党成立100周年的一个多月后，习近平总书记主持召开了中央财经委员会第十次会议，研究扎实促进共同富裕问题。[①]

这一重要会议表明，共同富裕已经成为中国在新阶段实现国家战略发展目标的重要支撑。

如果从文明体的发展规律角度来分析，就能看出，共同富裕不仅仅是中国在21世纪第二个10年开启后，对中国稳步实现现代化做出的战略抉择，更是对中华文明与世界文明的演进具有非同寻常的意义。

中华文明作为一种巨大规模的天下型文明，其要实现这一文明体内部的团结，就必须实现共同发展，即内部发展程度的差别不能过大，否则，就会出现离心离德的现象。"不患寡而患不均"，这是历代中国治理者均必须谨慎遵循的治国规律。在大一统的大盘子里，如何细心地防止出现过大的地区差别、阶层差别和贫富差别，构成了历代中国治理的复杂技术体系。在全面实现小康之后，超过14亿的中国人将有可能在高起点上实现共同富裕，这一共同富裕目标可以简单地分解成三个具体方面：一是不再有绝对贫困，人人均能享受均等的公共服务；二是不会有两极分化，不会有极富者和极贫者并存的现象，社会的主体是中产阶层；三是不会有残酷的剥夺和剥削，不允许特权者大肆牟利，全社会在公平正义的轨道上运行。

简而言之，中国下一步将通过两个15年的时间，分两个阶段，将

[①] 习近平.习近平主持召开中央财经委员会第十次会议强调　在高质量发展中促进共同富裕 统筹做好重大金融风险防范化解工作［N］.人民日报，2021-8-18.

中国社会建设成为人类世界美好社会的模板：到2035年，中国将出现人类社会从未有过的一个十几亿人基本共同富裕、和谐团结的幸福社会景象；到2050年，中国将出现人类社会空前繁荣稳定、人民创造力充分迸发、道德光辉充分闪耀的美好社会景象。资本主义发展500年来无力实现的理想社会目标，将在东方世界这片古老的文明原生地上呈现。

各种估算表明，中国的中产阶层到2020年，已经接近4亿，到2035年，至少可以达到7亿人，届时，中国将成为全球消费能力遥遥领先的第一大市场，世界经济秩序的话语权将牢牢地掌握在了中国人手中。中国为此加快构建以国内大循环为主体、国内国际双循环相互促进的新发展格局。双循环新发展格局的提出，反映了中国为了实现共同富裕目标必须做出结构性调整：经济规模越大，挖掘国内市场需求潜力的要求就越高，在国际市场环境越来越不确定的情况下，庞大的国内市场潜力就成为经济增长最大的宝藏，岂能弃之不顾？经济规模要想进一步提升，服务业所占比重就必须大幅提升，发展服务业高度依赖国内市场，所以，国内循环的比重必须大幅提高。

过去中国因为人口多、人均市场需求低，而陷入内卷化的窘困，如今，巨大的国内人口规模和全世界数量最多的中产阶层，构成了全世界无与伦比的有效市场需求，过去的"包袱"已经转变成为全世界羡慕的财富金矿。当前，只需要开发出合适的"掘金术"，就可以开拓出有史以来最为壮观的新财富浪潮。这是21世纪中国的最大机遇，也是中国为21世纪全球经济提供的最大机遇。

中国的共同富裕之路，可以为人类社会实现共同繁荣发展，提供新鲜的经验，做出最有说服力的示范。在文明的竞争中，谁先建成了繁荣的共富社会，谁就是人类文明的灯塔，这种说服力，就是话语权，就是万众归心的方向。

三、破地网，决天罗，2035是关键

中国确定2035远景发展目标的时间点，其实是很敏感的。

2020年10月26日至29日，中国共产党十九届五中全会召开，全会审议通过了《中共中央关于制定国民经济和社会发展第十四个五年规划和二〇三五年远景目标的建议》。这个时间节点，恰是全球抗击新冠肺炎疫情的胶着时刻，也是美国特朗普政府攻击中国最为疯狂的时刻。但全会通过的这一建议表明，中国2035年基本实现社会主义现代化远景目标坚定不移。

这次会议还对2035远景目标做了概述，不仅提出届时中国经济实力、科技实力、综合国力将大幅跃升，经济总量和城乡居民人均收入将再迈上新的大台阶，关键核心技术实现重大突破，进入创新型国家前列，还提出了基本建成法治国家与建成文化强国、教育强国、人才强国、体育强国、健康中国等目标，还明确提出人均国内生产总值达到中等发达国家水平，中等收入群体显著扩大，基本公共服务实现均等化，城乡区域发展差距和居民生活水平差距显著缩小，全体人民共同富裕取得更为明显的实质性进展等比较具体的目标。

谁都可以看出，这是一份措辞严谨平实但无法掩饰中国雄心壮志的宏大目标计划。换句话说，如果能够如期实现这一目标，一个世界级的

强国将横空出世，汉唐盛世的雄风，将再一次展现在人类社会面前。全球观察家也注意到，20世纪末的时候，中国共产党将自己的第二个百年目标定的是，到新中国成立100年时，基本实现现代化，把中国建成社会主义现代化国家，而以习近平同志为核心的党中央，则将这一目标提前了15年，这反映了新时代中国执政党对自己能力的强大自信。

作为一个经验丰富、以稳健和务实见长的执政党，中国共产党对实现这样的宏伟目标所面临的风险挑战，也有很清醒的估计：进入新发展阶段，国内外环境的深刻变化既带来一系列新机遇，也带来一系列新挑战。

对此，时任中共中央政治局常委、国务院副总理韩正在《人民日报》上撰写专题文章指出：

从国际看，当今世界正经历百年未有之大变局，新一轮科技革命和产业变革深入发展，人类命运共同体理念深入人心。同时国际环境日趋复杂，不稳定性不确定性明显增加，新冠疫情影响广泛深远，经济全球化遭遇逆流，国际经济政治格局复杂多变，世界进入动荡变革期，单边主义、保护主义、霸权主义对世界和平与发展构成威胁。从国内看，我国已转向高质量发展阶段，制度优势显著，治理效能提升，经济长期向好，物质基础雄厚，人力资源丰厚，市场空间广阔，发展韧性强劲，社会大局稳定，继续发展具有多方面优势和条件。同时我国发展不平衡不充分问题仍然突出，重点领域关键环节改革任务仍然艰巨，特别是创新能力不适应高质量发展要求，关键核心技术受制于人的局面没有得到根本性改变，多个领域如高端芯片、基础元器件等存在"卡脖子"问题，在科技发展面临外部打压和遏制加剧的形势下，亟待加快自主创新步伐。①

很明显，中国将从 2021 年起到 2035 年，在 15 年的时间里，实现两个身份转换：从全球第二大经济体跃升为全球第一大经济体，从全球中低收入国家跃升为具有中等发达国家水平的高收入国家。而不管中国人是否愿意承认，这二者都将是改写 21 世纪全球文明进程的大事件，这就意味着 GDP 已经领先全球一个多世纪的美国，必将让出第一大经济体的宝座，全球高收入人群将至少因此翻一倍，发达国家先前占有的财富份额也将不可避免地做出调整，全球财富中心将从西半球转移到东半球，随之而来的全球治理权力中心转移也将不可避免。

哈佛大学肯尼迪政府学院首任院长格雷厄姆·艾利森教授一直关注随着中国崛起而引发的全球政治结构转变，他于 2012 年在《金融时报》发表文章《修昔底德陷阱已经在太平洋地区凸显》，文中首次提出"修昔底德陷阱"，自此该词广泛应用于形容 21 世纪的中美关系。2017 年 6 月，他又出版了《注定一战：中美能避免修昔底德陷阱吗？》一书。艾利森提到，近 500 年来，历史上有过 16 起所谓"新兴崛起大国"对"守成大国"构成挑战和威胁的案例，其中 12 次以战争和冲突告终，只有 4 次是以相对和平的方式实现了过渡。因此，不由得不让人担忧，历史上曾经发生过的事情，将在中美两国之间重演。

---

① 韩正. 到二〇三五年基本实现社会主义现代化远景目标[N]. 人民日报，2020-11-19.

尽管中国一直主张中美之间不存在"修昔底德陷阱",主张建立新型大国关系,但实际上,自奥巴马总统第二任期开始,美国政府的遏华行动就一直在升级。奥巴马推出了"重返亚太"战略,将战略遏制重心转向东亚,继任者特朗普又将之拓展为"印太战略",拉拢印度、澳大利亚等进入围堵中国的包围圈。

2020年7月23日,时任美国国务卿的蓬佩奥在加州尼克松图书馆暨博物馆发表演讲,将今天的世界定义为正在经历"自由世界与暴政之间的战争",并对中国从内政到外交进行了全面与彻底的否定。他宣告尼克松总统近50年前开启的对华接触政策"已经失败",并号召世界换一种方式应对中国,此举标志着美国当局遏阻中国已经走上了一条不归路。[①]

如何看待中美竞争?美国政府要员不断将矛盾的性质升级。在此期间,美国特朗普政府的国务院政策规划事务主任基伦·斯金纳,就中美关系发表谈话,将中美关系界定为"文明较量",并称美正在制定基于"文明冲突"的对华关系框架。斯金纳竟然还强调,所谓的中美竞争是美国第一次面对"非白种人"的强大竞争对手。斯金纳的极端观点并非孤例,美国众议院前议长金里奇也曾声称美中冲突是长期的"文明冲突"。[②]

从文明的冲突来解析中美这场世纪竞争,其实是反映了美国精英层非常严重的焦虑,也间接预示了中国崛起所遭遇的外部环境很难

---

① 美国"1945"网站刊发评论:尼克松图书馆演讲显示出"蓬佩奥参选2024年美国总统"意图[EB/OL].环球网,2020-7-29.
② 危险的中美"文明冲突说"[EB/OL].新华社,2019-5-12.

短时间得到改善。

这场斗争严峻复杂，甚至不排除有种族主义偏见的介入，对于这一点，当事人最有发言权。

2021年12月20日，外交部原副部长、刚刚卸任驻美国大使的崔天凯在公开发言中指出，中美关系今后将维持曲折动荡，中方对此要有充分的准备，"中美关系目前所处的历史阶段还会延续时间，美国不会心甘情愿地接受一个社会制度、意识形态、文化传统乃至种族都很不相同的大国崛起"。

崔天凯指出，美国对华政策里面，其实有很强的种族主义的因素。只不过有的人不说，有的人说。美国势必会千方百计、不遗余力地，甚至没有底线地对华打压、遏制、分化、围剿。对此，我们要有清醒的头脑，充分的准备，应对好中美关系今后的曲折、动荡，甚至是坐过山车的场景。①

其实，为了遏制中国，拜登当局不但坚持要从实力与地位出发，与中国展开竞争，还祭起了"文明冲突"和"种族主义"的法器，在号召"民主国家联盟"的同时，又组建了以盎格鲁-撒克逊民族为底色的美国、英国、澳大利亚合伙的"奥库斯"小联盟。拜登还公开威胁说：绝不允许中国超越美国！②

除了发动空前规模的贸易战，进行外交围堵、军事挑衅，在新疆

---

① 崔天凯谈中美关系：原则上，不打无准备、无把握的赌气仗、消耗仗［EB/OL］.观察者网，2021-12-22.
② 拜登威胁：绝不允许中国超越美国！美媒：中国不再尊重美国合情合理［EB/OL］.中国网，2021-3-26.

问题、香港问题、抗疫问题上污蔑抹黑外，美国政府将遏制中国高科技发展视为重中之重。自2018年3月至2021年年底，美国已经将611家中国企业列入制裁的"实体清单"，基本上囊括了中国所有的头部高技术企业。这在国际关系史上，也是骇人听闻的。

可以说，美国为了遏制和围堵中国，破坏中国的崛起，毁掉中国的复兴势头，已经无所不用其极，给中国撒下了一个"天罗地网"。

美国在与对手博弈的过程中，曾经创造过几乎不败的纪录。大英帝国、纳粹德国、日本、苏联都是其手下败将。如今，美国联手西方，又将俄罗斯全面逼入绝境。那么，中国的这一次文明复兴进程，会被以美国为首的西方文明阻击在半途吗？

这个问题其实可以反过来理解，即美国要遏阻中国，当今最得力的手段是什么？

如果将时间倒退20年，美国从自己的工具箱里能够拿出来遏阻中国的手段还是多种多样的，软的硬的，哪一样都不是吃素的，可是现在，真正能够拿得出手的，主要还有两样：第一样是科技霸权，第二样是美元霸权。前者，可以称为地网，就好比绊马索，可以羁绊中国高科技的行进速度；后者，可以称为天罗，可以用来限制中国产业升级转型的高度。

关于高科技地位对于维护美国霸权的重要性，最有代表性的分析，要属美国特朗普政府时期的司法部长巴尔在2020年的一次重要的智库发言。[①]

[①] 2020年2月6日，美国司法部长威廉·巴尔应华盛顿智库"战略与国际研究中心"邀请，参加了"中国行动计划会议"，并做了主题演讲。

巴尔在演讲中解释了美国为什么必须绞杀华为，他说："毫无疑问，中国的技术攻势对美国构成了前所未有的挑战。对我们国家的风险空前高涨。自19世纪以来，美国在创新和技术方面一直处于世界领先地位。正是美国的科技实力使我们繁荣和安全。我们的生活水平、我们为年轻人和子孙后代扩大的经济机会以及我们的国家安全都取决于我们持续的技术领导地位。"

巴尔的观点换句话说，就是一旦美国失去了关键技术的领先地位，美国的地位就岌岌可危了。这就毫不掩饰地说明，为了维护美国的霸权地位，就必须千方百计地维持高技术的垄断地位，并不惜代价打压一切高技术竞争者。

巴尔也点出中国一旦掌握了高技术，将会让美国失去制裁中国的利器："中国领先会让美国失去制裁的权力！从国家安全的角度来看，如果工业互联网依赖于中国的技术，中国将有能力切断各国与其消费者和工业所依赖的技术和设备之间的联系。与我们将屈服于中国主导权这个前所未有的杠杆影响相比，美国今天使用的经济制裁力量将显得苍白无力。"①

完全可以想象，未来的15年，是中国攀登并占领世界关键性高科技制高点的关键期。中国占据了高技术领域的制高点，美国的"地网"就会自动失效，从而只能眼睁睁地看着中国一骑绝尘，飞驰向前。相反，如果中国拿不出办法获得高技术领域的战略自主，中国的企

---

① 美国司法部长巴尔在智库发言：美国为什么必须绞杀华为？[EB/OL].环球网，2020-5-18.

业就只能继续为美国技术代工，就会被牢牢地卡死在产业链的低端，从而跌入中低收入陷阱，从此动弹不得。

至于美元霸权的显现，莫过于这次新冠肺炎疫情中美元的出圈儿表现了。

自2020年新冠肺炎疫情发生以来，由于疫情的影响，全世界除了中国以外，都陷入了严重的衰退和混乱，作为一个内部产业已经严重空心化的巨大国家，美国居然依靠印钞票来应对危机，并且神奇地几乎让这个老大帝国的经济渡过了一劫。换句话说，美国人即使不搞生产，不出去上班，就靠美联储印钞票，也能够让美国过上一年两载的，这也从一个侧面证明了美元霸权带给美国的利益是何其巨大。此外，为了极端性制裁俄罗斯，美国和西方又拿出了"金融终极核武器"，将俄罗斯的主要银行剔除出SWIFT（环球银行金融电信协会），将俄罗斯对外金融体系逼入绝境。

中国在全球率先走出疫情开始复工复产，并源源不断地向以美国为代表的疫情严重国家输出商品，带动了外贸的高速增长。据中国商务部发布的数据，2021年，中国年度进出口规模达到了6.05万亿美元，首次突破6万亿美元关口，达到了历史高点。比2020年增长21.4%。其中，出口21.73万亿元，增长21.2%；进口17.37万亿元，增长21.5%。与2019年相比，中国货物贸易进出口、出口、进口分别增长23.9%、26.1%、21.2%。这样的外贸成绩不可说不辉煌，但是，这一切的背后，却隐藏不了一个尴尬的现实，中国的外贸仍然主要依赖美元进行结算。一旦美元出现严重通胀，中国以实物贸易赚来的辛苦钱就会眼睁睁地贬值。

根据中国人民银行数据，以 2020 年中国跨境贸易人民币结算业务发生额为例，当年共发生 6.77 万亿元（约 9800 亿美元），占中国对外贸易结算 21%，而美元结算则占 79%。总体来看，美元仍然是未来中国对外贸易的主力货币，而且，依赖美元结算在短期内很难根本性改变。

根据环球银行金融电信协会 2022 年 1 月公布的数据，2022 年 1 月美元在基于金额统计的全球支付货币的份额从 2020 年 1 月的 40.81% 下降至 39.92%。不过，美元仍然是全球支付货币份额最高的货币。在全球支付货币份额中排名第二的仍然是欧元，占比 36.56%。英镑占比 6.30%，排名第三。需要着重指出的是，2022 年 1 月在全球支付货币份额排名第四的货币是人民币，占比 3.20%。12 年前，人民币的份额排名为第三十五位。2021 年 1 月，人民币的份额占比 1.65%，排名为第六位。可见，人民币在全球支付货币中的份额在不断攀升，但仍然与美元的地位相距甚远。

严重依赖美元主导的结算系统，会给美国制裁提供一个便捷而有效的武器，依照美国的"长臂管辖"和制裁套路，美国一旦下决心锁死对手，就会将其驱赶出 SWIFT 系统，俄罗斯就在这方面吃了大亏。作为世界第一大外贸国，如果没有自己能够掌控的交易系统，这种隐患的危害之大，可想而知。

货币是一个国家权力的最大边界。美国开创性地建立了"华尔街—华盛顿"循环，在过去的半个世纪先后奠定了美元"唯一与黄金直接挂钩货币"和"唯一信用本位货币"的特殊地位，重塑了"中心国家"提供美元和美债、"外围国家"提供产能和资源的全球产业分工格局，将货币权力的杠杆前所未有地放大。中国在赶上了工业化的末班车后，释放出了惊人的产能，但中国在国际贸易中的分工和地位，还是被美元牢固地锁定在了中低端，美元犹如一张天网，决定了中国产业分工的天花板。

简而言之，以美国为首的西方国家围堵中国的招数可谓层出不穷，但真正能够遏阻中国复兴进程的，还是通过垄断核心高科技滞缓中国的发展速度，通过美元的优势地位限制中国在国际经济中的地位提升。前者限速，后者限高，而且下一步不排除西方文明范围内各国采取联合行动，将地网与天罗组合起来使用，将中国遏阻在现代化国家门槛外。美国通过《瓦森纳协定》和"长臂管辖"，极限打压中国的芯片产业，阻止中国获得光刻机等高端制造设备，就是这种全面遏阻战术的一个前奏。

如何破地网，决天罗？这是中国在 21 世纪复兴路上最为严酷的考验。这是事关国运的严重斗争，所以，中国没有退路。唯有胜利，才是唯一的出路。

四、目标 2049，中国如何赢得战略自主权

进入 21 世纪第二个 10 年后，随着百年未有之大变局的展开，加上全球新冠疫情持续变异，世界主要大国都走到了一个历史的十字路口。

随着以美国为首的西方世界对华围堵和遏制的加剧，中国将面临如何实现战略突围的考验。

所谓战略突围，实际上就是一个需要实现国家发展战略自主的选择。

中国通过改革开放实现崛起，是在以美国为主导的世界体系中逐渐展开的。到如今，美国寻求在科技、经贸、金融等诸多领域与中国"脱钩"，美国联合其盟友，存在着将中国驱赶出其主导的世界体系的现实可能性。中国是继续依附于美国主导的旧体系实现发展，还是另辟蹊径，打造出一个更加公平合理、更具包容性、更加协同的新的世界体系？这就是当今中国面临的一道战略选择难题。

有人说，如果中国坚定选择"不脱钩"，继续在现有的体系中实现和平发展，不是一种成本更小的选择吗？问题是，中国如果做出这样的选择，那就是自设天花板，牺牲自己的发展速度和产业升级的机会，自废武功，换取对手的接纳，中国再回到21世纪第一个10年时的状态，继续安心做"世界工厂"，不再奢望进入高收入国家行列，也不寻求在信息文明时代走到世界的前端。因为依附的代价就是永远不要想做自己命运的主人。

那么，在产业体系中居于弱势地位的一方，难道就没有逆天改运的机会吗？

我们先从历史经验中寻找答案。

翻开世界近代经济史，可以发现，英国是世界上第一个工业帝国，第一个全球金融帝国，创造了以英镑为中心的世界经济体系，其统治地位延续了一个多世纪。让人感兴趣的是，200多年前，对脱离英国刚刚独立的年轻美国来说，如何选择有利于美国发展的产业道路，事实上就成为美国第一批建国者必须考虑的问题。

受到欧洲重商主义的思想和英国自由贸易比较优势理论影响，杰斐逊在美国独立以后，提出了农业立国方案，主张发挥美国的农业优势，参与英国主导的国际贸易，取得更大的市场份额与贸易盈余，这确实是当时能够发展美国经济的有效方针，但是，汉密尔顿却不这样认为，汉密尔顿认为农业当然不可偏废，但是工业和商业才是未来美国的立国根本。一个国家如果利用自身的优质资源发展农业的话，固然可以使国家富裕，但是国家不可能达到强大的地步。1791年，时任财政部长的汉密尔顿向国会提交了关于制造业的报告。在报告中，汉密尔顿强调了美国发展制造业必须基于两点考虑，第一个是，发展制造业可以代替其他产业，包括农业生产的和谐发展。制造业可以生成更为高效的生产工具，扩大消费需求。第二个是，制造业是美国独立、安全和繁荣的基础。汉密尔顿指出，联邦政府的政策是尽快地引进制造业和促进国内商业，使美国成为工商业国家。他还坚定地指出，只有在所有必要经济产品能够自给自足之后，美国才能完全独立。

历史证明了汉密尔顿的远见，如果美国当初选择了依附于英国体系的农业立国道路，那么美国到现在为止，充其量就是一个大号的阿根廷。但是，一旦美国坚持要走制造业立国之路，这条路虽然不能赚来快钱，但带给了美国第二次工业革命领衔者的桂冠——到1890年，美国已经是世界上最大的工业制造国。1900年以前，美国的主导行业的构成变化比较小，到1920年时，十大主导行业就发生了较大的变化，其中农副产品及以此为原料的加工业已经完全被剔出前十名；汽车制造业在1900年尚不存在，但1920年其增加值已经达到3.47

亿美元；造船业 1900 年还没有排进前二十五名，但 1920 年造船业增加值已经上升到第五名；电气机械业 1900 年只是一个很小的行业，但 1920 年已经排名第九。制造业立国的美国此时已经稳居世界第一大经济体的位置。因为强大的工业制造能力，第二次世界大战时的美国成了"民主国家的兵工厂"，顺理成章地取代英国，成为新一代金融帝国。

由此可见，是否能实现战略自主，决定了一个国家发展的高度和层次。第二次世界大战以来，依托美国主导的体系，日本、德国，包括后来的亚洲四小龙，均实现了较大的发展，但这条路不适合中国。对于中国来说，人口是美国的 4 倍多，即使人均 GDP 只有美国人的 1/4，中国的经济体量也会超过美国，这是美国难以容忍的。如果中国坚持要发展到中等发达国家水平，那经济总量就可能达到美国的两到三倍，到那时候，"美国第一"将从何谈起？所以，中国的体量决定了美国不可能接纳中国整体进入高收入国家行列。中国如果继续依附屈从旧体系，就必须取消既定的国家发展目标。即便如此，中国未来的境遇也不会好过今天的俄罗斯和日本。

所以，独立自主地实现自己的发展目标，就是国家战略自主权的要义所在。而是否拥有战略自主权，又决定了国家是否能够塑造未来、实现不设高度限制的发展目标。由此可见，战略自主权，是 21 世纪中国实现民族复兴的一条生死线，是决定中华民族兴衰成败的命运线。

中国要夺取发展的战略自主权，当然是一场硬仗。其中，除了敢于斗争的勇气和敢于胜利的信心不可或缺外，掌握正确的战略博弈方法论，也是十分重要的。与人类文明历史上的任何阶段都不同，这是一场在信息文明时代展开的大国战略竞争，也是一场决定全人类前途和命运的战略抉择，把握好正确的方向，掌握好正确的尺度，选择好正确的路径，都是十分重要的。

本书不可能面面俱到加以展开，兹站在文明史观的角度，择其要点，略述如下。

第一，面向2049，要确立一个战略总目标，那就是夺取中国全面实现现代化的战略自主权。中国已经确立自己在21世纪中叶，全面建成为社会主义现代化强国，实现中华民族伟大复兴。这就意味着中国已经排除了依附任何大国和旧体系以实现自己发展目标的可能性，因为不管是出于主动还是被动，要想成为一个世界级的国家，就不可能依附于旧体系实现这样的目标。在人类历史上，没有一个守成大国会心甘情愿托举另外一个大国超过自己。所以，一切停留在依附阶段实现伟大复兴的思维方式，都应该被彻底抛弃，否则，只会成为大国崛起的包袱。新时代首先需要颠覆的，就是这种寄托于依附实现大国崛起的旧思想。对旧体系和旧秩序留恋不已，不仅不合时宜，而且是思维方式上的"自我设限"，必将自己设置自己发展的天花板。这样的总目标一旦确定，就可以将总目标进行分解。将既有的影响与制约战略自主权的痛点、要点和难点找出来，然后进行分类剖析。诸如芯片制造、通用互联网、基础工业软件、战略核武器系统、高端基因与疫苗研制以及自主可控的国际结算系统等，都是具有重大战略意义的大国标配，是具有决战意义的终极性工具，不要设想对手会在关键性战略决断时对中方心慈手软。所以，丢掉依附发展的幻想，准备最严重的斗争，这是下一阶段中国谋复兴必须具备的战略心理建设。

其中，还需要掌握两种思维方法，一是底线思维，要将最困难的情况估计出来，即最坏的情况会是什么样子的，然后做出针对性的预案，并进行战略准备，这才是保底的万全之策。要在合适的时候进行"末日演习"，对全民进行重大危机教育，让国民理解并主动配合国家的大战略，不允许"第五纵队"搞动作，也不允许一切动摇国家战略决心的"网络诈弹"。最充分的战略准备，也是向对手宣示己方已经做好了最坏情况的应对。只有做了最坏的准备，才能预防最坏情况的发生，才能确保国家在实现重大战略任务时可以按照自己的节奏完成。二是节点思维，没有重点就没有政策，找不出关键节点就会事倍功半。没有一个国家能够包打天下，也没有一个国家能够制造一切。去依附并不是要政府包办一切，也不是关起门来搞建设。中国需要的是发展出自己可以掌控的体系。中国需要将能够影响国家发展战略自主权的若干因素进行分解，找出其中能够影响全局、动摇全系统的关键节点来，然后对这些节点的影响程度进行评估，重点攻关。切忌不分重点、不分主次、不分轻重缓急，四面出击，处处设防，这样只会造成大面积恐慌，于事无补。"一带一路"就是中国与合作伙伴在21世纪共同打造的国际协作体系，是一个符合合作多赢原则的新型协作体系，将有助于中国摆脱对以美国为主导的西方市场的过度依赖，大大提升中国的战略自主权和战略回旋空间。中国人要放开胸襟，对合作伙伴进行慷慨的产业扶植，让更多"一带一路"参与国家具备经济造血能力，融入新的价值链体系当中来，能够参与价值分配，由此培育出一个巨大的新兴市场，促进未来30年的中国经济双循环。

第二，要根据时代特点，把握人类文明的演进方向，引领潮流，始终站在历史正确的一边。人类已经走到信息文明的门槛前，信息文明时代天然地要求深度的全球化和人类的融合发展，逆全球化、霸权主义、通吃一切、零和思维已经不符合人类文明的潮流，已经觉醒的人类世界不会再接受任何一个超级霸权来主宰21世纪全球的命运，也不接受任何一个自我标榜高人一等的文明体的存在。这就是人心的力量，也是世界大势的基本方向。中国的复兴进程本身就符合人类文明的演进方向，在团结反对霸权主义的方向上，中国坚定地站在人类社会最大多数的一边，并提出代表人类共同利益的新方案。要运用信息文明时代的新思维，以促进全人类的协同发展为出发点，以文明的协作为主要载体，以为全人类带来持久的和平和恒久的福祉为感召，将执着于旧秩序的霸权思维者孤立起来，依靠帕累托最优取代零和博弈，就一定能够团结包括绝大多数美国人民在内的最大多数的世界人民，让战争贩子和华尔街金融寡头被淹没在人类正义的汪洋大海之中。中国要走中道，即坚守公平正义，但守护正义并不能仅仅依靠好心就能办成，因为批判的武器不能代表武器的批判，对于严酷的国际斗争，最终依仗的还是强大的硬实力。当今世界，道义的伸张还得依赖让对手看得见、听得懂的方式。战略性威慑力量是中国复兴路上的镇国神器，要拿出当年搞"两弹一星"的勇气和决心，毫不动摇地建设起让对手望而生畏的超级战略力量。那种宣传废弛军备以争取对手宽容的观点，非常有害，必须认真甄别。经济繁荣的宋朝武备不振，最终亡国的教训，不可谓不深刻。

第三，要发挥中华文明的优势，以长击短，争取国际话语主动权，将霸权主义者孤立起来。中华文明之所以历经劫难而不倒，在文明的演进中不断创造伟大的奇迹，其核心就是拥有强大的组织力和凝聚力，能够集合最大的利益共同点为最大多数人服务。古典中国是一个天下型国家，能够一视同仁地对待域内的所有人，尊重人、爱护人、成就人，是中华文明的根本底色，也是中国在21世纪最大的优势。霸权主义和帝国主义由于自身利益关系的不可调和，连国内民众的大联合和大团结都做不到，遑论联合世界人民。当前那些貌似强大的霸权国家，不仅内部已经四分五裂，99%的人与1%的巨富者离心离德，其勉强拉起来的联盟体系也是同床异梦，只是恐惧其威权和武力，勉强服从而已。霸权国家在抗疫中的溃败，加深了其内部矛盾，透支了其主权信用，也暴露了其色厉内荏的本质。中国联合世界上绝大多数渴望和平、希望发展的国家，反对旧霸权和不公平的旧体系，符合历史进步的方向，一定能够获得越来越多人的理解和支持。在博弈双方都掌握了超级核武器的大国角力中，大规模战争的可能性在降低，斗争的主战场会转移到国际舆论场，这就必然会引发国际话语权的激烈争夺。中国先前在这方面谋划甚少，准备不足，需要在两个方面重点加强：一是加强国际社交平台和通信能力建设，必须把国际上主要的传播平台和通道掌握在自己手里，今后的趋势应该是中国搭台，全世界来唱戏。二是加强思想力建设，哲学社会科学不能仅仅视为软实力，在国际话语权的激烈斗争中，这是真真正正的硬实力，是控制人类思想和意识形态的总开关。轻视哲学社会科学，将文化艺术视为次等力量的观点，不仅是错误的，而且是会误大事的。在这方面，有必要将哲学社会科学与自然科学、工程技术放到同等重要的位置，不仅要讲好中国故事，还要讲好中国逻辑、中国道理和中国目标，让全世界人民都理解到中国的发展利益才是最符合全人类共同利益的道理，从而自觉团结起来反对霸权、反对分裂，反对极少数巨富者垄断世界财富，以理性的声音与和平的诉求压倒那些傲慢与偏见。

随着西方世界对中国高技术的封锁与制裁加剧，这些"卡脖子"的技术让中国人感受到了切肤之痛。如何尽快突破这些"瓶颈"，中国人正在进行着前所未有的全民大讨论，这种对尖端技术的渴求，构成了中国追赶世界先进技术高峰的强大社会动力。其中，有两个倾向需要重点进行辨析，以避免走弯路，多交学费。

第一个倾向是中国需要完全掌握一套产业链体系，即在完全没有外国参与的情况下，也能做到产业链全程自给自足。这种模式其实可以称为极端厌恶风险模式，但不符合全球化协作的时代潮流，中国人不仅做不到"包办一切"，也没有必要"包打全场"。中国当然追求产业链自主可控，但切勿理解成什么都要自己造。在不影响战略自主总目标和关键性军事安全技术不假外国的前提下，未来的中国要更加大方地与世界各国共建产业链，参加的国家和人口越多，这种产业链反而更安全、更高效。中国要利用自己全世界最大的市场需求和最完整的产业链优势，带动欠发达国家一起发展，将有志于同中国友好协作的所有经济体纳入进来，中国的产业链在全球范围的包容力越大，就越能优化资源配置，也就更加安全与巩固。对于"一带一路"参与的伙伴，中国应更加积极支持其参与新的全球产业链，并在其中参与价值分配，享受到加入"一带一路"体系的好处，让他们真切地体会到这一新的经济体系是按照合作共赢的新规则运行的，贯穿着中国人"天下大同"的真挚情怀，与美元为主导的经济体系是有本质区别的。一定要记住，最可靠的朋友一定是在利益上被捆绑在一起的合作伙伴。

第二个倾向是一味追求高精尖科技，忽视技能底座的支撑作用，使得关键性工程技术迟迟无法产业化。对于高精尖科技的追求，是完全正确的。但是，高新科技要实现产业化，还必须有一支强大的技能工人队伍予以支撑。对于诸如航空发动机、大型燃气轮机等关键设备，目前中国对其原理、工序都已经吃得很透了，但掌握熟练施工技能的高级技工队伍却十分稀缺，使得高品质的关键设备能够设计出来，但做不出来。在其他诸多产业中，这种能设计却做不出的窘况也普遍存在。中国人社部负责人指出，当前，中国技能劳动者占就业人口总量仅为26%，高技能人才仅占技能人才总量的28%，总缺口达到两千万人。[1] 也就是说，高技能人才占就业人口的比例仅有7%左右。而同期日本的高级技工占比达到40%，德国达50%。如果技能人才队伍的基础得不到巩固，即使中国掌握了部分尖端技术，也很难做出世界一流的产品。夯实技能工人队伍这个基座，应该引起战略层次的关注。

五、为了全人类，未来30年中国人还需要干一件大事

到2049年，中国会是什么样子？

---

[1] 高级蓝领人才奇缺，技能型人才难求，有关部门提出——促进2亿技能劳动者成为中等收入群体［N］.工人日报，2020-12-19.

预测未来肯定是一件很冒险的事情,何况预测20多年后的世界大势。

但对于中国人来说,布局21世纪这项工作早早就开始着手了。

除了明确到2049年中华人民共和国成立100周年的时候,要将中国建设成为社会主义现代化强国的"第二个百年奋斗目标"外,中国领导人还明确了21世纪党的三大历史任务。

早在1982年,邓小平在中国共产党第十二次全国代表大会上致开幕词时,就提出了中国共产党在新世纪的三大历史任务,具体内容是:加紧社会主义现代化建设;争取实现包括台湾在内的祖国统一;反对霸权主义,维护世界和平。

后来的中国共产党历次代表大会与重要场合,中国领导人都重申了21世纪三大历史任务,即推进现代化建设、完成祖国统一、维护世界和平与促进共同发展。

毫无疑问,"第二个百年奋斗目标"与"21世纪三大历史任务"是相辅相成的,总的目标就是要在2049年的时候,实现中华民族伟大复兴。

如何理解中华民族的伟大复兴的要义?

从经济的角度,可以理解成中国要恢复到其历史上曾长期占据的世界第一号经济体的位置,人均财富达到全球发达国家的平均水平以上。

从政治的角度,可以理解成中国完成疆域的统一,"和谐统一"的政治传统更加稳固,国家治理水平迈入现代化。

从生态的角度,中华河山恢复壮美,"碳中和"目标基本达成,绿色低碳发展成为普遍的生产生活方式，人与自然和谐相处。

到2049年的时候，中国一定会是一个科技创新力强国，一个武德昌隆、首屈一指的军事强国，一个体育强国，一个卫生强国，一个在国际舞台中心熠熠生辉的泱泱大国。

虽然中国政府尚未发表对2049年中国的具体发展目标，但总的目标是非常清晰的。用毛泽东的话说，中国必须"赶上和超过世界先进水平"。也就是说，2049年的中国不仅要在政治、经济、科技和军事等硬实力方面达到世界先进水平，在文化影响力、道德感召力和生活方式的吸引力等软实力方面，也必须是引领世界潮流的。

但是，仅有这些还不够，中国人在未来的20多年间，还要用心办成一件大事。这就是依托自己悠久的文明传统，为21世纪的人类世界创建一个美好社会的样板。

在过去的500年间，人类世界见证了一连串令人惊叹的技术革命。地球在生态和历史上都已经整合成一个单一的体系领域，经济呈现指数增长，今日人类所享有的财富在过去只有可能出现在童话里，而科学和工业革命也带给世界超人类的力量，以及几乎可以说人类可掌控无限的能源和资源。不仅社会秩序因此完全改变，政治、日常生活和人类心理也因此彻底改观。但这一切对人类本身究竟意味着什么呢？

著名学者赫拉利在《人类简史：从动物到上帝》中回顾总结了人类世界10万年间的曲折转变，当时间来到21世纪时，面对一个科技空前发达、物质财富空前繁荣的人类世界，赫拉利却提出了这样的追问：只不过，我们真的更快乐了吗？人类在过去5个世纪间积蓄的财富，是不是真的让我们找到了新的满足感？有了取之不尽的能源之后，我们是不是也得到了用之不竭的快乐？如果我们往更久之前回顾，认知革命以来这动荡不安的 7 万年间，世界是不是真的变得更好了？①

赫拉利等学者指出，必须承认，500 年来，随着西方工业文明的崛起，人类在科技、工业、战争组织、物质财富方面，取得了前所未有的巨大进步，但人类的未来，不是更确定了，而是更不确定了。

斯塔夫里阿诺斯在《全球通史》的最后也充满忧虑地指出：科学技术的这种高速发展首次提出了这样一个问题，作为一个物种的人类能否柔顺到足以适应一种他们正在如此迅速地改变，并在许多情况下予以污染的环境。人类能改变自己传统的习惯和制度以妥善处理作为科学技术有害的副产品而源源不断地产生的大量难以对付的问题吗？②

哈佛大学讲座教授杜维明也多次指出，现代社会制度和价值观的一个根本特征，就是将历史上一致视为洪水猛兽的物质贪欲标揭为进步的动力和创造的源泉……以资本增值为目的的"资本逻辑"逐渐成为指导制度设计和社会生活的逻辑，于是，经济主义、消费主义和物质主义便逐渐"大化流行"，金钱和"难得之货"作为人生价值和意义的符号笼罩了一切。对此，杜维明等不得不悲愤地追问：现代人的意义追求究竟在哪里？③

这些灵魂性追问的背后，都指向一个共同的问题，那就是西方

---

① 尤瓦尔·赫拉利.人类简史：从动物到上帝[M].林俊宏译.北京：中信出版社，2014.
② 斯塔夫里阿诺斯.全球通史：从史前史到 21 世纪 [M].吴象婴译，北京：北京大学出版社，2006：789-800.
③ 杜维明，卢风.现代性与物欲的释放——杜维明先生访谈录[M].北京：中国人民大学出版社，2009.

文明已经无力解决人类世界的普遍焦虑与压力问题，对人类社会普遍性的精神危机已经无能为力，人类世界需要新的智慧与启迪。

21世纪的中国正大步走在伟大复兴的道路上，并且已经成为21世纪人类文明的最大自变量，对于人类文明的这样具有普遍性的重大问题，中国人不能无所作为。

所以，杜维明教授等多次呼吁，中国有责任在实现现代化的同时，还要"把人生的意义价值探讨出来"。

中国人的精神文化传统一贯讲求追溯人生的大本大源，从人类价值的终极意义上找到人生的价值与意义所在。所以，孔子说：朝闻道，夕死可矣。

《中庸》也在开篇中开宗明义地指出：天命之谓性，率性之谓道，修道之谓教。意思就是说，天然赋予人的禀赋叫作"性"，遵循本性自然发展的规律而行动叫作"道"，把道加以修明并推广于民众叫作"教"。

中国人的精神要义就在于其从来就不是一个单纯利己的价值体系，而是通过人与人、人与家庭、人与社会、人与自然的相互依赖，达成一种符合永久价值的平衡。人的幸福、快乐和内心的宁静，不在于个人占有的利益最大化，而在于以利他的方式取得时空的永在。一个人只要具有了良好的德行，即使物质不够丰盈，也能获得内心的快乐与宁静。所以，孔子曾高度赞扬贫困朴素的颜回是贤者：

子曰："贤哉，回也！一箪食，一瓢饮，在陋巷，人不堪其忧，回也不改其乐。贤哉，回也！"

——《论语·雍也》

中国先贤很早就对人生的价值做了区分，认为具有利他品质的人，其德行就是最高层次的价值。"太上有立德，其次有立功，其次有立言，虽久不废，此之谓不朽。"在《左传》中，中国人将人生不朽分成三类，排在第一类的就是立德。而立德的本质就是"创制垂法，博施济众"，即让更多的人从你的身上获得价值，就是立德垂范。所以，个人的不朽必须依托于"社会性不朽"方能实现，而个人的"小我"，离开了立德的"大我"，就会陷入微不足道的"自私困境"，从而无法实现人生价值的不朽。

中国人的精神传统一直主张，要以利他主义的赤诚，将利益建立在道义的基础上，即孔子所言："不义而富且贵，于我如浮云。"一味地追求物质和财富，就必然走向物欲主义，从而使人的身心产生分离。《礼记·乐记》早就申言：人生而静，天之性也。感于物而动，性之欲也。物至知知，然后好恶形焉。好恶无节于内，知诱于外，不能反躬，天理灭矣。意思就是说，人的本性是可以做到精神宁静的，但是如果过度被物质诱惑而不能自拔，则精神的分裂就不可避免。

中国古典的人文主义将人与人、人与物、身与心、个人和他人、人欲和天理纳于一体，在天人合一中，人通过人文教化和不懈的修为，可以最终获得和谐与自由。宋代大儒张载在《西铭》中对此指出：乾称父，坤称母；予兹藐焉，乃混然中处。故天地之塞，吾其体；天地之帅，吾其性。民，吾同胞；物，吾与也。

意思是说，《易经》的乾卦，表示天道创造的奥秘，称作万物之父；坤卦表示万物生成的物质性原则与结构性原则，可称作万物之母。我是如此的渺小，却混有天地之道于一身，而处于天地之间。

这样看来，充塞于天地之间的灵气，就是我的形色之体；而引领统率天地万物以成其变化的，就是我的天然灵性。人民百姓是我同胞的兄弟姊妹，而万物皆与我为同类。既然人类皆为同胞，万物皆为同类，万事万物皆与我休戚相关，则分裂、征服、占有、剥削、压迫和掠夺，与中国古人的这种"民胞物与"的价值观，肯定是不相容的。

中国古典的人文精神秉承利他主义，由此诞生了"天下为公"与"天下大同"的社会理想。早在2000多年前，中国的先贤就在《礼记》"礼运大同篇"提出：大道之行也，天下为公，选贤与能，讲信修睦，故人不独亲其亲，不独子其子，使老有所终，壮有所用，幼有所长，矜寡孤独废疾者皆有所养；男有分，女有归，货恶其弃于地也不必藏于己，力恶其不出于身也不必为己，是故谋闭而不兴，盗窃乱贼而不作，故外户而不闭，是谓大同。

这一天下为公、大同世界的理想，向世人展现了一幅最崇高而远大的关于人类美好社会的理想和愿景，并一直激励着中国人为一个"天下为公"的"大同社会"而不懈追求。

未来30年，随着生产力的极大解放，中国人创造物质财富的能力将会巨大提升，一个物质富足的社会成为可能，但充分释放人的物欲不应该成为中华文明在21世纪最显著的标志，中国人还应当在精神修为和道德精进上有所建树。

"文明建设的标准是现实人生的真实的生活感受、完善的意义追求和优美的心灵自由。"著名哲学家张立文在《和合学》一书中指出，"没有现实的文明建设和当前的文化实践，传统与现代虽共居一处，但彼此对立，丕塞不通，既不能综合，更无法创新。"①

所以，张立文教授指出，中国人文精神走向21世纪的世界融突和合之路，从时间结构上看，是中国文化传统的现代更新化；从空间结构上看，是中国经济、政治、文化活动与全球的合作化趋势相协调；从义理结构上看，是中国的科学技术进步与哲学艺术发展相和谐。②

这些都说明，要解决21世纪人类文明的冲突与危机特别是人类精神领域的普遍性痛苦和分裂，中国需要在建设美好型社会上发挥自己的人文传统优势，返本开新，将厚植于古老文明传统中的重道德、修清静、天人合一、身心和谐的智慧开掘出来，给世界人民一个活生生的和谐生活的模板。其中，必然要对资本主义社会物欲化进行矫正，又必然要焕发中华文化的中道之美，即尊德行而道问学，致广大而尽精微，极高明而道中庸。

---

① 张立文.和合学［M］.北京：中国人民大学出版社，2006.
② 张立文.和合学［M］.北京：中国人民大学出版社，2006.

第十一章

21世纪，让红星照耀世界

一、中华文明能使全世界得到幸福

1937年10月，英国伦敦维克多·戈兰茨公司出版了美国记者斯诺的英文报告文学《红星照耀中国》（Red Star Over China）。这是西方记者第一次向世界报道中国工农红军领导人和红军战士的形象。在斯诺的笔下，毛泽东质朴纯真，颇具幽默感，必要时候有当机立断的魄力。周恩来的个性是头脑冷静，善于分析推理，讲究实际经验。朱德的特点是沉默谦虚，爱惜部下，天性极端温和，说话朴实，喜欢运动和读书。彭德怀则率直爽朗，善于驰骋，吃苦耐劳，爱惜部下，善于作战。这些鲜活的红军高级领导人形象，斯诺认为非常具有中国人的特质。尤其让斯诺印象深刻的是红军中的"红小鬼"，斯诺形容他们"精神极好，活泼，乐观，耐心，勤劳，聪明，努力学习"，斯诺预言，在"红小鬼"身上，寄托着中国的未来。

20世纪二三十年代，中国正处在其文明史上最为低潮的时候，相信中国能崛起的人，可以说是微乎其微。而斯诺却能见微知著，他从一群"红小鬼"身上，看到了中国必将拥有光明的未来。从这里可以看出，一个文明样式的未来趋势，并不完全取决于其当时所处的状态，而是要看这种文明的底蕴和气质。

斯诺独具慧眼，他从中国的西北角的偏僻乡村里，发现了一个"活的中国"，对普通中国百姓尤其是农民即将在历史创造中发挥的重要作用做出了正确的预言，他发现了隐藏在亿万中国劳动人民身上的力量，并断言中国的未来就掌握在他们手中。

英国大哲学家罗素20世纪20年代初曾来中国讲学考察，他有一次乘竹轿上峨眉山，轿夫们汗流浃背，在山道上艰难攀登，罗素让轿夫们停下来休息一下，他本想借机安慰一下那几位瘦骨嶙峋的轿夫，却发现他们不但没有丝毫怨气，反而坐在石阶上谈笑风生，看着满天的云彩哈哈大笑。轿夫们的乐观风趣，让罗素心中陡生敬意，他后来说，坐轿子的英国哲学家未必是幸福的，劳累的中国轿夫未必就是不幸福的，因为，所谓幸福，在中国人看来，就是身体的平安和灵魂的宁静。

这次中国之行极大地改变了罗素对中国前途和命运的判断，此时已经积贫积弱的中国，在英美人眼里，毫无生机，更谈不上什么崛起的希望。但罗素却从四川轿夫的乐观中看到了中国文明的力量。后来他反复指出：

中国人，从最高层到最底层，都有一种冷静安详的尊严，即使是欧洲的教育也往往摧毁不掉。从个体到全民，他们并不自我肯定，他们的自豪过于深沉以至于无须自我肯定。他们承认，与外国列强相比，中国在军事上是弱小的，但他们并不认为有效率的杀人是一个国家或个体最重要的品质。

——罗素《中国人的性格》

罗素后来又指出：假如中国人能自由地吸收我们文明中他们所需要的东西，而排斥那些他们觉得不好的东西，那么，他们将能够在其自身传统中获得一种有机发展，并产生将我们的优点同他们的优点相结合起来的辉煌成就。

罗素还在《我为什么要研究中国》等演讲中指出："中国人发现了并且已经实践了数个世纪之久的一种生活方式，如果它能够被全世界所接受，则将使全世界得到幸福。但我们欧洲人却没有这种生活方式。我们的生活方式要求奋斗、掠夺、无休止的变化，以及不满足和破坏。如果我们不能够学到一些东方的智慧——正是由于那种智慧，我们才藐视它——那么导向破坏的效率只能以毁灭告终。"

罗素认真研究了中国后，他得出结论——"中国能使全世界得到幸福"。

罗素说中国人具有一种沉静智慧、忍耐坚强与和平主义的气质，这对于西方过度崇尚竞争和掠夺的气质，是一种矫正。

罗素曾这样剖析中国人"骄傲得不屑于战争"的和平气质：

如果世界上有"骄傲到不肯打仗"的民族,那么这个民族就是中国。中国人天生的态度就是宽容和友好,以礼待人并希望得到回报。假如中国人愿意的话,他们将是世界上最强大的国家。但他们希望的只是自由而不是支配。

所以,罗素对中国的崛起寄予厚望:我想我能够希望,中国,作为对我们的科学知识的回报,将会给我们一些她的伟大宽容与沉思的恬静心灵。

罗素在中国讲学是在1920年,1922年,罗素写就了《中国问题》一书。在100年前,对当时被黑暗和消沉笼罩的中国,能够做出这样乐观的预言,罗素凭借的是他哲学家的眼光,他看到了中国文明内蕴的力量。他后来多次表达这样的观点,"中国具有古老的文明,现在正处于急剧的变化过程中。如果我们期望西方国家与中国的交往富有成效,我们必须停止把我们自己看作一种更高级文明的传教士。或者更糟糕的是,认为中国人是'低级'种族而有权力去压迫剥削和欺骗他们"。

无独有偶,英国杰出历史学家汤因比对中国文明的评价,也经历了一个巨大的反转。1929年,汤因比首次考察亚洲,1931年出版了《中国之旅》一书。由于西方中心论的影响和对当时中国混乱沉沦状况的印象,站在西方知识精英的立场上,他在后来出版的《历史研究》前六卷中,得出了中国文明已经僵化并走向死亡的结论。汤因比认为,中国文明与现存除西方文明以外的七个文明一样,早已衰落并处于僵化的状态,它的衰落是符合"动乱—集合—动乱—集合—动乱—

集合—动乱"这三拍半节奏的,其未来摆脱不了被西方文明征服或同化的结局。

但发生在西方的两次世界大战的悲剧,使汤因比深受震撼,在后来《文明经受着考验》等一系列著作中,他开始反对西方学者的"西方中心论",着重强调一切文明都具有等价性,对中国传统文化的价值也重新定位,并认为"中国模式"与"希腊模式"的结合是理解人类历史发展的关键。尤其是其晚年遗著《人类与大地母亲》一书,更把发扬东亚文化乃至中华文明提高到对整个人类未来困境解决的高度,并得出了与其早年大相径庭的结论,即从对中华文明已经僵化走向死亡的论断变为对中华文明的极度赞誉。汤因比后来在与池田大作等学者交流时反复指出:"未来是难以预见的,但在文明中心历史的下一个章节中,主导作用可能会从美洲转移到东亚。"他赋予了东亚文明的核心中华文明以伟大的历史使命:中国对"处于深浅莫测的人类历史长河关键阶段的全人类来说,都是一项伟业"。[1]

20世纪西方文明的大扩张,并没有给人类社会带来多大的改善,特别是对发展中国家,西方越是发展,发展中国家越是困顿,而且全世界的发展也遭遇到了诸如环境恶化、生态失衡、战祸频发、南北差距扩大以及人类精神危机等种种难题。汤因比认为,这些都是西方领衔的全球化带来的恶果,现代西方文明的实质是一种技术文明,在其扩张的过程中将自身重物质、轻精神的特质渗透到其他文明中带来了人与自然和社

---

[1] 关于汤因比与池田大作等学者的思想交流,可参见汤因比、池田大作《展望二十一世纪:汤因比与池田大作对话录》等著作。

会的矛盾，从而导致了诸多的人类困境问题。这些问题相互交织在一起构成了能够摧毁生物圈、危及整个人类的全球性问题。

汤因比带着忧心忡忡的心情看待西方式全球化的未来，在痛苦的思索中，他从中华文明身上看到了曙光，即中华文明独特的气质正可以弥补西方文明的两难症结，要避免西方社会因技术的滥施给人类带来的悲剧，就必须培育起能使精神与自然相协调的人文精神；要消除战争就需要一种制约战争的政治哲学。而这二者，正是中华文明所具有的特质。

汤因比注意到，中国在建立统一的国家模式的过程中主要有两个方面的因素起着至关重要的作用：一是作为中国传统的儒家面对佛教的冲击表现出宽容的气度，形成了多种宗教与思想多元统一的文化。二是中国的统一国家有一个深谙如何维持它并使其正常运转的官僚阶层，以及可以不断补充这一阶层的社会各阶层，从而成功维持了这样一个大规模的政治体制。即使文明的其他因素出现断裂，中华文明也可以从这种体制中得到足够的补偿，因而这种社会体制具有极顽强的延续性。

由此，汤因比设想全人类发展到单一社会就是世界实现统一之时。这种和平统一，是以特定区域和文化为轴心达成的结晶，这个轴心不在美国、欧洲和苏联，而在东亚。因为"现在各民族中具有最充分准备的，是两千年来培育了独特思维方法的中华民族"。

中国在"几千年来，比世界任何民族都成功地把几亿民众，从政治文化上团结起来。他们显示出这种在政治、文化上统一的本领，具有无与伦比的成功经验。这样的统一正是今天世界的绝对要求。中国人和东亚各民族合作，在被人们认为是不可缺少和不可避免的人类统一的过程中，可能要发挥主导作用"[①]。

汤因比对中国文明价值与意义的强调，针对的是西方文明因科学理性张力过度、裂变过深所造成的人类存在意义缺失和由此带来的种种混乱，应该说，汤因比指出的中华文明特质，对于解决西方式全球化问题是一剂救世良药。

汤因比还注意到中国墨子的兼爱思想。墨子认为，天下之人皆相爱，强不执弱，众不劫寡，富不侮贫，贵不敖贱，诈不欺愚。凡天下祸篡怨恨，可使毋起者，以相爱生也。汤因比认为这一思想非常宝贵。他认为，对于人类的爱应是平等的、没有等级差别的，除了墨子式的兼爱，没有什么能够达到道德上的满足。汤因比认为这与儒家思想实际上是可以结合的，儒家天下一家的政治哲学观与墨子爱护关心人类的伦理道德可以并行不悖。两者结合一体的政治哲学超越了西方那种以地区性民族主权为政治理想的政治哲学。在这个意义上，中华文明对于消除人类战争，重建人类与生物圈的平衡具有重要的意义。

直到1973年，时已垂暮之年的汤因比依旧没有停止对21世纪人类命运的探索。汤因比与当时日本著名的社会活动家池田大作断断续续进行了近两年的漫谈式对话，主题是"人类在21世纪的未来"。在对谈中，汤因比再一次把人类的希望寄托在了东方的中国。汤因比认为，中国比日本更能担当起21世纪的重任。他指出：中国在漫长

[①] 阿诺德·汤因比. 历史研究[M]. 郭小凌、王皖强译, 上海：上海人民出版社, 2010.

的21个世纪里，尽管也多次经历过混乱和解体，但是从大历史的角度来看，中国人完整地守护了一个超级文明，长时间生活在一个文明帝国的稳定秩序中，中国模式作为一种区域的世界主义模式可以为今天的人类提供宝贵的经验。希望21世纪是中国的世纪。

"中国人在其漫长的历史中都保持着人类社会中可贵的天下主义的精神，恰恰中国文化是距离狭隘的民族主义最远的。"汤因比坚信未来的人类只有走向一个"世界国家"，才能避免民族国家的狭隘，才能避免民族国家因为狭隘国家利益追求而带来的人类社会的灭亡，而具有天下情怀又建立起了一个稳固的世界型国家的文明，只有中国做到了。[①]

汤因比告诫说，西方在经济和技术上影响和征服了全球，但是却留下了政治上的民族国家林立世界的超级难题，这个政治真空将由中华文明来补足。而只有中华文明才能真正给予世界永久的和平。因此，汤因比对未来人类社会开出的药方不是武力和军事，不是民主和选举，不是西方的霸权，而是文化引领世界，这个文化就是博大精深的中华文明。汤因比最终的论点是，一个历史上一直是和平主义和世界主义为取向的天下文明也将在21世纪成为全人类的共同精神财富。

[①] 汤因比，池田大作. 展望二十一世纪：汤因比与池田大作对话录[M]. 荀春生，朱继征，陈国梁译，北京：国际文化出版公司，1985.

二、英美治下的世界秩序，让这个星球苦难不断

对人类居住的这个世界如何进行治理？欧美人认为自己最有发言权。

基辛格在《世界秩序》一书中，认为世界秩序的分界线始于《威斯特伐利亚和约》，它结束了那个惨绝人寰、导致欧洲四分之一人口死亡的三十年战争。这场奠定欧洲近现代格局的政治宗教战争中，哈布斯堡家族的战败和神圣罗马帝国的陷落，新教和天主教的对立，导致后欧洲近代民族国家纷纷形成。在《威斯特伐利亚和约》之后，欧洲各国认识到在没有足够的力量摧毁对方时，贸然发动战争对自己无一好处，各国之间彼此学会了妥协和平等，而不是简单地将矛盾付诸战争。之后欧洲各国以独立的民族国家为体系，各国不干涉彼此的内部事务，并通过大体上的均势遏制了自己的野心。欧洲的战争和力量的均衡，使各国之间彼此牵制，这样历史的偶然和国家的多样性形成了今天现代基本国家关系的雏形。[1]

很明显，这个威斯特伐利亚体系是欧洲诸国基于力量均势而形成的。换句话说，在谁也无法吃掉谁的情况下，这种尊重他国主权的情形才能成立。史学家一般都会视1635年的《布拉格和约》和1659年的《比利牛斯和约》的缔结，为威斯特伐利亚体系形成的标志。这一体系催生了西欧民族国家体系，为西欧地区带来了长约一个世纪的相对和平，但世界其他地区却没有获得这种和平红利。

以英国为例，在打败了先前头号殖民国家——西班牙的无敌舰队

---

[1] 基辛格.世界秩序[M].北京：中信出版社，2015.

后，英国看到欧洲大陆已经初步形成均势，一时间无缝隙可插足，就明显加快海外殖民战争步伐，海盗式的抢劫、贩卖黑人奴隶同海外的商业倾销相结合，引发了三次英荷战争，荷兰全败，英国夺取荷兰在北美的殖民地——新阿姆斯特丹，改名纽约，荷兰丧失欧洲强国地位。到18世纪30年代，英国在北美大西洋沿岸共建立了13个殖民地，还在西印度群岛夺取了许多岛屿如牙买加等。到18世纪，英法之间已浑然不顾威斯特伐利亚体系原则，既在欧洲争霸，又在印度和北美为争夺殖民地大打出手，英法发生七年战争（1756—1763），交战的结果：法国战败，在印度，法国仅在沿海有几个据点，在北美丧失了加拿大以及新法兰西。英国由此树立了世界殖民霸权地位。

19世纪被称为英国世纪，而这个英国给全世界带来的不是和平与财富，而是更大规模的殖民与掠夺。

1783年，北美13个殖民地的独立给英国以沉重打击。此后，英国殖民的重点遂转向东方，特别是印度。英国东印度公司击败了在印度的葡萄牙人，从印度莫卧儿王朝获得贸易特权后，加快了在印度地区的殖民扩张。1757年普拉西一役，奠定了英国在印度斯坦的统治地位。1767—1799年四次进攻并最后占领迈索尔土邦。1803—1804年打败马拉特人的反抗，囊括了克塔克以及恒河与朱木拿河（现称亚穆纳河）之间的大片沃土。英国还从荷兰手中夺得苏门答腊（1784年）和马六甲，从吉打苏丹手中割走槟榔屿（1786年）。1876年，英国将印度完全占领，又继续向其周围扩张。1876年，占俾路支，1878—1879年阿富汗沦为英国的附属国。1886年占曼德勒，完成将缅甸并入印度殖民地的计划。到20世纪初，世界领土被瓜分完毕，英国所占份额最大。1876年时它已拥有2250万平方千米的领地和25190万人口,到1914年增加到3350万平方千米的领地和39350万人口,相当英本土面积的137倍和本土人口的8倍多。列宁因此称英国为"殖民帝国主义"。

以英国为代表的殖民主义的历史,是一部充满着卑鄙贪欲、野蛮暴行的历史,其罪恶罄竹难书。关于英国等基督教文明的殖民制度,基督教史学家威廉·豪伊特曾这样评价:所谓的基督教人种在世界各地对他们所能奴役的一切民族所采取的野蛮和残暴的暴行,是世界上任何时期、任何野蛮愚昧和残暴的人种都无法比拟的。

在1753—1871年间,英国每年都要劫掠非洲黑人贩卖到美洲、澳洲做奴隶,有的黑奴船甚至一次能运送1500名奴隶,而活着到达目的地的仅仅不到500人,1769年黑奴船乔治·怀特号运送了1200名黑奴,由于船上空间狭小,空气混浊不堪,导致400人窒息而死并引发疫病流行,到了目的地,只有不到200人存活,其余的1000人尽数死去,被扔到海里,以至于该船后面有一大群鲨鱼尾随。延续300年的臭名昭著的黑奴贸易,共有1.5亿黑人被贩卖为奴,而活着到达目的地的不足3000万人,这肮脏的黑奴贸易,英国是罪魁祸首,估计贩卖了超过8000万名奴隶,约八成奴隶在半路死去。

英国既在欧洲大举插手,挑起不间断的战争,又在其他地区实行更残酷的殖民掠夺。18世纪末征服印度后,英国疯狂掠夺当地资源,强迫当地人种植棉花,导致大面积饥荒,1770—1771年,印度孟加拉省就饿死了1000万人。[①] 20世纪20年代的印度阿姆利则大惨案,

---

① 黄心川. 南亚大辞典 [M]. 成都:四川人民出版社,1998:269.

英国殖民者用重机枪向阿姆利则广场上近万名印度人疯狂扫射，造成1200人死亡，3000人负重伤，震惊世界。

由此可见，英国人主导下的19世纪的世界，绝不是人间乐土，他们也没有给世界人民带来和平与利益。

而美国接续英国，在20世纪主导了世界秩序，其表现又如何呢？且不说在此期间，世界上就发生了两次世界大战，这是人类历史上杀戮最重的战争浩劫，差点毁灭全人类。这里单说以"自由卫士"自居的美国，其对世界和平的贡献又如何呢？

自1776年美国建国以来到2019年的243年中，美国一共有222年在打仗。换言之，美国只有21年处于和平状态。美国历史上唯一一次整整五年没有战争（1935—1940），是在"大萧条"的孤立主义时期。"二战"结束以后，美国一共向17个国家发动了不同规模的战争，而每一次美国发动战争时，都打着"正义、和平"的旗号，而实际上则是用各种卑劣的手段来对主权国家进行侵略。以美国在越南的战争为例，美越战争至少造成了500万名当地平民的死亡，而越南1960年的人口才3017万。美国为了取得战争胜利，在越南甚至动用了臭名昭著的生化武器——"橙剂"。据官方数据统计，整个越南战争期间，美军喷洒的橙剂高达7600万升，致使越南3000多个村落受到影响，400万人被橙剂危害。要知道，该生化药剂一旦进入人体，需要很长时间才能排出，至今还有大量越南人深受其害。

冷战结束后，世界成为美国主导的单极世界秩序，全世界本来期待美国能给世界带来前所未有的和平时期，但美国接连发动阿富汗战争和伊拉克战争，而且一打就是20年。对阿富汗来说，美军不负责任的撤离，留下的是巨大且难以填补的"安全窟窿"。

美国没有给世界带来应有的和平，那么，美国为世界带来了多少发展成果呢？2022年年初公布的《2022年世界不平等报告》显示，过去20年里，全球收入最高的10%人群和收入底层的50%人群之间收入差距几乎翻了一番。

在全球经济艰难复苏的同时，美国仍然只顾本国利益，漠视贫富分化等全球发展问题。自新冠疫情发生以来，美国热衷于"脱钩""断链""筑墙"，动辄运用"长臂管辖"，实施经济制裁，甚至为地缘政治利益不惜动用武力威慑，干涉他国内政。美国在阿富汗、叙利亚等国造成的战争动荡，在中亚、拉美等国策动"颜色革命"，留下了经济破败、民生凋敝的烂摊子。美西方国家支援发展中国家抗疫和经济复苏的承诺迟迟不兑现，却急于运用"实体清单""芯片禁令"等手段制裁外国科技企业，为全球经济复苏和创新增长带来"负能量"。正如巴黎经济学院世界不平等实验室联合主任钱塞尔所言："自20世纪90年代中期以来，全球最富有的0.01%的人持有的财富份额已经从7%左右上升到11%。危机并没有扭转这一趋势，反而放大了它。"新冠疫情本对全球经济带来巨大冲击，而以美国为首的西方国家应对危机的方式，又进一步加剧了贫富分化这场席卷全球的"传染病"。

全球经济在新冠疫情的冲击下，呈现"K型"复苏态势，不同经济体、不同群体之间分化严重。自2020年3月开始，美联储实施史无前例的无限量化宽松政策，其资产负债表规模从2020年2月的4.2万亿美元快速扩张至2022年年初的8.76亿美元。美联储"印钞机"轰隆作响，"饮鸩止渴"的代价却需要世界其他经济体来承担。无怪乎世界银行行长马尔帕斯批评说:"全球不平等问题加剧,全球金融体系难辞其咎。"①

近40年来,美国的GDP保持稳定增长,GDP总量稳居世界第一,却在减贫效果上毫无建树。美国劳工统计局数据显示,2019年美国贫困人口比例为10.5%,大约3400多万人。不过,美国哥伦比亚大学最新报告提及,受疫情影响,自2020年5月以来,半年内美国便新增了800万贫困人口。也就是说,2020年美国实际贫困人口大约4000万人。即使美国政府开动直升机疯狂撒钱,对减贫也无济于事。Epiq AACER公司数据显示,2021年3月美国个人申请破产的数量激增41%,是一年以来的最高水平。预计美国政府的撒钱计划一旦终止,美国个人申请破产数量还得大幅增加。

美国诺贝尔经济学奖得主斯蒂格利茨曾在《不平等的代价》一书中针对美国的贫富分化问题犀利地指出:"那些属于1%群体的人攫取了社会财富,留给那些属于99%群体的人的只有焦虑和不安。"斯蒂格利茨说:在这个"钱主"之国,1%的人做了99%的人的主。

休斯敦大学教授贝蒂娜·比奇也在一篇文章中指出,美国是发达国家中贫困率最高的国家之一,这主要表现在少数族裔贫困率过高,其中黑人家庭的平均财富只有白人家庭的1/20。新冠疫情期间,少数族裔不仅感染率和病亡率"不成比例"地高于白人,其家庭收入受到疫情影响的比例也大大高于白人家庭。②

---

① 高乔.全球贫富差距加大,西方难辞其咎[EB/OL].海外网,2022-01-25.
② 显微"美式民主":在这个"钱主"之国,1%做了99%的主[EB/OL].中国青年网,2021-12-7.

美国政府为了摆脱经济困境，采取滥发货币的形式，给全世界带来了巨大通胀压力，给国内也带来了滞涨的风险。美国前财政部长劳伦斯·萨默斯在接受彭博电视台采访时警告称，美国正在遭受40年来"最不负责任的宏观经济政策折磨"，并指责美国财政与货币政策带来的巨大风险。萨默斯指出，未来几年通胀加速的可能性有1/3，从而导致美国面临滞胀。但如果没有出现通胀，是因为美联储可能会猛踩刹车，将经济推向衰退。他警告称："目前宏观经济政策造成的严重风险已经超出我的记忆。"①

美国对自己在全球治理中的权力份额看得很重，但对自己应承担的国际义务，却采取合则用不合则弃的态度。以对待当今世界最重要的国际组织联合国为例，联合国依靠会员国缴纳会费维持运转，作为最大会费国的美国，却至今仍拖欠联合国会费10.9亿美元，占总拖欠费用的73%，此外美国还拖欠联合国维和费用13.88亿美元，占各国总拖欠费用的近一半。

美国绝不是因为太穷而交不起会费，其故意拖欠联合国会费，使得联合国正常运转面临长期的经济压力，只能说明美国对于其应当承担的国际义务，采取的是类似于恶棍无赖式的态度。2022年2月开始的俄罗斯与乌克兰大规模冲突，美国是导火索，酿成难以愈合的人道主义危机，其肇事者的责任难以辩驳。

---

① 美前财长痛批：美国面临40年来最糟糕最不负责任经济政策，未来几年恐陷滞胀，美联储若猛踩刹车经济或衰退[EB/OL]. 和讯网，2021-3-22.

三、新天下主义，能为21世纪的世界难题解套

以工业化为代表的全球化运动的大规模展开，始于18世纪后期，中国被动地卷入这一世界运动当中。中国在20世纪后期全球化运动当中的话语权由弱到强，并且在21世纪逐渐成为构建全球人类命运共同体的主要大国与重要力量。

英国主导下的全球化运动主要是依靠其产业资本的优势，在全世界贸易中获取超级比较优势，从而使亚非拉广大殖民地被动地成为西欧工业产品的倾销地。

美国主导下的全球化运动主要是依靠其金融资本的优势，在全世界的金融资本流动中获得暴利，将全世界的财富引导进入美国华尔街集团的手掌当中，从而使全世界的市场皆成为美元收割的牧场。

美国产业的空心化和金融化，使得其在工业文明中的竞争地位基础逐渐弱化。但美国在国际市场上获得的超级利益并没有变小，只是这些金融资本家从国际市场上攫取的利润不可能广泛惠及中产阶级和底层民众，导致美国的贫富分化趋势日益拉大，使得美国社会各阶层的协作能力削弱，国内矛盾尖锐化，从而让逆全球化思潮泛起。

中国在加入世贸组织之后，主动融入了全球化运动当中，虽然始终未能改变其被"双重剥夺"的地位，但是，中国始终认为，全球化是世界文明融合发展的基本趋势，逆全球化运动与进入信息文明时代的人类文明进程背道而驰，所以，全球化运动只能继续推进，而不能开倒车，全球治理需要的是改进，而不是逆转。

新冠疫情的侵袭，让本已出现巨大分歧的全球化运动雪上加霜。

在全球化运动遭遇严重挫折时，美国和西欧等主要工业国企图将世界重新倒回20世纪那个"赢者通吃"的时代，通过维持旧体系保持自己的垄断地位。相比较而言，在继续推进全球化的立场上，中国的主张就与他们大异其趣。

中国对于后疫情时代全球化运动的主张，集中表现在习近平主席在2022年世界经济论坛视频会议的演讲当中："'天下之势不盛则衰，天下之治不进则退。'世界总是在矛盾运动中发展的，没有矛盾就没有世界。纵观历史，人类正是在战胜一次次考验中成长、在克服一场场危机中发展。我们要在历史前进的逻辑中前进、在时代发展的潮流中发展。"

对于全球携手抗疫，中国领导人指出："坚定信心、同舟共济，是战胜疫情的唯一正确道路。任何相互掣肘，任何无端'甩锅'，都会贻误战机、干扰大局。世界各国要加强国际抗疫合作，积极开展药物研发合作，共筑多重抗疫防线，加快建设人类卫生健康共同体。特别是要用好疫苗这个有力武器，确保疫苗公平分配，加快推进接种速度，弥合国际'免疫鸿沟'，把生命健康守护好、把人民生活保障好。"

对于促进世界经济稳定复苏，中国领导人主张："经济全球化是时代潮流。大江奔腾向海，总会遇到逆流，但任何逆流都阻挡不了大江东去。动力助其前行，阻力促其强大。尽管出现了很多逆流、险滩，但经济全球化方向从未改变、也不会改变。世界各国要坚持真正的多边主义，坚持拆墙而不筑墙、开放而不隔绝、融合而不脱钩，推动构建开放型世界经济。"

对于跨越发展鸿沟，重振全球发展事业，以及摒弃冷战思维，实现和平共处、互利共赢等全球化运动重要议题，中国领导人均站在人类命运共同体的立场，阐述了中国主张："我们要顺应历史大势，致力于稳定国际秩序，弘扬全人类共同价值，推动构建人类命运共同体。要坚持对话而不对抗、包容而不排他，反对一切形式的单边主义、保护主义，反对一切形式的霸权主义和强权政治。"①

推动构建人类命运共同体，这是中国在21世纪为人类文明建设开出的最新方案。中国认为，合作共赢，是解决当前全球化困局的唯一出路。

其实，认识到人类具有共同的命运，这并不是18世纪后期西方主导的全球化运动以后才有的事情。

雅斯贝尔斯在《论历史的起源与目标》（1949年）中指出，至少在公元前800年至公元前200年之间人类精神的发展时期，即"轴心时代"，中国、波斯、巴勒斯坦、希腊、古印度等地区的先哲就对人类普遍命运有了深邃的思考。雅斯贝尔斯提出，"精神领域里的自由交往，应视为世界和平与秩序的根本保证"。

雅斯贝尔斯进一步阐述了康德关于"世界公民秩序"的主张。康德曾提出了旨在实现世界永久和平的诸条件，这就是国际法、共和制、世界公民。康德认为，传统国际法与相互关系中的各个国家相关联，而国际法的秩序必须以共和制为前提。根据康德的共和制和世界公民的历史观，雅斯贝尔斯提出了以世界政治统一为目的的历史观，并构

---

① 习近平在2022年世界经济论坛视频会议的演讲［EB/OL］.新华网，2022-1-17.

想了世界政治的前景。

哈贝马斯在雅斯贝尔斯的基础上,进一步提出,200年前康德所构思的古典国际法的秩序已经包含着一种转变为新的"世界公民秩序"的可能性。在全球化时代,世界公民领域与世界共同体中的人际法律关系相关联,世界公民秩序必须以世界主义和宪法爱国主义为前提。在此意义上,他的世界公民秩序理念是康德永久和平理念的全面继承、发展和创新,它包括世界公民的起源与概念、国家构想与民主构想、世界秩序与世界公民权、没有世界政府的世界对内政策、世界公民状态等。

雅斯贝尔斯和哈贝马斯率先把"交往"概念置于哲学思维的核心,不遗余力地倡导统一性的全球交往理性,努力引导朝向世界政治统一,以拯救人类文明之危局。①

雅斯贝尔斯和哈贝马斯鼓励人类总体交往,在人类交往中实现文明的融合互鉴和协作,正是本书反复强调的"文明力"的哲学基础之一。

只有促进人类的总体交往,才能推进人类文明的协作和团结,这确实是人类文明发展的正道。但是,这种智慧的哲学思考在西方文明中很难得到认同,更难以付诸实施。否则,为什么两次世界大战的策源地都发生在欧洲?逆全球化运动为什么再次在欧美文明圈里泛起呢?

推进人类整体合作为什么这么难?解析其肌理,还得从文明的协作力的底层逻辑开始。(见表下编-1)

---

① 金寿铁. 全球化时代与总体交往[EB/OL]. 中国社会科学网,2019-4-9.

表下编-1　人类主要文明的底层逻辑结构

	神与神	人与神	人与人	人与物	文明力
中华文明	多神论自然神论诸神并存	人通过修为晋升到神明之境，人与神不直接沟通	人与人平等，都是三界中最贵者。人人可以成圣贤	人与自然和谐共生，相互依赖。人取之应有度	取决于人与人的和谐协作
基督教文明	一神论不与别的神共存	人通过教会或神职工作者与神沟通	上帝的选民与异教徒不共存，人有原罪，必须赔罪与忏悔	自然是人征服的对象，人通过了解自然规律驾取自然万物	取决于人的宽容度，人与人之间难以平等协作
印度教文明	多神论，众神互斗	人因为虔诚而得到神的恩宠，人必须向神牺牲奉献	因笃信之神不同而不共存，人应接受神的安排	自然皆具神性，人对自然万物应敬畏，过节制的生活	取决于神的旨意，人与人的协作困难

人类世界的任何文明形态，都是由四组基本关系决定的——神与神、人与神、人与人以及人与物。

由人类轴心文明的三大发生地衍生的世界三大文明，在这四种关系中，呈现出了三种不同的处理方式。与基督教文明相比，中华文明具有世俗性特质，中华文明不赞成基督徒和非基督徒的优劣差别，赞成人人平等，人人皆有良知良能。在人与神之间的关系中，人处于主体地位，人是"三界最贵者"，这就提升了人本价值，使得中华文明具有众生平等、人人平等的特质，这就为中华文明衍生出"天下主义"奠定了文明基础。

与印度教文明相比，中华文明中的人，与众神更为隔离，神意在人世间作用有限，人更需要凭借自身的实践来改变命运，人是自身命运的掌控者，自我奋斗成为人本身的内在需求，人在文明创制的进程中，更需要自身的身体力行，而不是依仗彼岸世界的力量来改造现实世界。中华文明的行动力优势得以彰显。

在崇尚竞争、扩张和掠夺的时代，主张合作、包容和均质化发展的中华文明被压制在了世界主流话语圈外，西方中心论被认为是世界历史的主脉。当21世纪人类世界面临困境之后，中国的文明力优势就凸显出来了。

面对逆全球化和文明分裂冲突的甚嚣尘上，西方中心论已经无计可施。来自东方的智慧，这时候就显得弥足珍贵。

如何凝聚全人类的共识，一起共克时艰，为人类文明的困境突围？历史老人希望听到中国人的声音。

四、世界历史民族与人类命运的彼此成就

中华文明建构出来的古典天下主义以及由此构想的天下体系，并不源于中国人的逻辑构想（类似于康德、雅斯贝尔斯和哈贝马斯），也不出自中国人对理想社会的追求（类似于古印度文明中设想的极乐世界），而是一种能使每个人都受益的体系设计。中国哲学家赵汀阳在《天下的当代性》中对中国古典的天下体系有这样阐述：

天下体系并非理想主义的构想，它没有许诺人人幸福，只是一个有望保证和平和安全的体系，其制度安排的关键在于使竞争或敌对策略无利可图。更准确地说，使任何试图摧毁他者的行为都无利可图，

因此能够确保使共在成为存在的条件。

赵汀阳指出：天下理论不仅仅是一个世界政治理论，同时也意味着政治的一个新概念，一个让政治重新出发的起点，一个告别战争的出发点。更可信地解决利益和价值的冲突问题，政治就需要成为一种善的艺术而超越恶的技术。[1]

中国古人在阐述天下主义的时候，很早就提出了"天下非一人之天下，天下之天下也"。(《吕氏春秋·贵公》)由此，中国人构建的天下体系完全不同于帝国主义的支配性世界体系，而与康德等设想的世界主义有异曲同工之妙，但中国人的天下主义更加关注文明力的提升，即这样的天下应该是让每个人都更加受益而无人受损的世界。

对此，赵汀阳指出："天下体系之意图必当如此，必以普遍受益的制度去维护世界的多样性，并以共在原则去建构相辅相成的存在关系，使世界的共在利益大于排他私利。"[2]

这里，我们不妨将美国提出的新自由主义世界体系与中国古典的天下主义体系做一个简单的对比。(见表下编-2)

---

[1] 赵汀阳.天下的当代性[M].北京：中信出版社，2015：9, 35.
[2] 赵汀阳.天下的当代性[M].北京：中信出版社，2015：209.

表下编-2　两种世界体系比较表

	新自由主义世界体系	古典天下主义体系
构建目的	确保中心国家的主宰地位,并使整个体系中不出现挑战者与不服从者	确保天下和平安宁,不出现以大欺小,以强凌弱,以共存实现共同发展
制度设计	由中心国设立规则,服从者可以分享利益,不服从者受到惩罚	共同协商出基本文明守则,遵守者共同守护交往规则,不遵守者可静观其变
改善之道	中心国设立盟友圈,服从者可奖励成为盟友,并联合盟友压制其他非盟友	建立礼乐秩序,礼乐秩序的示范者以自身的文明成就吸引更多参与者,己欲立而立人,己欲达而达人,最终实现帕累托最优
文明观	将单一文明规则推广到全球,以博弈与竞争打垮对手	道并行而不悖,不主动推广文明规则,认同者多受益,不认同者亦不受损
受益面	中心国与其盟友受益,其他受损	共同受益,无人受损

总之,中华文明构建的天下体系具有"天下无外"的特质,即使世界成为一个只有内部性而不具有外部性的无外世界。对此,赵汀阳称之为"天下体系将成为一种无外的监护制度而维护世界的普遍秩序"。这是一种反帝国主义或反霸权的制度,因为天下体系属于全世界而不属于任何国家。中国古典的天下体系,其本质是一个世界主义的体系,国家利益和民族利益必须从属于天下利益,而天下利益又与各个国家和民族利益乃至个体利益具有重合性,即包含了所有人的利益的共同体,才能构成一个天下体系。

《中庸》将天下体系构建称为"治国、平天下"。《中庸》认为,"治国"是平天下的前提，而"平天下"的要点在于以身作则，推己度人，创建一个各阶层、各行业通力合作的和谐社会：

> 所谓平天下在治其国者，上老老而民兴孝；上长长而民兴悌；上恤孤而民不倍。是以君子有絜矩之道也。
>
> 所恶于上毋以使下；所恶于下毋以事上；所恶于前毋以先后；所恶于后毋以从前；所恶于右毋以交于左；所恶于左毋以交于右。此之谓絜矩之道。
>
> ——《中庸》

中国的古典天下主义强调文明的创建者除了以身为范、为政以德，还重点指出了狭隘的利益本位与天下主义具有不相容性，如果克服不了零和博弈或者赢者通吃，则"平天下"就不可能，这就是中国古典政治哲学中著名的"义利之辨"。

《周易》指出：利者，义之和也。这句话的意思是说，要获得真正的利益，应该取之有道，讲求合作，大家共同受益，这才是真正的利。《中庸》在阐述"平天下"之道时，反复强调要"以义为利"，否则将"灾害并至"：

> 长国家而务财用者，必自小人矣，彼为善之。小人之使为国家，灾害并至，虽有善者，亦无如之何矣。此谓国不以利为利，以义为利也。
>
> ——《中庸》

修身、齐家、治国、平天下，构成了整套天下体系，使得个体与家庭、社会的利益趋于一致，社会与国家的利益与整个天下的利益趋于一致。天下是天下人利益的总和，也是所有国家利益的总和，这种宏大的体系构想能够消除国家利益之间的冲突，使得大小国家的利益均得到合理保护和体现。

"无外世界的理想状态是达到四海一家，即天下为所有人共有而达到家庭性。"赵汀阳指出，因为天下不是一个排他性的存在单位，而是最大限度的共在单位。

全球化运动的深入发展，特别是信息文明时代的来临，使得人类的总体交往便捷度极大提升，物理障碍极大减弱，人类交往成本极大降低，人类同在信息世界这张大网之中，人类文明第一次出现了"无外世界"的实现可能性。在这样的21世纪，是继续保留帝国主义构建的"顺我者昌逆我者亡"的游戏规则，还是推进"己欲立而立人、己欲达而达人"的普遍受益规则，二者立意的高下，可谓一看便知。

"人类命运共同体"秉承了中国古典天下主义的要义，旨在推进"人人受益，无人受损"的帕累托最优效应，符合促进人类文明总体交往的总趋势，必将给人类文明带来巨大的推动力。

世界潮流，浩浩荡荡，顺之者昌，逆之者亡。这种潮流肯定是让绝大多数人更加受益的潮流，而不是少部分人受益大部分人受损的潮流。

这里，可以对中国面向21世纪向人类可贡献的新天下体系做简单的概述：

（1）新天下体系属于全世界，不属于某个国家或者区域。这一体系立足于全人类的整体利益，是全人类总体利益的总和，各个国家和各个民族的利益均在此体系中得以体现。与世界整体利益相比，国家利益是从属性的，只有克服只顾本国利益而不顾别国利益的狭隘性，各国的利益才能均等得到维护。新天下体系就是一个维护各国共同利益进而促进各国均衡受益的世界体系。

（2）新天下体系是开放性的，不是某个国家组成的小圈子，也不是某一文明体组建的价值观同盟。此体系面向所有国家和民众开放，在构建人类命运共同体的进程中，相互尊重，彼此关照，互鉴互学，协商对话，求同存异。因为其开放性和包容性，新天下体系拒绝非和平手段进行利益博弈，在和平与平等的基础上，通过加强合作促进共同利益的累加。

（3）新天下体系是互惠互利的体系，使世界共同利益和共享利益大于排他利益和独享利益，加入者利益将大于拒绝者的利益，合作的利益将大于竞争的利益。这一体系将致力于增强文明协作力，让协作的利益远远大于排他性竞争的利益，参与者人人受益，而无人受损。

（4）新天下体系致力于解决民族国家的外部性问题，并终结了霸权的问题，让全球的公共利益在协商一致中得以解决。过去的世界秩序主要由殖民帝国构造，其帝国的国家利益与世界整体利益天然具有不可调和的冲突。[①] 而新天下体系跳出了本国利益优先论，致力于在协力解决全世界的问题的同时，求得各国问题的解决。世界将拥有一个协力解决全球性问题的体系和配套机制，在共同解决共性问题的

[①] 赵汀阳等学者认为，帝国主义虽有统治世界的雄心，却因为没有一个世界利益为准的天下观，而只有国家利益至上的国家观，只能以国家为最高主体来权衡利益，而把本国以外的世界看成统治的对象抑或帝国的牧场。因此，无论帝国的支配力扩展到什么程度，其利益和价值观都仅限于国家尺度，这就是帝国主义逻辑的局限性。

时候，为各国解除了共同的危机和挑战。[①]

赵汀阳等中国学者强调指出：天下体系的最基本责任就是以制度权力去限制人类无法承担后果的逆天行为，特别是后果不可控制的技术冒险或政治冒险，这是为了保证人类的生存安全。[②]

与世界帝国主义体系（他们自称为新自由主义世界体系）的文明逻辑相比，新天下主义能够克服国家主义和民族主义利益本位，通过推进人类协作和推动人类共同利益的增进，这种帕累托最优模式，符合中国古典天下主义的"利者义之和"的原则，也符合人类的普遍理性原则，可以说，这就是人间正道，即全人类共同受益的正确之道。

何谓世界历史民族？就是能够引领人类精神实现普遍自觉的民族。中国学者施展指出：所谓世界历史民族，不在于对世界的征服或控制，而在于该民族能够通过自身的精神运动而把握世界历史的命运，从而引领人类精神的普遍自觉。[③]

人类社会的发展，是从地域历史走向世界历史，并最终实现真正的人类历史的过程。地域历史是狭隘的生存状态，各自孤立不知其余。经过漫长的发展历程，世界才连成一片，成为一个整体，人类由地域世界进入世界历史。在推进世界历史的进程中，少数承载着轴心文明

[①] 以全球性气候危机为例，目前全世界没有哪一个国家能够独立解决本国的气候危机问题，即使是发达国家联手，如果没有发展中国家参与，也无济于事。如果全世界的国家共同行动，互相帮助，采取一致性的协同行动，则全球气候问题有望缓解，最终也将共同受益。中国作为一个后发工业国，在未完成全部工业化的情况下，毅然承诺"双碳目标"，就是一个服从全球气候治理大局的表现，体现了天下主义的情怀。

[②] 有关"天下体系"的构建主张，本书参考了赵汀阳《天下的当代性》与文扬《文明的逻辑》等著作，读者可参阅原书相关论述。

[③] 施展.枢纽——3000年的中国[M].广西：广西师范大学出版社，2018：34.

的民族，通过推动世界运动，引领人类精神向新的高度攀越。

中国的体量决定了中华民族天然就是世界历史民族，中华文明作为世界重要的轴心文明、世界原生文明和未曾断绝的古老文明，决定了中华文明在关键时刻必须担负起为人类精神领航的重担。

中华文明从早熟的天下型文明，顺应大规模和广域性治理的需要，演进成为文明和国家形态高度重合的天下型国家，西方工业文明在近代的到来，使得中国主导的东亚天下秩序还原成为区域秩序，这一秩序也被全球化运动中的世界秩序所吸纳，中国的国家形态演变成为主权民族国家，但中华文明的天下型特质并没有泯灭，反而随着中国在全球化运动中的旗手作用而得到世界性表达，这一过程，可以称为"世界的中国"与"中国的世界"在21世纪得以合体，即中国在继续推进全球化运动的同时，让自己以构建人类命运共同体和天下大同理想为指引的新天下主义得以呈现。

这里必须强调的是，和平主义始终是中华文明的一大特质，但和平主义不能演变成为怯懦主义，因为怯懦主义并不能保障文明的正常演化。有足够的能力反对战争才能防止战争，如何保障和平崛起，未来的十年，将是中国实打实的严峻考验。防止传统霸权进行战争冒险的唯一办法，不是靠和平喊话，而是靠实实在在的战争准备。只有准备到让对手觉得冒险没有任何胜算的时候，和平才能达成。

在中华民族迈向伟大复兴的进程中，主要面临三大危险：国家被侵略、被颠覆、被分裂的危险，改革发展稳定大局被破坏的危险，中国特色社会主义发展进程被打断的危险。

中国人对于复兴路上这些巨大风险的预估，说明中国人并不是盲目的乐观主义者，这些危险并不会因为中国人的和平愿望而自动消失，它最终取决于中国在变成世界强国的进程中，同步拥有了强大的战略威慑能力，使得对手知难而退，这就是孙子兵法"不战而屈人之兵"的最高战略指导思想。

在复兴路上，中国人应当遵循这样的战略路线——坚决走战略自主的道路，不给对手创造战胜的条件，将战略主动权牢牢抓在中国人自己手里，等待破敌的时机，以中国绝对的实力，可不战而胜。

当前，国际格局仍然处在晦暗未明之际，人心容易浮动，对手也容易发挥媒体的蛊惑之计，中国要非常注意防范两个倾向：一是盲目躁进，在自身实力并不占据绝对优势的情况下仓促卷入不必要的冲突，与对手过早摊牌，最后痛失好局。二是怯弱畏敌，被对手局部的强势震慑，在战略上被讹诈与欺骗，无原则地放弃核心权益，不战自败。

文明的复兴需要一个长周期，中国需要做的最大的事情，莫过于保持当前文明复兴的节奏不被打断，确保国家的核心领导力量从容施展复兴战略，以坚毅而勇敢的姿态，迎接2035年这个战略转折点的到来。

文明的最核心力量还是人心，人心才是最大的政治。中国在不断强化其战略自主能力的同时，将以自己强大的枢纽性地位带动世界发展，让中国发展的利益为世界人民所共享，这也就构成了和平的最终保障。

21世纪的中国式现代化，是全球化运动最大的自变量，这一巨大的自变量也会带来巨大的因变量，新的世界秩序将因为中国的选择而发生改变。

因为加入天下体系的吸引力远远大于拒绝天下体系的收益，所以，这一体系的构建将完全可以用和平与倡导的形式进行，而无须对拒绝者施以惩罚。所谓"人各有志"，中国古人从来就主张"礼不往教"的原则，就是说中国人不赞成强力推销自己的价值观与主张，可以"来学"，而不"往教"，正是基于对人皆具有理性能力的信心。

可以预见，中国人融合世界人民共同意愿的新天下主义，特别是构建人类命运共同体的伟大倡议，将是古老的中华文明为21世纪的世界贡献的一个极为珍贵的智慧。为了迎接全人类的共同挑战，构建新的能够为人类世界带来持久和平繁荣与共同发展的新世界体系，就是21世纪人类社会的共同目标任务。

世界人民的大团结、大合作和大繁荣，这是一个无比高尚的伟大事业，各国人民值得为这样的伟大事业而献身。

附录

文明大势，快问快答
——眺望 21 世纪的中国与世界

虎年新春，京城春寒料峭，有好友来访，小饮正酣，好友咨询天下大势，我一一作答。好友问得单刀直入，我回答得直截了当。兹整理出一篇《文明大势，快问快答》，纵论 21 世纪的世界文明走势，核心主旨是中国人要从文明自信走向文明自觉，把握历史的主动，为人类的共同命运担当作为。

好友，以下称为客人。我，即主人。一问一答正式开始。

客人：当今天下，西方文明的代表是美国，东方文明的代表是中国，目前中美博弈白热化，这反映了 21 世纪文明竞争的一种态势，请问中美博弈前景如何？

附　录　　文明大势，快问快答 —— 眺望 21 世纪的中国与世界

主人： 中美博弈其实胜负已分。美国已败，中国已胜。

客人： 先生何出此言？今美国仍然是世界最强，GDP 世界第一，金融世界第一，军力世界第一，科技也是世界第一，怎么能说美国败给了中国呢？

主人： 既然是博弈，就得看双方的战略目标。美国的目标是消除中国对其霸权地位的威胁，中国经济至少要降低到日本的水平，最好是与印度和意大利差不多，才能说勉强解除对美国经济权力的威胁，而中国的军事实力方面，最好是降到跟澳大利亚差不多才行。而中国的战略目标是自主发展，只要没有强大外力遏阻中国的继续发展，就可以接受。中国并不把超越美国作为自己的战略目标，也不存在遏制美国的问题。自 2012 年以来美国加紧遏制中国，手段无所不用其极，但现在的结果已经出来了——中国没有被约束住，反而越遏制越强大。即使是美国将施加到对手身上的种种狠辣手段放到中国身上，也压不垮中国，只会逼着中国加快战略自主的进程。美国已经没有什么办法遏制住中国继续发展的势头，中国会继续强大，综合实力离美国越来越近，这不是美国已经战略失败了吗？

客人： 美国千方百计遏制中国不假，但美国还是没有打出他们认为最硬的牌，那就是台海冲突牌。一旦美国决心打出这张王牌，中国将如何处置？

主人： 将宝岛收回，这是中国政府和人民不可更改的坚定意志，也是中华民族伟大复兴的必然要求。但台湾问题是个历史遗留问题，

两岸同为一家人，刀兵相见，造成流血伤亡，只会亲者痛仇者快。和平统一，仍然是最佳的选择，而且实现和平统一、平稳过渡的可能性在日益增加。那为什么不能再等一等呢？中美之间的博弈还在进行，当博弈进行到某一节点，宝岛就顺利回归了。中国一旦集聚了足够的势能，让对手觉得毫无胜算之时，和平谈判就成了唯一的选择。尽量不用战争的办法，而用强大的战略势能压垮对手的对抗意志，不战而屈人之兵，折冲樽俎之间，这是中华民族的古老智慧。两岸同为一家人，同文同种同宗，文明一家亲，这是我们实现国家统一的最大优势，我们不需要付出那么高的统一成本。当然，那极少数的死硬的"台独"分子，必将为自己的错误选择付出惨重的代价。

客人：时间是中国的朋友，却是美国的敌人。美国如果决意唆使"台独"，采取急"独"路径，并决意协防"台独"，中国能怎么办呢？

主人：美国已经没有能力大规模协防"台独"，否则干吗还不早点操办这事呢？美国如果决策为台海与中国直接开战，那就是两个核大国之间的无底线决战，美国没有获胜的可能性。所以，美国采取两面派手段，暗地支持"台独"，却又不与中国正面冲突，这才是符合其利益的决策。事实上，美国也只能这么走。美国贩卖焦虑，可以赚点军火钱，并吸干"台独"的钱袋子。等到没有余钱可吸了，美国就放弃。而台湾的钱袋子掌握在谁手里，不是很清楚吗？

客人：那如果美国继续支持台湾暗"独"，阻滞中国复兴进程，中国又该怎么办呢？

主人：中国的复兴并不取决于美国是否支持或者反对，而是取

附　录　　文明大势，快问快答——眺望 21 世纪的中国与世界

决于自身的文明力崛起逻辑。中国自古以来就是一个巨大规模的文明体，是一种生产型文明，自力更生搞好生产，文明就自动发展。生产效率受到阻滞，文明就会停滞不前。任何外在力量都无法带领中国起飞，就像老鹰虽强，但无法带动大象起飞一样。

客人： 先生的"老鹰虽强，但带不动大象起飞"，很形象。但美国在可预见的将来，一定还会干扰大象起舞，而且还会拉拢一班小兄弟一起来遏阻中国，中国能走出这样强大的包围圈吗？

主人： 明者因时而变，智者因事而制。中美两国的国家核心利益有很大不同，彼此需要依托的国际环境也很不一致。美国是世界上第三个"日不落帝国"，其本质是继西班牙、英国之后的第三代殖民帝国，只是其对外殖民的主要手段是美元，全球性的美元殖民体系是维系美国霸权的核心支柱。美元地位稳固，美国就能稳稳当当从世界范围汲取财富，以补贴其国内经济。而中国是个生产型国家，持续稳定国内生产水平是中国的核心国家利益。对外贸易可以释放国内产能，但中国并不十分依赖美国市场，这是由中国的文明体量决定的。中国目前要搞"双循环"发展战略，就说明了这一点。中国愿意与世界人民一起搞生产搞贸易，但并不只依赖美国。美国代表不了全世界。所以，美国对中国打贸易战，对中国商品普遍加征关税，中国并没有因此而垮掉。中国的国内市场需求还没有深度开发，广大新兴市场国家更是天地广阔，中国对外贸易依存度还可以降低，甚至与美国贸易份额降低还会助推中国调整其贸易布局，与新兴市场国家加强合作，并推动内需市场的兴盛。美国遏制中国，其后果是助推中国自主发展，

加速"一带一路"建设，让中国更快成为世界第一大内需市场。

客人： 先生既然说中国是一个生产型国家，又有巨大的内需市场，那是否意味着中国可以自给自足，不需要国际市场，也不需要国际合作呢？

主人： 有着巨大产能的中国肯定需要一个极为广阔的市场，没有巨大的市场需求拉动，产能扩展就无从谈起。但中国作为世界主要的生产基地，最需要的还是一个公平贸易的国际体系，即中国不想薅别国的羊毛，也不喜欢被别国薅羊毛。当今的国际贸易体系是美国为首的西方发达资本主义国家主导的，其核心要义就是维持其超越别国的地位，在这个体系中赚取超额利润。沃勒斯坦形象地称这个世界体系为"中心—边缘体系"。先发工业国家处于中心地位，后发国家处于边缘或半边缘地位。前者是主导者，后者是依附者。身处这样的体系当中，中国还在接受"双重剥夺"——在国际分工中被限制在中低端，备受榨取；在国际贸易中，还得用自己的血汗钱反哺美国资本市场。所以，以中国为代表的发展中国家仍然处于不公正的世界体系当中，这是当今世界秩序最大的矛盾所在。

客人： 美国等西方国家一直在强调，中国不遵守国际规则，应该给予惩罚。实在不行，可以考虑与中国脱钩，将中国排除出现有的国际体系。如果中国面对这样被联手排除出国际体系的局面，中国能怎么办？

主人： 大家同在一栋房子里，中国已经是房子里的大象，要将

附　录　　文明大势，快问快答——眺望 21 世纪的中国与世界

其驱赶出去，谈何容易？再加上在地球的 80 亿人口当中，西方发达工业国家总人口也就 10 亿人，美国人口只占全球的 5%，是妥妥的少数派。少数派要驱赶多数派，凭什么？中国是发展中国家天然的朋友，也是有实力与所有发达工业国对等谈判的代表，中国代表了地球 70 亿人的根本利益，哪个国家有这个能力将 70 亿人开除"球籍"？更何况，中国和广大发展中国家，只需要一个相对公平的国际体系，大家都能够凭诚实劳动吃饭，这有什么不对吗？还有一点，美元之所以还有不错的信用，是因为使用美元还可以买到中国制造的商品，中国制造实际上在为美元信用背书。如果踢开了中国制造，美元的信用将失去附着物，对美元可不是什么好事儿。所以，你看美国和西方始终无法下决心将中国剔除出 SWIFT（环球银行金融电信协会），并非不想，而是不敢。

客人： 发展中国家人数多不假。但世界的竞争不能仅仅看人数多少，对吧？

主人： 少数人要剥夺多数人，都会给出一个说法。最好的说法就是文明优越论。自称优越先进的文明，就可以自由宰割落后野蛮的文明，这样少数人就可以心安理得地剥夺大多数人。当然，如果被统治者不服气，统治者就可以动枪动炮，先打服你。然后，再对被统治者后代进行洗脑：只要心甘情愿接受统治，你们也有机会与我们一样，跻身统治阶级的地位。罗马帝国的统治逻辑就是这样的，近 500 年来的西方殖民主义逻辑，大致也是遵循这样的路线。本来一切都进展得很顺利，没想到在地球的东方，有一个古老的文明体，坚决不肯

服从这个统治逻辑，宁可被打得遍体鳞伤也不屈从。更加奇特的是，这个古老文明在工业文明落后一百多年之后，居然凭借自己的力量异军突起，成为工业文明时代的后起之秀，如今的这个古老文明，既打不垮，也压不服，给其洗脑好像也不管用，中国人一心要的，只是公平公正，大家都能平等地生存在这个蓝星上。这就是中国，这就是中华文明，也是世界百年未有之大变局中最大的自变量。如果中国坚决不屈从那个不公平的"国际规则"，那些自诩为国际规则的制定者，他们又能怎么办？

客人：先生说的就是亨廷顿眼里的所谓的"文明的冲突"了。在冷战结束之前，西方的国际规则制定者们尚未达成一致，冷战结束后，这些规则制定者们达成了和解，他们自己愿意称这个结盟为先进文明的同盟，那么，不被接纳为先进文明的其他文明，就不可避免地要发生博弈和冲突。我想请教先生的是，文明冲突的根源究竟是什么？那些所谓先进的文明真的很先进吗？

主人：资本主义经济发达国家为了打赢冷战，放下了先前的恩怨，结成了联盟，最典型的就是 G7。他们为了与其他国家区分，找到了一个最大的概念——文明。所谓文明，按照亨廷顿的说法，就是区分最大的我们和你们。那个以美国为首的"我们"，就是他们自己定义的先进的西方文明。而不被他们接纳的"你们"，就是所谓的非西方的落后的文明。其实，那个自诩为先进的文明，其崛起只是近几百年的事儿。回溯 5000 年来的人类文明，在农业文明时代长期领先并保持繁荣巅峰的，恰恰是东方的中华文明。直到 1820 年时，中国创

附　录　　文明大势，快问快答——眺望 21 世纪的中国与世界

造的经济财富总量还是全球首屈一指的。在工业文明时代，以英国和美国为代表的西方工业国取得先机，但工业革命主要也是依靠战争征服和殖民掠夺而引发的，并不能表明其文明在生产力创造水平上有多大的优越性。否则，西方理论家该如何解释东方的中国反而在 20 世纪后期以 70 年的时间一口气完成西方几百年的工业化进程，而且完全没有对外扩张和掠夺战争？面对中国成为世界第一大工业国的铁的现实，西方文明优越论的立足点又何在呢？既打不倒东方大国，又在由自己设定的贸易规则当中做不赢生意，这种文明的优越性和先进性，又体现在哪里呢？

客人：可是人家的人均 GDP 高于中国，而且人家有所谓的民主自由呀，这些也能说明他们文明的一些先进性、优越性吧？

主人：如果没有中国，西方的文明优越论还真的很难破解。首先，人类文明这 5000 年来，中华文明在前 3000 年当中，绝大多数时间里是非常强大非常繁荣的，这一点东西方已经没有什么争议了。自公元 1000 年到 18 世纪，中国人的人均 GDP 和生活水平，一直也是整体领先于西方的，这也是公认的事实。直到 19 世纪上半期，中国的 GDP 也不低于英国，这也是事实吧。中国与西方最发达国家拉开差距，是工业文明启动晚的结果。传统中国的治理者首先要面对世界上最大规模的人口生计和巨大版图的协调，只能采取轻徭薄税的弱财政模式，造成政府动员能力弱，弱政府更是无法对外殖民和持续进行高强度战争，这就是中国无法及早进行工业革命的最根本的原因。

新中国用 70 多年的时间从全世界最不发达国家的谷底一跃成为

世界第二大经济体（以美元汇率计算）、第一大工业产能国、第一大贸易国、第一大出口国、第一大外汇储备国，近20年来，中国每年经济增长占据全球经济增长的30%，是全球经济增长主要火车头，为联合国贡献了70%的减贫目标任务，这样史诗般的成绩单，都是在没有血腥殖民、没有货币掠夺，也没有对外战争的前提下取得的。就凭这一点，能不能说明这个古老的文明体确实有点不同凡响？

至于人均GDP，这里先不去评价其科学性和合理性，即使是非要按美元汇率计算，最迟在2035年左右，中国GDP一定能超过美国。到2050年时，中国最富有的4亿人，其人均GDP也一定能超过美国（美国到2050年时，人口总量估计也在4亿左右）。也就是说，就在21世纪的上半程，中国人的物质财富，一定会妥妥地回归到他们曾经拥有的位置。要记住，这还只是21世纪的上半场。

至于民主自由，其实不能只让人家来定义。当年英国殖民印度、对中国输出鸦片，算哪门子民主自由？美国国会大厦被攻占，总统的社交账号被关闭，民主自由又在哪里？既然民主自由那么好，那就由各国人民根据自己的亲身感受来定义，这样不是更好吗？在世界各大国中，哪个国家的人民生活最安定，社会秩序最安全？哪个国家的人民对自己的政府最信任、最有信心？哪个国家的民众安居乐业，在重大疫情来袭时最能享有健康？我想，这些才是最实在的，也是人民评判政府最客观的标准。那么，哪个国家敢在中国政府面前说，在这些方面，我比中国做得更好呢？

客人：先生说的还是中国的愿景，实现这些愿景其实不容易。中国这些年其实走得很艰难，前面的风险和挑战还非常大，先生对中

附　录　　文明大势，快问快答——眺望21世纪的中国与世界

国世纪的信心究竟从何而来？

主人：生年不满百，常怀千岁忧。对国家和民族命运，常怀忧患之心，这其实是一个伟大民族必备的优秀品格。文明是在不断应对重大挑战中发展强壮的，这是汤因比文明理论的基本观点。中国目前面临的挑战和风险确实很大，有些还是从未遭遇过的新问题，但我为什么仍然敢笃定地相信中国能赢，就在于我对于中华文明过去5000年来的卓越表现有准确的总结分析，这里只简单列举三个要点：

第一，中国人具有应对各种风险挑战最为丰富的经验和智慧。中华文明生于忧患，5000年来，各种天灾人祸，从未断绝。什么艰难困苦中华民族没有经历过？与中华文明同时代的古埃及文明、古巴比伦文明、古印度文明，全都灭绝了。与秦汉帝国并肩而立的古罗马帝国，灭亡了。与唐宋文明并存的阿拉伯帝国，分崩离析了。但中国还在这儿，而且文明体量更大了，文明统一度更高了。中华文明为什么愈挫愈奋，就是因为她是一个基于相互依赖而高度协作的文明结构，在巨大灾难和挑战面前，她具有无与伦比的动员力和协作能力，所有人视彼此如家人，家国同构的结构使得其坚忍不拔。这次新冠肺炎疫情肆虐全球，全世界全部沦陷，中国率先走出疫情阴霾，成为抗疫最成功的大国，就说明这一文明的韧性和抗冲击能力。可以说，面对未来世界的大灾难，如果连中国人都顶不住，那么，应该也没有什么人群能顶得住。

第二，中国是一个包装成国家的超级文明体，整个文明体已经实现了组织动员的高度整合和均质化发展。巨大的文明体需要与之体量相对应的巨大的国家载体，而这一点只有中华文明做到了。由

于中国很早就实现了大一统的国家体制，中央政府动员文明资源的能力超过同时代其他分散在各个国家的文明体。中国的超强国家体制经过社会主义改造后，成为动员组织效率最高的文明体，这种举国体制可以集中力量办大事。中国内部已经实现文明的均质化发展，内部不存在什么文明的冲突，也不存在文明的撕裂，十几亿人可以做到协调行动，亿万同心，一方有难八方支援，这种动员体制，试问全世界还有谁能与其媲美？更特别的是，中国将在未来的30年间，解决十几亿人的共同富裕问题，这将是人类文明历史从未有过的奇迹，必将极大地提升中华文明的内聚力和吸引力，为21世纪的人类社会提供一个发展的标杆。

第三，中国具有超强的产能，全世界最完整的产业链。重大危机到来时，主要冲击的就是产业链。一旦产业链断裂，很容易顾此失彼。中国是个传统的农业大国，主要农作物产量位居世界前列，要把饭碗牢牢地端在自己手里。中国还有全球最完整的工业门类，从火柴到火箭，全部能自己独立制造。中国的科技攻关能力稳居全球前二，是全球极少数能够独立研发先进疫苗的国家。完整的产业链可以在遭遇巨大外部风险的情况下，独立开展生产生活。这是一个没有明显弱项的全能型巨无霸，战略相持能力在全球名列前茅。军民团结如同一人，后勤补给能力也毫不逊色。试问天下谁能敌？

总而言之，在抗打击方面，如果中国人都只能缴械了，那这个世界还有谁能顶得住？

客人：先生说的诚然都是事实，但是，为什么中国在科技方面

附　录　　文明大势，快问快答——眺望 21 世纪的中国与世界

还是被美国等西方国家"卡脖子"？况且，中国的国际贸易还得依靠美元体系结算，这不也是受到制约吗？

主人： 中国在一些科技产业领域被美国"卡脖子"，这是历史原因造成的。中国是个后发工业国，底子薄弱，在几十年的时间里要做到所有工业与科技领域全都达到全球一流水平，这是不可能的。即使是全球工业能力在 1900 年就成为世界第一的美国，到目前也不是样样都是冠军，美国也有被"卡脖子"的地方，特别是在产业链领域，其缺陷与脆弱性要远远超过中国。中国追求的是在重要高科技领域做到国内自主，这就需要调整产业和科技发展思路，改变过去贸工技的路子，变身为技工贸的路子。中国有全球最多的理工人才，有全球第二的研发经费，而且很快就会成为全球第一大科研投入国，再加上全球最大的需求市场，在关键性的高科技领域摆脱"卡脖子"的局面，只是时间问题。

没有哪个国家可以在所有的高科技领域包打天下，也没有哪个国家能包办全球产业链，这不符合市场分工的发展规律。这里，应该感谢美国下决心对中国的高科技产品断供，这等于给中国的科技工作者和有进取心的企业提供了一个需求的蓝海。这一利润如此丰厚的大生意，有人居然不想赚这个钱了，那中国的企业还客气什么呢？

客人： 先生的观点很有意思，居然把"卡脖子"说成是一件能帮助中国企业赚大钱的好事儿，那么，请问中国什么时候才能实现自主创新的目标呢？

主人： 中国解决"卡脖子"的问题，大致会有两条路径：一条是

紧紧追赶，缩小与国际先进科技的差距。这条路走向成功只是时间问题，要知道即使是光刻机最精细的集成设备，那也是人造的，不是神造的。另一条路是另辟蹊径，换道超车，后发先至。任何一种技术手段，都不会是单一的，不会只有一种解决方案。当年于敏设计氢弹的时候，因为没有办法弄到美国和苏联的资料，只好自己干，不也弄出了一个不同于美苏的"于敏结构"吗？对于10年内都无法取得突破的技术领域，中国肯定会启动新路径方案。记住，恩格斯说过："社会一旦有技术上的需要，这种需要就会比十所大学更能把科学推向前进。"

对于中华民族这样具有非凡创造能力的民族，没有任何人可以阻断住其攻关研发的能力。所有的"卡脖子"地段，中国人都有办法将其作为创新的机遇。别人眼中的"危"，在中国人眼里却是"机"。这也是中华民族超逸不凡的特质。但是，还是要善意地提醒一下对手，一旦中国人掌握了这些核心技术，今后生意场上，可能也就基本上没有他们什么事了。

从现在起的10年到15年，将是中国高科技的迸发期，2030年能做到基本不被"卡脖子"，2035年在主要高技术领域处于国际领先地位，是完全有把握的。还有，随着信息文明社会的演进，一些具有颠覆性的黑科技极有可能在未来的二三十年内出现重大应用突破，比如量子科技、纳米机器人和"人造太阳"技术等，这些都会彻底荡涤那些先发国家的技术垄断，为中国后发先至提供历史性契机。

我的这种信心不是凭空而来的，而是源于中国市场对于高科技实实在在的巨大需求，源于中国人的协同攻关能力。在未来的科技革命中，中国人将创造出一种新的大协作方式，即确保科技创新与民众

附 录　　文明大势，快问快答——眺望21世纪的中国与世界

福祉的改善同步进行，这将是一场具有中国特色的深刻的科技革命，也是人类协作方式的巨大演进，西方科技的霸权将被打破，科技将服务于民众对美好生活的向往。

未来全世界最能赚大钱的领域，其实就在这些地方，我不相信谁会跟钱有仇？还有，中国人过了几千年了，什么大风大浪没见过，从来没见过谁能把中国人卡死。

客人：但还是有一些中国人对自己的国家没信心，把孩子送到美国去，先生怎么看待这个情况？

主人：对中国没有信心，还真不足为怪。其根本原因还是在于近代以来中国人所受挫折和憋屈太多太多了。几千年来，您见过中国老祖宗对自己的文明不自信吗？"华夏"这两个字的来源，就是因为当时居于中原地区的国人，觉得自己衣服华美、位居最富庶的中夏地区，而自己命名为华夏族的。但近代以来，中华文明在工业化的道路上备受挫折，中国作为殖民地和倾销地被反复剥夺，这种看不到希望的挫折感积累得很深，已经成为这个民族的集体记忆。中国真正跻身世界工业大国前列是近十来年的事儿，要完全治疗好这种痛苦的记忆还需要时间。如果要论在抢掠方面的造诣和撒谎不脸红的本事，那中国人恐怕几辈子也学不到人家的那个水平。您想想，如果某个文明根本不相信因果有报应、作恶会有最终审判，那还有什么力量能约束他们的狂野内心呢？

还有一层意思，他国确实有长处，为什么不可以去求学呢？三人行必有我师，何况面对大千世界，为什么有知识不去求索呢？中

国还在艰难攀登世界科技高峰的路上，应该学习人家的长处，也应该继续鼓励学习人家的长处，即使是中国回到世界之巅的位置，也要虚心学习，虚怀若谷，海纳百川，本来就是中华民族保持长期繁盛的核心密码之一。所以，中国的年轻人不但要去美国、英国学习，更重要的是要去亚非拉广大地区学习，过去我们主要学习美国、英国，但对于欠发达国家非常缺乏了解，对非洲和拉美的了解，有时候还不如对月球的了解，这对于一个即将引领新全球化运动的大国来说，是很不应该的。

要注意，当今世界的最大的市场已经不在西方，而在东方。最好的机遇在中国，而不在美国。还是跟随大趋势比较明智。任何与大趋势对着干的人，一定没有好的结果。

客人：先生所说的世界大势，大概可以理解为东升西降，但拜登也说了：赌美国输，从来不是一个好的选择。先生如何看待美国衰落的进程？

主人：这里边涉及一个文明底蕴的问题。基辛格就说过，一个只有200多年历史的美国，很难理解有5000年历史的中国。在中国人的战略思维里，两个强国不仅可以共存，而且可以共赢。中国的文化哲学是太极图，主张阴阳和合共存，彼此相互依赖。中国人不喜欢赢者通吃，因为那样就走到路的尽头了。这个世界足够大，不仅容得下中美两国，还容得下天下万邦。中国人理解的世界秩序，是一个天下秩序，是万物共生共存的相互依赖秩序。万物并育而不相害，道并行而不相悖。我曾说过，中国人其实不是赌美国输，中国人其实更愿意赌美国赢。

附　录　　文明大势，快问快答——眺望21世纪的中国与世界

一个繁荣和平的美国，一个愿意为世界科技进步提供创新产品的美国，一个不再折腾又对人类知识探索充满追求的美国，一个不再挥霍坚持绿色低碳发展的美国，对中国来说是一个极好的存在。更何况，中美竞争并不是绝对的，到了美国实在无法遏制中国的时候，还存在两国深度合作的可能性。中美能达成良性合作，是地球之福，是中国与美国都始终值得争取的一个最好的前途。但是，一定程度的竞争也不完全是坏事，国家小富可以靠运气，但国家强盛还得靠强大的竞争对手。即使中美哪一天不能大规模做生意了，美国还是中国一个值得尊敬的参照物。而美国人如果只相信零和游戏，不能接受一个强大中国的存在，生怕被中国夺取了已经独占的全球权力，这就会堕入一种简单思维的陷阱。美国源于一种竞争性文明，竞争胜利者独占红利，对于别的竞争者，那肯定欲除之而后快。殊不知，天外有天人外有人，企图长期霸占超出自己贡献的财富，是不合天道的。

所以，中国领导人反复强调不应以竞争关系来定位中美关系，而应以合作关系来定义，这其中既包含了中国人的苦口婆心，也包含了中国人的文明自信。因为即使是激烈竞争，中国人也从来没有畏惧过。中华文明已经熬死了多少不可一世的帝国，也不怕再多一个。当然，天作孽，犹可违；自作孽，不可活。美国接下来要怎么选择，最终取决于他们自己。

客人： 先生能否展望一下后美国时代的世界样式？

主人： 当前百年未有之大变局正在展开，世纪疫情加速了这一变局，中国复兴已经走上了一条不可逆转的道路，即使发生了俄罗斯

和乌克兰战争这样的较大变量事件，也已经没有任何力量可以阻挡住这个坚忍不拔民族的伟大复兴。

美国为了摆脱内部经济危机，无节制地增发美元，对全世界的人无节制地征收美元通胀税，并且极力挑动俄罗斯乌克兰等惨烈战争，又加重国际金融市场的动荡，破坏本已脆弱的国际产业链，这是对全球经济的极端不负责任，也说明了其对别国人毫无怜悯之心。这样的"灯塔国"，不要也罢。

中国在国际冲突和争端中，一向劝和持平，公道正派，是稳定世界局势的大锚。中国这个大个子，是全世界唯一能托天举地的巨人。中国人在历史上多灾多难，经历了别的民族难以想象的诸多苦难，但是这个民族就是"天不能死，地不能埋"。中国在动荡国际产业链中的稳定坚守，中国对世界和平的执着努力，这样的坚韧和互助，充分说明中国人是全世界最大多数人最可依靠的宽厚肩膀，在这个时候，中国在世界上的地位和作用，还需要烦琐的论证吗？

客人：可是不管中国人干得有多棒，西方媒体总是不认可呀。中国人为什么在国际舆论上总是被骂呢？

主人：当前的国际舆论确实是由西方主导的，他们不喜欢中国也是真的，原因不复杂，中国动了人家的奶酪。本来在世界市场上可以攫取巨大的利润，被中国用价廉物美的商品抢跑了。

断人财路如同杀人父母，人家憎恨你，也就很正常了。问题是，如果是人家能够顺当地收拾你，那也不至于用这种费力其实也不讨好的法子了。当年，英国人做生意干不过大清，就上鸦片，大清要禁烟，

附　录　　文明大势，快问快答——眺望21世纪的中国与世界

就上大炮。还有，全世界欠发达国家的人都逐渐明白，除了西方许诺的那条永远无法兑现的自由民主之路，中国人还走出了另一条看得见摸得着的强国富民道路，这让西方的媒体如何再自信地贩卖自己的优越思想呢？

当然，我们还得相信这个世界上总有理性的人，也不缺懂道理的人。我们中国人不能总是"茶壶里煮饺子——有嘴倒不出"。中国人凭借诚实劳动挣钱，凭公平买卖赚钱，靠千辛万苦养家，有什么错？我们没有输出鸦片，没有输出饥饿和贫穷，也没有输出战争，更没有多占别人的地盘，有什么可指责的？

中国要大大方方地把这些话讲出来，让全世界的人都能听得到。

客人：可是有人说，中国人的话现在没人信，咱们说不动人家，咋办？

主人：说话要想中听，当然要注意说话的艺术。讲好一个故事，胜过千百句自我辩护。而更重要的是，要讲好一个逻辑，因为逻辑是东西方共通的，是任何人也否定不了的。

中国的崛起，对全人类来说，是一个非常生动感人的故事，也是与每个地球人都紧密相关的故事。中国的崛起，实际上是一个古老文明的伟大复兴，其中深藏着人类文明的盛衰密码，也蕴含着不靠掠夺、不靠殖民、不靠转嫁危机而能实现国家富强、人民安乐的治国之道，对于一切不甘承受悲惨命运摆布的民族来说，中华文明是一部非常好的教科书，其中蕴含的文明兴盛逻辑，具有不可多得的参考意义。

中华文明的复兴，顺天应人，具有完全的正当性，最能符合最大

多数人类的共同利益，我们倘若把这样的中华文明复兴逻辑讲出来，将这样的逻辑与世界各个被压迫民族的命运挂起钩来，相信不会没有知音吧。

当然，还要加上一条，你永远叫不醒一个装睡的人。如果那些人执着地要与世界潮流对着干，要与世界最大的财富机遇脱钩，那就由着他们好了，干吗非要拉上他们一起致富呢？

客人： 先生认为未来的 30 年间，世界大势将如何演变？具体而言，中国将要走向哪里？

主人： 看世界大势，最重要的就是看世界的财富的未来走向。过去中国主动融入以美元为中心的国际循环体系，尽管付出了巨大的代价（就是上面说的被双重剥夺），但终于做到了世界第一大实体经济国。现在，美国已经不可能接纳中国在这个体系中继续做大做强。除非中国放弃产业升级，继续接受被"双重剥夺"的地位，这又是中国根本无法接受的。原因很简单，如果这样的话，14 亿中国人民改善生活的通道就会被锁死，中华民族伟大复兴就不可能实现。所以，这一对矛盾无法调和，中国除了另辟蹊径，再造系统，没有别的选择。逐步摆脱美元主导的体系，才能为中国经济开辟新的成长空间，这就是今后 30 年要做的最重要的抉择。

这条挣脱美元之路，就是一个去依附的过程。大致会分两段三步走：从现在起到 2035 年为第一段，现在的全球主流货币市场上排名第一的美元占 55% 左右，欧元占 20% 左右，日元和英镑排名第三第四，占 3.5% 到 4.5%，人民币为 2% 左右，这是中国作为全球第

附　录　　文明大势，快问快答——眺望21世纪的中国与世界

一大贸易国最大的软肋所在，也就是说中国在国际货币体系中的权力份额与经济体量极其不相称，根本谈不上战略自主权，非改变不可，到2035年，应该争取与那时的美元并驾齐驱的地位。第一段又可分为两步走：第一步，从现在起到2025年，人民币国际化迈出步伐，达到5%左右，成为世界前三的主流货币。第二步，从2025年之后要加快速度，到2030年达到同期欧元的水平，2035年就能与同期的美元分庭抗礼了。第二段，2035年之后，人民币将逐渐成为全球主导货币，"人民币"时代将到来，一个世界经济新秩序将会呈现在地球人面前，这是对人类非常美好的新阶段。到2050年，中国将联合世界各经济体，构建出一个公平合理、便捷安全、互利互惠的国际支付体系。随着"一带一路"协作体系的建设和数字货币的通行，"人民币"时代终将到来，世界财富分配将更公平，全球共同富裕的梦想将会有一个坚实的体系基础。

打造"人民币"时代，这个任务极其艰巨。其实，这是最为实实在在的利益博弈，人民币走不出去，中国的发展就始终受限，发展战略自主权就始终被人家捏在手里。人民币走出去，利益极大。人民币继续依附在美元体系中，危害极大。这就是21世纪世界格局的关键所在。未来的世界博弈，注定要围绕美元的霸权地位能否保持而展开。

客人： 人民币要逐渐成为全球主流货币，这件事儿当然美妙，但是，人民币的国际话语权与美元差距这么大，中国凭什么去撬动这一看起来无比强悍的霸权存在？

主人： 天之道，损其余而补不足。人之道，损不足而奉有余。

美国只有全世界5%的人口，却占有全世界1/4的财富，每年消耗全球近1/4的资源，其最大的原因，就是美元的超级地位。美元的地位与美国对世界经济的贡献根本不匹配，这就是天道与人道的矛盾。美国为了对抗天道，就不得不穷尽一切办法来扶持美元，消灭一切可能动摇美元地位的潜在威胁。美国在苏联东欧集团已经解体的情况下，为什么还要保持北约、持续加强武备，并一再挤压俄罗斯的安全空间？美国为什么要搞印太战略，将军事上十分克制的中国列为主要对手？美国为什么从不放过一切诋毁和污蔑中国形象的机会，不断撒下弥天大谎？美国为什么在世界各地驻军，对中东国家大打出手？所有的这一切，都要联系到美元的地位，才能找到合理的解释。美国为了维持美元不合理的地位，当然就得不断给它加持，军事力、科技力、文化力，凡此种种，都是为美元加持的手段。

所以，我们必须看到，美国为了加持美元的地位，正在付出越来越大的代价，这是对抗天道公平的代价。中国并不追求人民币的超级待遇，人民币只需要追求与其对世界贡献匹配的合理地位即可，所以，不存在要付出对抗天道的代价。中国只需要与贸易伙伴一道，商定一个不被剥夺的新的公平规则即可，我就不相信，谁愿意主动伸出脖子去挨别人一刀？

人民币走出关键性的一步，不在于有多大的外在风险，而是在美国持续一个世纪的意识形态侵袭中，包括中国学者在内的诸多思想库，已经不敢想象这种事了。好像一想到这种事儿，就是自不量力，就会自取灭亡。思想上自我设限，是我们自己最大的悲哀。

客人： 先生所说的"思想上自我设限"，听起来有点匪夷所思，

附　录　　文明大势，快问快答——眺望 21 世纪的中国与世界

既然说人都是有理性思考能力的，怎么会被"自我设限"呢？

主人：这就是美国人所说的软实力的力量。这套软实力体系，经历了数百年的打造。最初的西班牙和葡萄牙出海抢劫屠戮的时候，美其名曰"奉上帝之命抢劫"。后起的英国由于叛教，没有办法弄到上帝的敕封，于是就自己开始打造能为自己殖民抢劫合法性做辩护的理论。如果从 1776 年亚当·斯密出版《国富论》与后来的进化论著作出版算起，以英美为代表的食物链上端国家已经接力打造软实力体系近 300 年了。这套体系的精妙之处就在于，一切看起来都是理性计算的结果，大家凭各自的比较优势贸易，各得其所，不存在谁剥夺谁的问题。即使被剥夺者不服气，也是"优胜劣汰"进化的自然结果，只能认命。所以，最后的结果都是英国或者美国胜出，始终能拿走最大份的蛋糕。他们为自己拿走最大份蛋糕的合理性辩护的思想体系，就是他们最主要的意识形态。他们需要永远固化这种分配利益的理论，于是就出现了他们推出的"国际规则"。

你说这不合理吧？但这是人家的文明逻辑。你说这合理吧，但人家确实拿走了本该属于劳动者的果实。

就在全世界都无可奈何服从于这个思想体系的时候，只有东方的那个文明古国，用铁一样的事实打破了这一体系的逻辑。如果论种族优越，与中华民族在过去数千年的辉煌成就相比，他们的优越之处体现在哪里？那就论制度优越。东方大国实行的与他们的制度并不相同，而且越来越不相同，但东方大国照样实现了极速崛起，并且很快就会成为世界第一大经济体，他们的制度优越之处又体现在哪里？那就比较人民的生活水平和幸福程度吧。东方大国在世界大经济体

中消灭了绝对贫困，愿意以最大的投入开展全世界最大规模的扶贫，而且正在展开全世界最大规模共同富裕行动，将培养出超过7亿人的中产阶级，这个东方大国还是全世界社会秩序最安全的国家，并维持了数十年的和平状态，人民对政府的满意度稳居世界前列。在人民幸福感上，与东方大国相比，他们的那个优越感又体现在哪里？

中华文明的卓越表现，特别是中华人民共和国成立以来中国工业化与2020年以来中国信息化建设的表现，让美国那个软实力理论体系难以自圆其说，这是他们面前一道难以解决的巨大难题。因为胜利者是不受谴责的，中国人的史诗级的成功，足以让西方文明设定的那些"优越性"神话崩塌，也正因为如此，中国学者的"自我设限"才显得有些可笑了。可以说，现在连那个全世界最强的对手都承认中国的崛起，但咱们自己人就是不相信中国人能行。现在，是大胆打破这种"自我设限"的时候了。

客人： 在先生看来，中国学者要打破这些"自我设限"，还需要做哪些突破？

主人： 最大的"自我设限"，就是对自己的文明没有信心，不相信自己的文明能够自立于世界，更不相信自己的文明的崛起才是真正具有合法性的崛起。

文化自信是最大的自信，文明自信是最有说服力的自信。看好中国，就要把中华文明数千年来卓越表现的历史长期合理性挖掘出来。一个文明短时期辉煌或者活力四射，这可能有偶然性的因素，但一个文明在5000年的时段里长期保持领先和辉煌，而且还能续写古老

附　录　　文明大势，快问快答——眺望21世纪的中国与世界

　　文明伟大复兴这一无与伦比的奇迹，这就肯定有其必然性，我们要把这个必然性找出来，说出这种历史的合理性。中国人在这几十年来已经创造了三个世界级奇迹——经济持续快速增长，社会持久安定团结，一个古老农业文明在短时间内走到信息文明前端，这三大世界级奇迹背后的长期合理性，其根本就在于中华文明是一个天下型文明，奉行天下主义，以天下人的忧乐作为自己的忧乐，以为万世开太平的大格局为世界谋大同。这种天下主义特质使得中华民族能够最大限度地联合与团结起来，并与世界人民产生最大的共同利益。挂在天安门城楼前的大标语牌非常精炼地概括了中华文明在21世纪的理想：中华人民共和国万岁！世界人民大团结万岁！

　　法国思想家托克维尔指出，"小的国家，其目标是国民自由、富足、幸福地生活，而大国则是命定要创造伟大和永恒，同时承担责任与痛苦。"伟大的国家和伟大的文明，天然地要对人类命运承担更大的责任。21世纪的人类世界，正在面临着百年未有之大变局，新冠肺炎疫情这场世纪浩劫又加速了变局的演进，人类命运面临着极大的不确定性，在这个时候，中国人难道不应该站出来吗？中华文明难道不应该将自己拥有的应对文明危机最丰富的经验和智慧贡献出来吗？

　　大有大的责任，中国难道还要走某些西方大国那样只想牟取超级利益而不想承担大国责任的路子吗？

　　中国过去几十年走的工业化路子，可以说是跟随式或者融入式的，随着信息文明社会的来临和世界局势的革命性改变，这条路子已经走不通了。如果还想刻舟求剑，企图"再融入"某大国主导的旧体系，那就是典型的"自我设限"了。

能不能打破继续求依附的"自我设限",为21世纪的中国和中华文明开辟一条新路径,为人类世界擘画出一个新蓝图,这就是我们这一代人的责任。虽然前路依旧曲折,但我们不能再因为"自我设限"而无所作为。从现在起的15年到30年,是真正考验中国人的思想力的时候,中国人在这样的人类文明的历史关头,必须要拿出历史主动性,将历史潮流的引导权紧紧地抓在手里,这就是要从文明自信走向文明自觉。中国不能沿袭追随西方殖民帝国的世界治理方案,而是要开创出一个能为人类社会提供更加美好生活的新方案。一个和平繁荣公平公正而且团结的新世界,这才是值得期待的。这就是"修齐治平",21世纪的中国学者应该有这样的抱负。

客人: 先生能否简单勾勒一下您眼里的21世纪人类命运的新蓝图?

主人: 思想必须超前于现实,才有引导力。21世纪的人类世界,在没有任何世界政府的前提下,人类社会仍然需要领导型的国家和引领型的文明。中国,即将成为21世纪最大的经济体,同时也将是最强的科技创新国家和军事强国,在硬实力方面理所当然地是这个蓝星上的NO.1,也责无旁贷地要担当起全球领导型国家的重任。

或许有人会说,中国当世界NO.1可以,但不想当领导,因为领导就要受到监督,还要为别国付出。对于这种认识,这里要做点小小辨析。

首先,成为蓝星上最富强之大国,相信大家对这个目标没有分歧。分歧在于当了老大,却不想与别人分享财富和权力,也不想对贫者和弱者帮衬一把,只愿意当一个安安稳稳的"大富翁",这就是先前

附　录　　文明大势，快问快答——眺望21世纪的中国与世界

三大"日不落帝国"的理想，他们追求超级财富，追求更低成本的殖民和剥夺，但不想与其他国家分享，更拒绝改变这种金字塔结构。如果中国也这么干，那就与他们没有多大区别。中国即使当上了这样的"大富翁"，也会与其他帝国一样，很快就要交出这个帅印。更何况，在与当今守成大国的竞争中，这种只管自己闷声发大财的方式，根本就不可能找到真朋友，中国重返世界之巅的梦想，也就失去了道义上的合法性。

其次，在国际上当领导，与在国内当领导，其实不是一回事。当今的世界秩序，国家主权是平等的，并不存在一个凌驾于国家主权之上的超级政权，大国领导世界的方式，不外乎三种：以榜样作用吸引其他国家跟随；以利益联系为纽带联结其他国家合作；对不肯合作的国家给予惩罚，并联手其他国家对其孤立。当今的守成大国不断在国际组织中"退群"并推卸国际义务，其使用第一种方式发挥领导的作用正在减少，更多地依赖第二种和第三种方式，但这样做的成本昂贵。

中国未来领导世界，肯定会以第一种方式为主，第二种方式为辅，对于第三种方式，也会与其他国家协商一致后再采取行动。所以，中国的领导成本并不会很高，中国只需要做好自己，自己精彩的国家治理表现，就足以吸引绝大部分国家的跟随，加上中国无比广阔的经济合作利益，谁又会拒绝与中国紧密合作呢？

中国将发挥领导作用，但不会追求超出其贡献的权力。内政始终是大国治理的第一要务，中国首先要完成自己国家治理的艰巨任务，并加紧完成国家统一的历史任务。处理外部关系，中国要以美为

师，也要以美为鉴。天下者，天下人之天下也。将地球作为自己的私家牧场，将别国作为自家的"奶牛"，这样的国际秩序，已经一去不复返了。中国，要在改变这种旧秩序中，身先士卒，要成为霸权终结者，要成为这个大时代中扭转乾坤的中流砥柱。

中国追求的是和平崛起，但不能空想，这一阶段的博弈无疑是复杂和残酷的。"内修文德，外治武备"二者同等重要。过去中国武德不振，吃了大亏。为了捍卫和平，保障和平崛起，就必须有足够的硬实力特别是军事能力做支撑，只有硬实力达到足以消弭对手的挑衅冲动之时，大家微笑着坐到谈判桌前才有可能。但是，从根本上来说，保障中国和平崛起还得依仗建设中国的强大战略威慑能力，而不是搞军备竞赛与对等遏制。

这里需要着重强调的是，世界强国永远需要能施展自己影响力的平台和体系，没有一个超级强国能够在别人家的舞台上自由挥洒。当前的世界舞台毕竟是以西方国家为主导设计出来的，他们不可能接受东方国家来唱主角。如何搭建出能够让新兴国家自由挥洒的世界舞台，决定了中国未来的发展空间。有没有搭建新的世界体系的雄心和规划，能不能推动世界体系平稳转轨到新的机制，考验着中国人的智慧。

人心是最大的政治。天下归心的核心要义就是为天下人服务。中国的古典政治哲学里，就有天下为公的基本理念。中华文明是一种天下型文明，中国是一个天然包含世界主义的天下型国家。在治理超大型文明方面，中国最有经验。中国还追求一个共同富裕的社会，并有意愿将这样的社会理想带到全世界。"强大而可亲""公正而仁慈""自律而包容"，这将是21世纪中国应有的形象。

附　录　　文明大势，快问快答——眺望 21 世纪的中国与世界

"近者悦，远者来"（《论语·子路》），这本来就是中国人处理对外关系的古老智慧。让与中国贴近的国家心悦诚服，让与中国相距遥远的国家心怀感念，这样的状态不好吗？

罗素说过，中国人希望的只是自由，而不是支配。中国人不喜欢支配和主宰别人，而是真正地尊重自主与自由的民族。所以，对于在国际关系中真正信奉自由平等原则的中国，我更愿意将中国未来的国际秩序治理主张称为"协商型全球治理"，新的世界体系一定会走共商共建的路子，有事大家一起商量，暂时商量不妥的也可求同存异，对于不愿意参与商量的，也可给予时间让其退思。当然，中国不允许谁以大欺小、以强凌弱，更不能动不动祭出制裁大棒，甚至兵戎相见。善于协商，擅长协调，开诚布公，虚怀若谷，以无我之心替天行道，这是我们中华文明的优势，21 世纪的中国人有什么理由不继承先辈的大智慧，与世界人民一道，把地球人的事办得更好呢？

客人： 今天讨论得非常热烈，也非常尽兴，最后，想请先生对 21 世纪人类之命运做一个简单的瞭望，可以吗？

主人： 当年达摩祖师在古印度时，得到其师父般若多罗尊者的真传，但多罗尊者却要达摩祖师蛰伏下来，将来要去东方的中国传教，因为"东方震旦有大乘气象"，最终，禅宗在中国大放异彩。

诞生于地球东方这块土地上的中华文明，其最可贵的根性就是有这种"大乘气象"。简而言之，就是有大格局和大担当，有大目标和大情怀，就是始终坚持人本主义，为天下苍生之幸福挺身而出。宋朝大学者张载的横渠四句代表了古代中国人对于自己文明使命的

期待：为天地立心，为生民立命，为往圣继绝学，为万世开太平。

现代中国人当然更应该步武祖德，从文明自信走向文明自觉，更加主动地为人类文明担当起长者的责任。

新中国成立不久的1956年，毛泽东就提出："中国应当对于人类有较大的贡献。"

2021年，习近平总书记在庆祝中国共产党成立100周年大会上又豪迈地指出：

新的征程上，我们必须高举和平、发展、合作、共赢旗帜，奉行独立自主的和平外交政策，坚持走和平发展道路，推动建设新型国际关系，推动构建人类命运共同体，推动共建"一带一路"高质量发展，以中国的新发展为世界提供新机遇。

从现在起的15年到30年，是世界格局必然要发生巨大改变的时代，也是人类文明数千年来从未有过的深刻剧变的时代。全世界将面临更多更大更陌生的全球性风险，进而带来更多的不确定性。全世界需要中国，希望中国以自己深厚的文明底蕴和治理超大型国家最丰富的经验智慧，推动世界体系向着和平繁荣公平与可持续的方向演进，为全人类的生存发展提供确定性。中华民族作为世界历史民族，要以自己的天下格局和天下胸怀，为全世界人民贡献让人类社会更加美好的新方案。

21世纪的中国人，具有最大的塑造未来的能力。中国世纪必将是世界的机遇和人类的幸运，每个人都要为之努力！

后 记

中国式现代化破解 21 世纪人类文明的困局

越是到历史的紧要关头,人们就越有了解时代大势的迫切需要。

当历史的车轮迈入 21 世纪的第 3 个 10 年,世界体系加速演进,动荡与风险集中爆发,人类世界的时局变得格外扑朔迷离,对人类文明走势感到迷惘的人越来越多了。

世界怎么了?

中国何处去?

人类怎么办?

这样的时代之问,需要有人出来作答。

从 100 年的维度来看,过去的一个世纪里,以美国为代表的西方文明主导了世界格局,所以,20 世纪可以简称为美国世纪。站在美国执政者的角度来看,其最大的诉求就是要继续主导 21 世纪的世界，这就是美国前总统奥巴马嘴里经常念叨的"美国还要领导世界100年"，特朗普与拜登的措辞虽然略有不同，但对于继续维持美国一超独大的霸权地位，美国当权者是完全一致的。

从500年的维度来看，自1492年哥伦布航行抵达美洲之后，西方基督教文明绝处逢生，由大航海引发全球殖民，由殖民掠夺引爆工业革命，西班牙、葡萄牙、荷兰相继凭借全球殖民崛起，殖民帝国英国后来居上，在工业革命的加持下，在19世纪登上了GDP世界第一的宝座，自称"日不落帝国"的英国主导了19世纪的世界格局，因此，19世纪也被称为英国世纪。资本主义兴起的500年间，西方国家既创制了以工业革命为代表的工业文明，引领全球进入工业文明时代，也给全球广大地域的人民带来了深重的苦难，殖民、贩奴、贩毒、种族灭绝，其罪行罄竹难书。资本主义国家相互倾轧，更是引发两次世界大战，带来文明的浩劫。资本主义的内生矛盾是少数人剥夺多数人，少数国家剥夺多数国家，西方文明宰割其他文明，其构建的中心—半边缘—边缘体系，无法让全人类共享工业文明的发展成果，因此注定其无法建构起世界人民团结协作的国际体系，这种以掠夺为主要诉求的全球化，其规模、广度与深度都是有限的，真正受益的人群永远是世界的少数。

从5000年的维度来看，人类文明自进入农业文明阶段之后，出现了以古埃及、古巴比伦、古印度与中国四大文明古国，也衍生出了20多个次生文明，但迄今未曾断绝且依然拥有蓬勃活力的，只有中华文明。中华文明在人类农业文明的数千年间，曾长期领先，缔造出了世界上最早的且维持了2000多年的大一统国家体制，这种统一

后　记

国家拥有全世界最多的人口，创造了最为繁荣的财富与灿烂的文化。在工业文明时代，中国作为后起之秀，仅用70多年的时间就走完了西方工业国家花费数百年时间完成的工业化，且没有进行任何的殖民、战争与掠夺，创造了人类历史上第一个10亿级人口的工业大国。中国覆盖的工业人口已经超过了其他所有工业化国家人口的总和。中华文明在过去的5000多年里，历经无数次的艰难挑战，历尽艰辛而巍然耸立，且愈挫愈奋，正在创造着21世纪人类文明的新形态。中华文明可大可久，以其和平的气质和丰富深厚的大国治理经验，被汤因比寄予厚望。汤因比曾寄语，只有中华文明能够解决人类文明现代化面临的共同挑战与问题，希望21世纪是中国世纪。

中华人民共和国成立之后，中国的历任领导人对中国肩负的重大文明责任都有非常深刻的阐述。

毛泽东曾深情展望21世纪的中国，他希望21世纪的中国成为"强大而可亲"的中国。毛泽东还说："中国应当对人类有较大的贡献。"[1]"中国人民有志气，有能力，一定在不远的将来，赶上和超过世界先进水平。"[2]

邓小平对改革开放的中国未来有过意味深长的展望，邓小平曾指出，"我们要赶上时代，这是改革要达到的目的。"[3]邓小平眼中的"赶上时代"，其核心要旨就是要赶上世界现代化的潮流，要让中

---

[1] 毛泽东.毛泽东选集（第七卷）[M].北京：人民出版社，1999：156-157.
[2] 习近平.在纪念毛泽东同志诞辰120周年座谈会上的讲话[N].人民日报，2013-12-27.
[3] 中共中央文献研究室编辑.习近平关于科技创新论述摘编[M].北京：中央文献出版社，2016：79.

国快步实现现代化。

习近平对中国快步赶上时代并全面实现现代化有坚定的信心，有高瞻远瞩的谋划。习近平指出，"党的十一届三中全会以来，我们抓住了机遇，才有了今天这样的大好局面，我们国家和民族大踏步赶了上来。""我们不仅要赶上时代，而且要勇于引领时代潮流、走在时代前列。"[①]

毫无疑问，中国不仅要勇敢地赶上时代，还要勇敢地走到时代的前列，要勇于引领时代的潮流，这是中国作为世界大国的责任，也是中华民族作为世界历史民族，必须承担的责任。

对此，中国当代著名哲学家郭湛教授指出，这个时代的核心问题是什么？就世界而言，当今处于和平与发展的时代；就中国而言，我们处于建设中国特色社会主义的时代。这是在世界性的现代化潮流中，中国迅速走向现代化，实现中华民族伟大复兴的时代。在这样的时代中，中国哲学所要面向的"中国问题"的核心，就是中华文明的现代复兴。[②]

简而言之，郭湛教授指出，当代中国面对的迫切问题很多，贯穿其中的核心问题即"总问题"，可以说就是中华文明的复兴。

大问题管着小问题，总问题管着大问题。很明显，要厘清21世纪世界的"总问题"，就得从中国问题的"总问题"入手。

[①] 中共中央文献研究室编辑.习近平关于科技创新论述摘编[M].北京：中央文献出版社，2016：79.

[②] 郭湛.中华文明复兴：当代中国问题的"总问题"[N].北京日报，2017-02-20.

后　记

换句话说，如何推动中华文明的复兴？如何推动中华民族在21世纪中叶如期实现伟大复兴？这不仅是当代中国问题的"总问题"，也是关系21世纪人类世界趋势与走向的"总问题"。

时代是出卷人，世界人民都是答卷人。但中国人在解答这个"总问题"时，担负着特殊的责任。对此，汤因比曾指出，人类的希望在东亚，而中国文明将为未来世界转型和21世纪人类社会提供无尽的文化宝藏和思想资源。未来的人类只有走向一个"世界国家"，才能避免民族国家的狭隘，才能避免民族国家因为狭隘国家利益追求而带来的人类社会的灭亡。而人类社会要过渡到一个"世界国家"，西方社会是无法完成这样的任务的，希望在中国。

随着21世纪的中国日益走到世界舞台的中央，中国人直面人类文明的重大挑战，提出了建设人类命运共同体的倡议，并对推动中华文明复兴给出了一个十分鲜明的总答案——中国式现代化。

中国式现代化不是无源之水，也不是无本之木。习近平总书记十分深刻地指出："中国式现代化，深深植根于中华优秀传统文化，体现科学社会主义的先进本质，借鉴吸收一切人类优秀文明成果，代表人类文明进步的发展方向，展现了不同于西方现代化模式的新图景，是一种全新的人类文明形态。"①

世界出题目，中国来作答。

中国式现代化传承于中华文化，扎根于中华文明的深厚底蕴，

---

① 习近平.在学习贯彻党的二十大精神研讨班开班式上发表重要讲话强调 正确理解和大力推进中国式现代化[N].人民日报，2023-2-8（1）.

又面向未来，直面解决人类文明的重大问题，是中华民族为人类文明运动历史性贡献的最新体现，堪称中国智慧的最新表达。

现代化是人类文明的潮流，任何一个国家在全球进入工业文明时代之后，都有迈进现代化的现实需求。但世界各国在实现现代化的过程中，不仅步伐参差不齐，而且过程也百转千回。依据世界银行的统计标准，自20世纪50年代以来，全世界迈入发达国家行列的只有20多个，覆盖人口约为10亿。这其中，人口过亿的国家只有2个，即美国与日本。其他的发达国家都是中小型国家，且多数都是百万级人口的小国。在世界现代化国家序列中，人口超过5000万的发达国家只有7个，除了美国与日本，还有德国、英国、法国、意大利与韩国。很明显，自二次世界大战以来，基本实现现代化、迈入发达国家行列的较大国家只有一个，即韩国，其他全部是老牌的殖民帝国与早期工业化国家。这就让西方国家由此得出一个结论，现代化的道路等于西方化道路。

综观20世纪以来各国的现代化运动，可以发现，各国实现现代化的路径不仅非常窄，而且更令人绝望的是，还有不少国家在迈入高收入国家门槛之后，又倒退回去了。

世界银行曾在《东亚经济发展报告（2006）》提出了"中等收入陷阱"的概念，其基本涵义是：鲜有中等收入的经济体成功地跻身高收入国家，这些国家往往陷入了经济增长的停滞期，既无法在人力成本方面与低收入国家竞争，又无法在尖端技术研制方面与富裕国家竞争。以巴西、阿根廷为代表一批拉丁美洲国家，在20世纪曾经进入过高收入国家行列，后陷入长期衰退，至今在中等收入陷阱中难以自拔。东欧以及一些中亚国家，也因为改革失败或战乱频繁，

后　记

原本较发达的经济显著倒退，陷入困顿。由此可见，对于人口较多的后发工业国，实现现代化、稳步进入高收入国家行列，几乎与登月的难度相当。

中国有 14 亿多人口，是典型的后发工业国，中国要全面实现现代化，其难度该有多大？

几乎不用动脑筋想，就知道这就是一个几乎不可能完成的任务。世界工业化运动数百年来，从来没有一个人口规模如此巨大的国家完成过这样的任务。

就这样还不够，中国给自己主动加了难度——中国共产党的二十大报告确认，到 2035 年，我国发展的总体目标是：经济实力、科技实力、综合国力大幅跃升，人均国内生产总值迈上新的大台阶，达到中等发达国家水平。

一个人口过 10 亿级的大国，将要在今后的 10 年到 15 年的时间基本实现现代化，稳步迈入高收入国家行列，整体跻身中等发达国家序列，这明显就是一个极具难度的任务。

唯其艰难，更显勇毅。唯其勇毅，更显担当。中国人正在干着前人从来没有干过的事业，中国正在为占世界人口绝大多数的欠发达国家开辟一条从未有过的现代化新路。一旦中国的现代化目标达成，将是人类文明史上从未有过的发展奇迹，为世界欠发达国家的人民带来新的路径选择。21 世纪的世界，将因为中国式现代化的成功推进，让众多的发展中国家看到了新的希望。

中国式现代化的目标还不仅仅是经济指标，这实际上是一个极为宏大又系统的目标图景。中国共产党的二十大报告明确概括了中国式现代化具有五个方面的中国特色,即人口规模巨大的现代化、全体人民共同富裕的现代化、物质文明和精神文明相协调的现代化、人与自然和谐共生的现代化、走和平发展道路的现代化。

这五个方面的中国特色,既全面揭示了中国式现代化的科学内涵,又提出了中国式现代化的实践要求。既是规划蓝图,又是施工路线图,其任何一个方面的达成,都将对世界产生广泛而深远的影响。

这里先不说五个特色目标任务,仅仅设想一下14亿多人口的中国总体跃进到高收入国家行列这一项,就足以让世界经济版图为之改写。中国14亿多人口实现现代化,将使世界上迈入现代化的人口翻一番多,中国一家拥有的高收入消费群体,就远远超过世界现有发达国家的总和。众所周知,美国之所以长期成为世界经济的中心,就是因为美国拥有全世界最大的消费市场,所以,全球的主要生产者都得围着美国消费者转。中国目前的消费市场仍旧略低于美国,但在未来的15年,中国式现代化将使国内中等收入群体至少翻一倍,很可能超过8亿人,这将比美国的总人口的两倍还多,这样一来,世界经济的一号位置难道还会停留在北美洲吗?

更何况,中国还是一个世界上规模最大的单一大市场,所谓单一市场是指法律体系统一,税务体系统一,商业规则统一,语言文化统一的市场。中国这个典型的超大规模单一市场,一旦其消费能力激发起来,必将极大扩充世界消费市场的规模,中国也将毫无疑义地成为全世界最大消费市场、最大经济引擎、最大的时尚与创新中心,整个世界的经济体系将围着中国消费者的兴趣与需求而转动。

西方文明引领的现代化运动运行几个世纪以来,几个主要的工业大国始终无法克服内生矛盾。皮凯蒂在《21世纪资本论》一书中，对过去300年来的西方主要工业国的工资水准做了详尽的探究，并列出有关多国的大量收入分配数据，证明近几十年来，不平等现象在继续扩大，将来还会变得更加严重。在100年的时间里，有资本的人的财富翻了7番，是开始的128倍，而整体经济规模只比100年前大8倍。虽然有资本和没有资本的人总体上都变得更加富裕了，但是贫富差距变得非常大，已经到了人们难以接受的临界值。

更加让人揪心的是，西方主要经济体在进入21世纪后，极少数人财富积聚越来越快，大多数人收入停滞不前甚至倒退。由于始终无法实现全民共同富裕，其内部积累的社会矛盾更趋尖锐，导致"西方之乱"频发，这一现象也被称为"发达国家陷阱"。发达国家整体发展停滞，其内部矛盾日趋激化，又引发了逆全球化浪潮，霸权国家更加倾向于对外部的掠夺，造成世界局势的动荡不安，大幅增加了全球治理赤字。这是西方文明已经无力解决现代化难题的典型例证。

中国式现代化是全体人民共同富裕的现代化，实现全体人民共同富裕是中国式现代化的本质要求之一，也是中国式现代化区别于西方现代化的显著标志。中国式现代化坚持发展为了人民，发展依靠人民，发展成果由人民共享，为世界人民解决现代化进程中遇到的贫富悬殊、两极分化等难题提供了中国方案。

美国为首的西方体系无力解决自身的发展难题，只能把目标瞄准到对外部世界的掠夺上面，于是集中精力对新兴国家进行打压与遏制，以实现"墙内不足墙外补"的目的。美国哈佛大学教授格雷厄姆·艾利森提出的"修昔底德陷阱"，其根源与背景正是源于美国当政者对解决自身矛盾与问题的无能为力。手握美元霸权、科技霸权、军事霸权与文化霸权的美国尚且如此,其他西方国家的无能与无奈,就更是可见一斑。

如果用修昔底德陷阱来衡量资本主义国家数百年来的兴衰历程,可以证明此论不虚。西方列强的崛起历史,就是一部你赢我输、你死我活、你兴我衰的激烈冲突史,西方文明零和博弈的底层逻辑使得其不能持久展开大规模协作,不能实现全体协作者的共赢,这就决定了其格外青睐战争与掠夺,由此搭建的国际体系就不可能实现平等与民主,更不可能主动解决全球性危机。面对人类社会急需的和平与发展主题,西方文明过去被证明是孱弱无力,今后就更是指望不上了。

中华文明可大可久,有十分突出的文明融合能力,其内生的天下主义与民本主义,在过去的数千年间被证明成就卓越,中国之治与中国主导的国际关系,被证明能够带来持久稳定的繁荣与和平。中华文明底蕴的突出表现就在于其超大的文明规模与酷爱和平的国家气质。超大的规模决定了中华文明块头大、能量足,即使是大风大浪的冲击,也能稳如泰山。酷爱和平的气质决定了中国始终以极大的包容度融合文明的分歧,以极大的开放度与世界分享发展成果,增进各国人民的信任与福祉,团结凝聚极大规模的人类社会共同应对巨大的危机。人类命运共同体的倡议证明了中国的胸怀与态度。中国胸怀将引领更大范围的国家与人民共同发展,中国态度将为世界带来持久的和平,消弭国际争端与矛盾,中国力量则让一切战争贩子不敢轻举妄动。即使在未来的某个时刻遭遇到丧心病狂的战争狂人,在中国这种捍卫和平的绝对力量面前,他们也没有一点成事的可能性。就像在正义的太

后　记

阳面前，魑魅魍魉是遮蔽不了天空的道理一样。

中国式现代化既是最难的，也是最伟大的。正因为最难，所以格外光荣。正因为最伟大，所以格外激励全世界的人民。

通过推进中国式现代化，打造人类文明的新形态。通过构建人类文明的新形态，为解决21世纪人类文明的重大问题探路先行。21世纪的中国，任重道远。

人类文明将何去何从？世界的前途与命运究竟如何？这当然取决于世界各国人民的选择，但事在人为，人心所向，则无往不利。中国人要勇敢地站在时代的潮头，站在历史的正确者一边，站在全世界绝大多数人一边。善于做好团结人的工作，是中华文明发展壮大的一大法宝，在任何时候，都要重视团结绝大多数人，将那些迷信霸权者孤立起来。

以史为鉴开创未来。作为历史底蕴最为丰厚的中华文明，在历史转折的重大关口，更需要静下心来，认真梳理前人在文明开辟的筚路蓝缕中积淀的宝贵经验。既然前面的路已经进入了"无人区"，引领者就更需要回溯历史，找出文明演进的逻辑与规律，从文明的底蕴中寻找线索与智慧。从这个意义上说，5000年中华文明史蕴藏的智慧，特别是其中蕴含的可大可久之道与协和万邦的政治智慧，辅之以"天下无外，四海同心"的人文精神，完全可以成为21世纪人类世界前行的指路明灯。

随着实现中华民族伟大复兴进入了不可逆转的历史进程，外部的阻力、压力也在相应增加，就像车速越快风阻就越大一样，旧霸权与敌对势力绝不会心甘情愿地偃旗息鼓，甚至不排除采取丧心病狂的反扑与破坏，各种难以预知的风险与挑战也将会纷至沓来。面对极为复杂的大变局，中国必须把握历史主动，将中国的命运牢牢掌握在自己手里。

对于中国当前所处的世界局势、时代方位、风险挑战，中国领导层有着极为精辟而又清醒的认识。《中国共产党第二十届中央委员会第二次全体会议公报》明确指出：当前，世界百年未有之大变局加速演进，世界进入新的动荡变革期，我国发展进入战略机遇和风险挑战并存、不确定难预料因素增多的时期，必须准备经受风高浪急甚至惊涛骇浪的重大考验。

形势无疑是严峻的，挑战无疑是艰巨的，斗争也必将是残酷的，但伟大的中国人民任何时候也不曾被困难吓倒、被苦难征服。

中国必须丢弃幻想，准备斗争，要敢于斗争，又要善于斗争。中国准备应对严重斗争的最佳方式，就是集中精力发展好自己。真正的大国崛起都是"熬"出来的，时间是中国的朋友。所以，中国人要拿出极大的战略耐心，坚决不信对手的蛊惑与忽悠，坚持你打你的我打我的，不被对手打乱复兴的节奏。战略上的急躁冒进是会害死人的，每临大事有静气，这才是大国风度。

未来的10年到15年，将是中华文明复兴登顶阶段必须攀爬的最陡峭的绝壁，中国人必须紧紧地团结凝聚起来，心无旁骛地集聚力量向上攀登。只要不被对手分化，不因暂时的挫折而泄气，试想，一个14亿人的国度，一旦一致认定了要办好同一件事，试问这个世界还能有什么力量可以遏制？对手如果挑起竞争与冲突，只会触发中华民族更强的创造力与凝聚力，而对手选择脱钩或以华为壑，则是自绝于全世界最大的新兴市场，从而断送自己的前程与未来。

后 记

一部人类文明史，就是一部人类以坚强的意志与稳固的协作战胜各种艰苦挑战的历史。一部中华文明史，就是中国人以不屈不挠的意志与万众一心的团结奋斗战胜各种艰难险阻的历史。夸父逐日，精卫填海，代表了中华先民战天斗地的坚强意志。当代中国人同心抗疫，无数科技人员夜以继日攻关，北斗、歼20、探月、探火、入海、量子通信……当代中国人的奋斗，不但代表了人类不屈从于悲惨命运摆布的坚强意志，更代表了21世纪人类探索世界新边界的进取心。

唯有斗争，才能胜利。唯有胜利，才能彰显人类的尊严与力量。青年毛泽东曾经用这样激越的斗争诗句自勉：

河出潼关，因有太华抵抗，而水力益增其奔猛。
风回三峡，因有巫山为隔，而风力益增其怒号。

所以，越是在历史的紧要关头，中国人越要胸怀天下，普济众生，展现出中华民族为万世开太平的宽阔胸襟。中华文明历劫不倒、历久弥新，有其历史的长期合理性，中国人有义务将其中的文明演进逻辑大大方方地贡献给全世界。

人，贵为三界之长，就是因为人具有缔结协作的能力。荀子指出："水火有气而无生，草木有生而无知，禽兽有知而无义，人有气、有生、有知，亦且有义，故最为天下贵也。力不若牛，走不若马，而牛马为用，何也？曰：人能群，彼不能群也。"[①]

---

① [战国]荀况.荀子[M].[唐]杨倞，注，上海：上海世纪出版集团、上海古籍出版社，2010：3.

所以，团结、协作、共赢，是人类文明繁衍发展永恒的主旋律。和平、发展、幸福，是当代人类社会的共同期盼。这就是世界大势，这就是人间正道，顺之者昌，逆之者亡。最后的胜利，只会属于那些顺应世界大势、行人间正道的文明旗手。

我们有充分的理由相信，21世纪的中国人，必将不负先贤，不辱使命，最终取得这一伟大胜利！

光荣，必将属于伟大的中华民族！

谨以此书献给历代中华先贤与正在拼搏的中华儿女！

是为后记！

作者

2023年3月于北京逸格楼书斋